2020

绍兴鲁迅研究

绍兴鲁迅纪念馆
绍兴市鲁迅研究中心 编

上海社会科学院出版社
SHANGHAI ACADEMY OF SOCIAL SCIENCES PRESS

目　录

鲁迅思想作品研究

独特的文体与悲郁的情怀(上)
　　——鲁迅小说教学阅读札记 …… 李生滨　倪文琴(3)
"青年必读书"事件与鲁迅青年观的重塑 …… 李依楠(18)
《故事新编》属于小说的下半时 …… 赵献涛(34)
鲁迅《药》之细读 …… 管冠生(47)
孔乙己典型论
　　——《孔乙己》问世百年 …… 谷兴云(61)
"历史的小说"与现代的复仇
　　——以鲁迅《铸剑》的改写为中心 …… 张楚伦(76)
论鲁迅的"强盗"叙述
　　——以《采薇》为中心 …… 张昕琳(90)

史海钩沉

鲁迅学笔记(七题) …… 顾　农(105)
鲁迅1902年致周作人残简说略 …… 宋声泉(118)
《人民日报》中的许广平简编(中)
　　…… 张学义　张爱荣　王泉珍(131)
全家福照片背后的故事 …… 宋燕琳(153)
《鲁迅与他的乡人》补遗四 …… 裘士雄(156)
新版《鲁迅全集》误注补正二十一则 …… 吴作桥　王　羽(168)

· 1 ·

域外折枝

悖论性的启蒙战略
——《孔乙己》论 ……… [日]代田智明著　李明军译（177）
周树人《中国地质略论》（上）
——关于李希霍芬等的煤田的言论 … [日]丸尾　胜（198）

书评

鲁迅遗泽谈屑
——读乐融新著《鲁迅面面观》想到的 ……… 王锡荣（211）
《野草》研究的"实"与"虚" ……………… 代廷杰（220）
当代鲁迅传播的一个剪影 ………………… 李　浩（224）
执着·挚爱
——读《鲁迅与绍兴》有感 ……………… 何宝康（228）
海派视域·史料钩沉·包罗万象
——读李浩《鲁迅研究杂集》 ……… 苏　冉　卓光平（230）

鲁迅研究之研究

"回心"与"抵抗"："竹内鲁迅"的逻辑建构及其意义
………………………………………………… 蔡洞峰（239）

鲁迅与同时代人研究

陈毅对鲁迅精神的接受与传播 ……………… 任葆华（255）
从师生到文艺上的知己
——谈鲁迅与曹靖华的交往历程 ………… 李海莅（264）

记念

怀念纪维周老先生 ………………………… 徐昭武（277）

百草园文艺

我在春天里来到日本仙台 …………………………… 王吉鹏（283）
心里有个奔跑的女人 ……………………………… 邵琪雯（285）
鲁迅：一个爱夜的人 ……………………………… 杨钧舒（287）

三味杂谈

鲁迅思想观照下的"杠精"大学生 ……… 靳新来 杨钧舒（295）
鲁迅对《金瓶梅》的评论 …………………………… 魏兴海（302）
鲁迅为何甚爱"朔方的雪"？ ……………………… 欧淑艳（309）
名士乡里话鲁迅
　　——《鲁迅与浙江文学研究》研究生
　　　讨论课 ……………………………… 卓光平主持（314）
黑白留痕惊俗世
　　——赵延年先生逝世五周年追思会侧记 …… 杨晔城（323）

编后记 ………………………………………………………（332）

鲁迅思想作品研究

独特的文体与悲郁的情怀(上)
——鲁迅小说教学阅读札记

李生滨　倪文琴

阅读鲁迅,笔者和大多数人一样,也是从初中语文课本开始的。《孔乙己》的故事简单,人物形象鲜明,那时笔者年少,缺乏对生活的感悟和认识,没有理解鲁迅文字背后的悲悯情感。尤其对孔乙己没什么好感,因记忆中的父亲不理家事,这是爷爷让他读了书而骄矜自毁,成了一个现实版的"孔乙己"。其实,从弗洛伊德心理学来说,这便是我少年的伤痕记忆。个体生存的悲苦和精神的创伤,往往与时代、国家、政治紧密关联。20世纪中国历史上的某些特殊年代留给许多家庭无妄之灾。那个特殊年代留给我心灵和情感的深层伤害,而在反复读鲁迅,对其批评体会过程中,消解了诸多偏执而自卑的情绪,逐渐打开了心结。2007年发表的《〈孔乙己〉的叙事人称及其叙事结构——鲁迅作品细读的再批评之一》(《名作欣赏》2007年第6期)一文,虽不能说完全流于文本分析的表层,却也未能触及深层悲悯情感的诗意情怀,不大满意。因此,十年后完全重写了一遍,2018年发表于《鲁迅研究月刊》。"鲁迅作品细读的再批评"其实是文学史课堂教学的札记,基于年少记忆而不断重读的感悟。"阅读和理解鲁迅文学,可以有若干不同的层面和文脉,譬如读者自身的阅读体验,鲁迅的个人史,或者是近代中国的文化社会史,乃至世界文学史,等等。无论是中学生出色的阅读感想文,还是文艺批评以至研究论文,都是在某个层面和脉络中进行深入广泛阅读的产物。"得悉潘世圣翻译《东亚视域下的鲁迅言说》书讯,读到日本学者藤井省三在中文版序里的这段话,颇为感慨。鲁迅研究于我是心灵和情感的需要,也是每年要讲授和讨论的专业修为之一。少有史料沉潜和理论钻探,浅陋如我,只能以札记记述一些感想和思考。

一、文本、文体与文化

鲁迅小说,包括杂文,其根本的价值或者说独特性,在于古今文化之间的文本创造及文体风格。"中国现代文学"教学研讨中,鲁迅及其作品的研讨是重中之重。研究生教学中,要求对鲁迅"弃医从文"撰写的五篇文言论文,特别是《摩罗诗力说》《文化偏至论》等作重点阅读。鲁迅先生之文人情怀、之浪漫主义个性、之革命精神,充分地灌注于《摩罗诗力说》的行文中,而《文化偏至论》则肇始了鲁迅立足人类历史,审视人类活动的现代性思考。在我安守本分的教学理念里,其实更看重本科的日常教学和课堂研讨。每年秋季学期大一新生"中国现代文学史"课要讲《狂人日记》。《狂人日记》之于理解鲁迅和中国现代文学的意义和价值,使之始终为学界讨论的重要文本,也是一个自觉的现代文学课教师需反复斟酌的教学难点。《狂人日记》是一个经典的文学文本,过于个性化的文本结构和文体特色,有人甚至怀疑鲁迅小说的现代性特征。不说鲁迅谙熟中国古代小说文体的多样形态和言语特色,来自西方现代小说的叙述方法和透视内在情感的叙事追求也早已融会于其小说创作的"尝试"[1]中。尼采、托尔斯泰、陀思妥耶夫斯基、果戈理、契诃夫等,欧洲近代哲学和19世纪俄罗斯文学,开启了鲁迅文艺批判思想的天窗。进而言之,19世纪末20世纪初的现代派文学思潮也直接影响了鲁迅的文笔和思想。有人说,鲁迅小说创作的"总头脑"是《狂人日记》,其反封建礼教和揭示国民性的所有作品皆在此总的框架范围中生发并具体而微地演绎滋生。科林伍德在《艺术原理》里分析说:"艺术作品只是服务于一个目的的手段,这个目的就是艺术作品可以使我们享受到的这种绝对的想象经验。"[2]鲁迅的小说就是合启蒙批判之目的性的"绝对的想象经验"。这种想象经验的文本载体和文体特色,自然离不开中华文明本源性文化心理与叙述者个体情感的能动的强力激荡。

"这种以对象为根据并唤起审美经验的直接结构内容并不是进一步思考的出发点,而成为最终和直接的激发,使审美与日常的思想情感分化开来,同时与对现实的科学反映和研究相区别。"[3]因此,与学生讨论《狂人日记》,首先提醒他们务必重视文言楔子(序)与十三则白话日记(正文)互补的总体结构。

晚清至五四,维新启蒙的文化嬗变是惊心动魄的内宇宙地震,尤其是知识分子的精神情感,经历了尤为沉重复杂的撕裂震荡。这种嬗变和撕裂有诸多表现,新文学作家的典型文本是一个重要的佐证。胡适之新诗《尝试集》,几经删改,其《自序》中说:"既已自誓将致力于其所谓'活文学'者,乃删定其六年以来所为文言之诗词,写而存之,遂成此集。名之曰去国集。"坚定地改良文学和尝试白话诗的先驱者因迷恋古典的抒情表意系统而留存了旧体诗。新文学史上第一位伟大诗人郭沫若之长诗《凤凰涅槃》,也是以精心校订的文言小序作为整首诗的铺垫,虽包涵了超历史想象的宇宙精神和文化大同思想,却无法否认其潜意识里的辞章旧习和言语矜持。五四白话新文学"新生"的胞衣带着文化承传的血迹,这是文言与白话嬗变的历史阵痛,不可更改地凝结成《狂人日记》两相对照的文本结构。胡适"既已自誓将致力于其所谓'活文学'者",依然割舍不了自己的历史尾巴,可见文化的惯性力量多么强大。而狂放的新诗人郭沫若从地主兼营工商业的小康家庭出来,《凤凰涅槃》文言之序祭奠久远的文化传统,流露出夔门而能跨海留洋者的自得与欣喜。语言和语言的表意系统是中国文化源远流长的密码符号,蕴涵了极为深沉丰富的典雅精神和美学价值。鲁迅出身士大夫官僚地主家庭,其古典文化的精神情感更为沉郁深厚。汉语是中国作家的生命蛋白,因而在否定古久历史和文化的大荒时代过去之后,汪曾祺、昌耀、张承志、贾平凹、陈忠实、北岛、海子、莫言、阿来、石舒清等当代作家和诗人,触摸到语言艺术的本真时,从不同的角度谈到了对汉语的敬畏。

汉语作为中华文明主要载体的根源意义和人文积累在于文言。不少学生反映中学也讲《狂人日记》,但不会特别讲解文言序。2020年4月10日笔者整理这教学阅读札记,需引用原文,打开华语网,惊奇地发现,标注"鲁迅《狂人日记》全文",竟然省略了文言序文。王贺在《"数字人文"取向的中国现代文学研究:问题与方法》一文中提到,就有学者在一非正式场合,以其主持增补钱谷融主编的《中国现代文学作品选》的工作为例,直率地向目前的"数字人文热"发出批评:"我再三告诫学生,凡是电子文献,如能找到'实物',一定要以'实物'核对'电子文献',不要迷信什么'数字人文'。"[4]这种警惕说明"数字人文"和电子文献建设还很不成熟,一般读者漠视文本,直接忽视文本的完整性,已经伤害到专业的经典阅读,甚至批评视域。[5]

让我们来看看这段序言:

> 某君昆仲,今隐其名,皆余昔日在中学校时良友;分隔多年,消息渐阙。日前偶闻其一大病;适归故乡,迂道往访,则仅晤一人,言病者其弟也。劳君远道来视,然已早愈,赴某地候补矣。因大笑,出示日记二册,谓可见当日病状,不妨献诸旧友。持归阅一过,知所患盖"迫害狂"之类。语颇错杂无伦次,又多荒唐之言;亦不著月日,惟墨色字体不一,知非一时所书。间亦有略具联络者,今撮录一篇,以供医家研究。记中语误,一字不易;惟人名虽皆村人,不为世间所知,无关大

体,然亦悉易去。至于书名,则本人愈后所题,不复改也。七年四月二日识。

此段话的注释[1]:"本篇最初发表于一九一八年五月《新青年》第四卷第五号。作者首次采用了'鲁迅'这一笔名。它是我国现代文学史上第一篇猛烈抨击'吃人'的封建礼教的小说。作者除在本书《自序》中提及它产生的缘由外,又在《〈中国新文学大系〉小说二集序》(《且介亭杂文二集》)中指出它'意在暴露家族制度和礼教的弊害',可以参看。"这是1981年版《鲁迅全集》内文的注释。从1958年10月诞生的第一部附有注释的十卷本《鲁迅全集》开始,注释鲁迅作品的主旨、背景、人物和思想,建构了新中国鲁迅的光辉形象,也在对鲁迅作品编辑出版的历史上留下许多值得商榷的问题。其中的微妙和细节,举一反三,可以参看董炳月翻译的藤井省三《〈故乡〉阅读史》。《狂人日记》这篇小说的主旨确实是"猛烈抨击'吃人'的封建礼教","意在暴露家族制度和礼教的弊害"。然而,更深的蕴意和思想,特别是鲁迅自觉疏离文本的特殊心态和矛盾情怀,还得从文本的总体结构把握。换句话说,这小说文本的独特性、经典性,还有文化象征的寓言内涵,皆须重视文言序与"日记"正文之间的结构张力。

文言序交代"狂人日记"出处来历和"撮录"目的的同时,有意强调"狂人"痊愈去"候补"。文白对照,第一个文化象征层面是显豁的,文言代表传统力量,而白话代表维新启蒙立场;第二个层面暗示了"明白人",精神正常的人,身份明确的"我"(文本提供者、建构者,包含了叙述者内在的游弋眼光)习惯用文言的表意系统,而"迫害狂"之类的"荒唐之言"恰恰是白话,也就是日常的生活话语;第三个层面的意义内涵,在互文的矛盾建构中尤为深刻,病愈后的"狂人""赴某地候补矣"!1981年版《鲁迅全集》的《狂人日记》注释[2]说"候补 清代官制,只有官衔而没有实际职务的中下级官员,由吏部抽签分发到某部或某省,听候委用,称为候补"[6]。那么文本最后"救救孩子……"启蒙呐喊的意义何在?由谁承担?这种意味深长的文本建构,无形中进一步揭示以文言表意系统为载体的传统文化力量之强大——"狂人"反抗礼教和挑战家族的精神病,不仅被遏止,而且早已回归"学而优则仕"的正道了。这种文本相互映照的意义,才是鲁迅经历立宪运动、辛亥革命、二次革命等历史风云之后的深刻反思,几近绝望。孙郁说:"鲁迅笔下的狂人也是正常人的反向表达","鲁迅的文字有地狱般的惊恐,是变形的空间的电光之舞,转动着死灭般的存在"[7]。鲁迅明白,封建伦理和礼教思想的强大力量,可以碾压一切出轨者和反抗者。

吃人的人,狂人,真的人,三位一体,却又难以完全相互兼容。不是狂人的言语,而是叙述者跳出来的慨叹和追问:"难见真的人","真的人还有吗?"以"狂人"作为初步觉醒者的形象呼喊"救救孩子"。但这个"狂人"却在文言序中已经被消解或者说颠覆。文言序与"日记"正文之间的结构张力,令人惊叹的同时,可也揣想,这也是中国文化三千年未有之巨变所造成的文本奇观。承前启后,出身士大夫家庭的周氏兄弟是现代文章的大家。鲁迅作品自身的文化内涵以及不断被拓展的阅读阐释,已成为超文本存在的文化标本。《狂人日记》是这种文化标本的经典之经典。典雅的文言与强劲的白话对立互补的结构,也说明了《狂人日记》新旧之间文体转换的历史特征。典章制度,文章流别,文字构成书面形体,与内涵意义相辅相成,皆生成于历史的积累。中国文化博大精深、传承久远的重要因素之一,就是文体的高度自觉。中国文化几千年一脉相承,重要的原因之一就是中国人严格区分各种文体及其功能。每一种文体根据功用、格式和要求,写法有别,伦理有别。诗书礼易春秋,文章乃文人士子安身立命的看家本领。诸子散文和史传散文,奠定了中国古代文体的深厚渊薮。辨章学术,考镜源流,分门别类,至明清尤甚。

当然,中国古代主要是文章分类之文体,注重文章功用伦理和形式类别,也特别注重和区分文笔雅俗。五四"文学革命"形成新的现代文学批评的文体内涵。传统文学以诗文为正宗,诗以言志,文以载道。文乃文章之总称,功用伦理和形式要求之上,儒家为主体的文人之文重点在于修齐治平的道德、学术和思想等宗旨。崇古而成文苑风流,主体个性显现的文体风格滥觞于魏晋风度,而文章风格的个性化艺术追求,修大道而炼性情,则总于唐宋八大家的历史广大和集大成,漫滃明清数百年。五四以降,应用之文逐步与文学之文区分疏离,统摄文章学术之大文学概念逐步被文学艺术之"纯文学"概念所取代,且形成了诗歌、散文、小说和戏剧等文学文体区分及其批评话语系统。

那么,《狂人日记》介于传统文体学与现代小说叙事学转换交点上,显现了怎样的文体特色呢?

文艺理论批评的文体,包含了上述的历史内涵,首先是文章文体和文学文体递延嬗变的范畴界定。其次,文体是流派论审美关照的方面之一,尤其是中国散文(古今贯通的文学分类的散文)的叙事和抒情,更是不断充实着文体风格和流派特色等学术内涵。当然,文体论的历史积淀和当代语境的理论生发,又多借以批评作家个性化语言为核心的文体风格。如果借助20世纪90年代语言学转向的形式主义批评理论,每一个独立存在的文本具备其独特的文体形态和意义内涵,自然也就形成了各自区别于他者的文本特色和文体风格。中国文化历来崇文重道,文体的外在形态、结构与内在的意义、思想等务必自然浑融。因而一个作家文体的独特性,可能在普遍的意义和要求之上,自会彰显作者精神、思想和情感的个性特质,必然综合显现为文本的艺术特色。鲁迅精研中国古典小说之语言和叙事,形成《呐喊》《彷徨》中简洁而传神的语体风格,而具体到白描、皴染、映衬、草蛇灰线等艺术手法及得心应手的创造性发挥,看似平淡的小说叙事文本因此而具有了可以反复被细读的艺术张力。同时,鲁迅小说又得益于西洋文学精神之涵养,注重人物心理情感的暗示,直面人的生存处境,特别注重场景的暗示与烘托。鲁迅每一篇小说的文体结构和叙述方式都是不一样的,显示了文体家的艺术才华和追求。

读书是岁月和生命的守望,进入鲁迅文本的阅读是一种生命内在的跋涉。20世纪90年代,问学长安,阎庆生先生给我们细读鲁迅作品的理论基础,而李继凯先生则开阔了讨论鲁迅的人学视野。笔者以此为起点,努力在钱理群鲁迅研究的性情化和王富仁鲁迅研究的思想性之间探寻思考,沉浸于更多的学术阅读和参照。21世纪初,又跟随朱文华、陈鸣树等沪上名家研修,在完成《晚清与鲁迅思想文化个性》博士论文写作的艰难过程中,进一步体会到《狂人日记》等鲁迅文本的文化意义。尼采以来近代形而上哲学批判揭穿宗教专制的思想迷雾,文化回归精神本质是个体体会人类历史的心灵想象。简言之,自魏晋文人张扬与时代悖反的个体性情以来,绵延不绝的精神自嘲和历史反讽的文化精神,激荡文人心志。真正的文化狂人是精神的存在,潜流入海,成就了鲁迅及其《狂人日记》,包括以此为"头脑"的所有启蒙批判的文学作品。历来文人始终在政治伦理规训和文化自足完善之间寻求精神空间,而文学(艺术)存在的意义自然更倾向于在个性和专制之间寻求审美自由。二十四史与稗官类书之间的海量阅读,形成鲁迅小说与杂文极丰茂多元的文化品格。因此,鲁迅的小说是文化小说,或者说是文人小说,区别于一般作家小说大众化的叙事立场,超越了描摹生活的一般情感。特别是《狂人日记》日记体文本的再创造,文化批判的启蒙呐喊,从一开始将自己的"小说"区别于他人的文本或"故事"。从某种意义上说,《狂人日记》大胆的揭露和冷峻的批判,超越作家自我的特别矜持而成为五四新文化启蒙思想的宣言书。"总的头脑",不仅是思想的独异,更在于文学语言的戛戛独造,数千年古国历史叙事语言,诗性语言,哲学语言,心理学和病理学维度的科学语言,语言的暗示性和象征色彩,等等,不一而足。最后还须强调一点,鲁迅小说文本始终贯穿了文化哲学批判的理性精神和现代主义人性批判的多重力量。"在托尔斯泰和诸多西洋文学家的思想的参照里,鲁迅不是讲什么是人道的文学,而是指陈什么是非人道的遗存。对非人的存在的攻击,才是那一代人题中应有之意。"[8]换句话说,鲁迅以《狂人日记》为滥觞的五四新小说是古今文体贯通的艺术形式的再创造,更是东西文化大背景上文学观念嬗变与语言学理论沟通交融的文学书写,思想情感幽深而文体风格卓异。

二、思想、情感和精神

对于鲁迅思想、情感及个性精神的理解,不可孤立地审视,须总体性关照,而三者尤为特出而集中显现的文本,笔者认为是《呐喊·自序》。精神界战士的人生选择、启蒙追求和情感思想,首先郁勃成熟于日本留学期间"弃医从文"后的读写翻译,自足完满于《人之历史》《科学史教篇》《文化偏至论》等文言论文的撰述。鲁迅思想感性显现和现实批判的审美涅槃,却是机缘巧合的五四思想启蒙要求下的小说艺术创制中完成的。鲁迅创作的小说不多,收了三个集子,总共33篇(有研究者将文言小说《怀旧》亦计算在内,那就是34篇)。但每一篇皆可精读细读。譬如郜元宝先生新近对《兄弟》的解读[9],令人耳目一新。在"中国现代文学史"教学中,《呐喊》和《彷徨》两个自选集是特别要求学生细读的重要内容[10]。而真要读懂或者说进入鲁迅小说文本的结构、历史语境和情感思想,显然关联这两部小说集写作背景的《呐喊·自序》尤为关键。《呐喊·自序》偏偏是不像小说的小说叙事,不是自传的自我精神的真实考量。此文"叙事"真实而饱满,"考量"精微而深邃,成了鲁迅清算自己人生体验、思想养成和情感世界的重要文献。《狂人日记》里历史超验的质疑现实和自我批判的理性精神，在《呐喊·自序》进一步得到阐发："在我自己，本以为现在是已经并非一个切迫而不能已于言的人了，但或者也还未能忘怀于当日自己的寂寞的悲哀罢，所以有时候仍未免呐喊几声，聊以慰藉那在寂寞里奔驰的猛士，使他不惮于前驱。"从鲁迅"弃医从文"思想发展的心路历程来说，《呐喊·自序》具有承前启后的重要意义。不能说鲁迅思想有三次变化，但因时代和环境的遇合影响，确实经历了三次自我反省、自觉选择。最重要的自然是晚清维新启蒙思潮中，介于科学救国和革命情怀之间反省而选择"弃医从文"。第二次，辛亥革命之后政治黑暗和民主革命起伏的动荡中，思想启蒙再次兴起，加入《新青年》阵营而选择建设"新文化"。第三次，1928年中华民国政府在南京成立，新的军阀专制导致民主革命论争的严酷情境下，定居上海、加入"左联"而选择了民主革命的批判立场。康梁变法，谭嗣同就义，辛亥革命，秋瑾牺牲，近代以来家国忧患刺激震撼着每一个优秀的华夏儿女，鲁迅人生追求与时代遇合，文化启蒙和民主革命的思想始终贯穿于他的文学活动。借用王富仁中国鲁迅研究史上占据重要位置的研究成果来说，《呐喊》《彷徨》等二十多篇小说成了反封建思想革命的镜子。从文学形式和内容的根本意义和审美创造来说："内容和形式——在我们前面所规定的双重意义上，明确地表现着自我意识的展开过程。这种自我意识的展开只是在以下条件中才有可能，即它创造一个对象世界，此世界成为人的世界，在这个世界中人不是异己的力量，这个世界表达了独立于人存在的现实的本质，同时又是由人自己所创造的、与他的本质相适应的宇宙。"[11]《呐喊·自序》是呼应《狂人日记》，进而与《呐喊》《彷徨》其他小说构成了一个鲁迅的审美批判的对象世界。

文学借助语言创造意义世界，"语言是可以撕裂精神之维的，形象的塑造能够直抵精神的本质"[12]。因此,毋庸讳言,精神界战士是自我批判和反封建的文化战士,也是反抗现实和赞同社会革命的民主斗士。承前启后,这种基于个性主义维新思想的精神和情感嬗变,尤其是与民族忧患与时代抗争无法剥离的启蒙情结和反抗精神,在《呐喊·自序》冷峻的自我剖析中有了特别的集中呈现。

此序在个人人生经历和思想情感发展的叙述回顾中,特别说明《狂人日记》产生的情景,那就是《新青年》轮流编辑钱玄同(林纾小说《荆生》以"金心异"影射)不断鼓励的结果:"我虽然自有我的确信,然而说到希望,却是不能抹杀的,因为希望是在于将来,决不能以我之必无的证明,来折服了他之所谓可有,于是我终于答应他也做文章了,这便是最初的一篇《狂人日记》。"这篇回忆记述之文,是在投出《社戏》、编定《呐喊》之时,记于北京,不仅交代了《呐喊》创作的思想由来,而且也开启了"彷徨"的叙事情感。

《呐喊》的由来,"彷徨"的情感,自会交织显现一位受新学思想影响弃医从文而参与新文化运动的精神界战士一贯的情志立场。鲁迅自南京求学接触新学,新旧之间掘进或坚守的始终是启蒙思想。而其情感以深刻的家国情怀为基调,始于1902年断发明志慨而慷的《自题小像》:"灵台无计逃神矢,风雨如磐暗故园。寄意寒星荃不察,我以我血荐轩辕。"

1931年柔石被捕后,鲁迅重写《自题小像》时说:"二十一岁时作,五十一岁时写之,时辛未二月十六日也。"其实,为启蒙文学家为精神界之战士,纵观一生,黑暗的压力越大,鲁迅的反抗精神越是决绝而坚韧:

无题
惯于长夜过春时,挈妇将雏鬓有丝。
梦里依稀慈母泪,城头变幻大王旗。

忍看朋辈成新鬼，怒向刀丛觅小诗。
吟罢低眉无写处，月光如水照缁衣。

中国旧体"无题"诗，自有传统，可以题写于亭台楼阁、山水名胜。文人情志，"无题"面对的是自己内心，亦可面向广大的宇宙。然而诗人吟成诗句，低眉想来，发现却无处可题写（发表），只有月光如水，照着"黑衣人"[13]。了解了鲁迅写这首诗时血雨腥风、家国飘摇的现实背景，我们就会更深地体会和理解鲁迅的悲愤之情。这种情感、思想和精神更加涵蕴的记写，是与同样具有文人气息的新文学作家郁达夫交往中酝酿而成的《自嘲》一诗："运交华盖欲何求，未敢翻身已碰头。破帽遮颜过闹市，漏船载酒泛中流。横眉冷对千夫指，俯首甘为孺子牛。躲进小楼成一统，管他冬夏与春秋。"1932年鲁迅写的这首诗，广为传诵。毛泽东在《在延安文艺座谈会上的讲话》中说："鲁迅的两句诗：'横眉冷对千夫指，俯首甘为孺子牛'，应该成为我们的座右铭。"鲁迅具有博大的胸怀和诗人情志，但性格刚毅冷峻，"气魄深沉雄大"，具有越地人强烈的复仇精神。

因此，鲁迅的文学创作蕴藉了诗人的情感和思想，凝结着民族的意志、性格、气魄，也记载了个体的痛苦、血泪和不屈。《呐喊·自序》以独特的沉郁笔调回忆年轻时候的梦和世间冷暖，从中可以深切体会鲁迅个人的遭际印证的近代以来家国民族的屈辱和忧患。简净的文字映照铭感的心灵，士大夫家庭的文化情怀和个性精神是辩证统一的。追溯鲁迅思想和精神戛戛独异的人生历程及情感基础，有人批评认为："鲁迅原初的家国情、英雄怀、铁血心，高洁的生活之趣又呈现出鲁迅本有的生活味、芳洁志、余裕心。这种生命底色实则是作为精神界之战士的鲁迅发出'至诚之声''温煦之声'的原初生命势能。"[14]这篇自序分为上下两部分，上部偏重自己的人生经历和启蒙选择，下部重点交代《呐喊》

创作的背景和过程,也就是参加《新青年》编辑部的缘由和思想。全篇文字在铁屋子的比喻和耳熟能详的警句之外,贵在鲁迅直面文化启蒙者难以驱除的"寂寞"。文笔情感之悲郁充沛,个性化语言风格之凝练,还有深刻的生命体验和真挚的自我解剖,使《呐喊·自序》成为研究鲁迅思想、情感和个性精神最重要的文献。《呐喊·自序》与《狂人日记》前后呼应,"狂人"撕裂了封建文化吃人的本质,"自序"剖析了启蒙者自己内心的苦闷,发出悲愤绝望的呐喊,"聊以慰藉那在寂寞里奔驰的猛士,使他不惮于前驱"。特别是《呐喊·自序》,理性批判和悲郁情感交融,以蕴藉的或者说具有象征色彩的个性化语言传达了鲁迅深邃的反封建思想和坚毅的新文化启蒙立场。其实,鲁迅根本思想形成于晚清留日期间,诗文互征,前后一贯,这就是从《摩罗诗力说》而来的精神界战士的真正追求。

湟水李生滨 2020 年 5 月 2 日草成于兰州长河居

注释

[1] 笔者在文学史的教学中,为了授课讨论的便利,将新文学第一个十年划分为"倡导尝试时期(1917—1920)"和"文学社团时期(1921—1926)"。但开风气不为师,1917 年《新青年》杂志同人陈独秀、胡适、周作人、李大钊等开始倡导"文学革命",以胡适《尝试集》为代表,很快出现了钱玄同、刘半农、沈尹默、鲁迅、叶圣陶、周作人、郭沫若、郁达夫、田寿昌、冰心、王统照、许地山等新文学作家最初的创作,而鲁迅《狂人日记》《孔乙己》《药》等小说作品的文学史意义日益彰显,毋庸置疑。
[2] 转引自《二十世纪西方美学经典文本》第一卷"世纪初的新声",张德兴主编,复旦大学出版社 2000 年版,第 52 页。
[3][11] [匈]卢卡奇:《审美特性》,徐恒醇译,社会科学文献出版社 2015 年版,第 184 页、第 184—185 页。
[4] 王贺:《"数字人文"取向的中国现代文学研究:问题与方法》,《文艺理论

与批评》2010年02期。

[5] 2020年1月8日,笔者批阅2019级汉语言文学专业"中国现代文学(I)"试卷,发现学生备考的材料大多来自网络。其中重点考察题是赏析徐志摩《雪花的快乐》,形成一篇不少于一千五百字的评论文章。试卷还专门提供了这首诗。但相当一部分学生几乎无视诗歌文本的存在,各种网络"答案"替代了直面作品的分析。其实,更为可怕的,近年来专业课堂上讨论作家作品,不少同学缺乏读作品的自觉意识。难得发言,留神一听,所谓议论的见识来自网络浏览。更为机灵的,现场搜索,发挥起来振振有词。阅卷之余,我立足这首诗版本排版和作品细读写了赏析的长文,班级群里与学生交流,但安心读我长文的只有三分之一的学生,而其他同学假装没看见。这也是我整理鲁迅小说阅读教学札记的初衷。不是说拒绝网络,拒绝"数字人文"建设,同样借助王贺的批评:"我们需要在具体的实践中,探索怎样才能在避免'技术崇拜''图像谬误''数字陷阱'与'白色噪音'内容生产(网络上必然存在的大量过时的、无聊的、低质量的内容)的前提下,通过数据、地图、表格的绘制和各种图形设计界面(GUI)、数字化形式的设计,以及进一步的文字解读,拓宽人类的认知疆界(使科学与人文深度融合),提升我们的数字读写能力(digitalliteracy),发展出更具批判性和思辨性的思想视野,回应传统人文学术的关怀并对其作出经得起反复讨论、批判的理论贡献(这一发展方向也被称为"批判性数字人文")。而这些目标无疑还需要我们今后长期的探索与思考。"

[6] 此注释之外,鲁迅作品的引文,以人民文学出版社2005年版《鲁迅全集》为准。

[7][8][12] 孙郁:《鲁迅与俄国》,人民文学出版社2015年版,第224页、第226页、第7页。

[9] 郜元宝:《〈兄弟〉二重暗讽结构——兼论读懂小说之条件》,《文学评论》2019年6期。

[10]《故事新编》涉及的文本和文体问题,更为复杂。因此,只要求细读《铸剑》。打破对古人和历史的迷信,揭示本真的情态,"没有将古人写得太死"。《补天》是首先打破神话的禁忌和求仙的迷信,与"五四"思想革命破坏一切权威和偶像的"将令"一致。《奔月》里后羿和妻子嫦娥,美人

残照、英雄潦倒、妻子出奔、神话破灭。可说也是借鉴了传说故事而成反讽和戏谑的新剧,嘻哈现实和颠覆庄严的意味。《理水》嘲讽学者、政客和一切唯利是图者,治理灾难,投机取巧,各有表演。尧舜禹者,人虫而已,也是上下共谋,权威天下。上行下效,阿谀粉饰,自然好一派圣世太平景象。这是直接讽刺当局乱象和现实黑暗了。《采薇》嘲讽懦弱者的意义非常显豁,伯夷叔齐懦弱卑怯,孔乙己都难及其迂腐。《出关》直接嘲讽老子等"为而不争"、消极避世,而于现实毫无意义。《非攻》肯定了墨子等求实践行的品质和智慧,却反讽庸众,实为说明墨子等无法真正改变现实的窘况和思想局限。《起死》对话情景剧,反讽虚无主义者庄子等言实不符,碰到现实伪饰逃避而已。

[13] "黑衣人"是鲁迅历史题材小说《铸剑》塑造的经典形象。王瑶解读《故事新编》说:"黑衣人不惜献身来坚决复仇的坚强刚毅的精神以及他同青年眉间尺的关系,而他的名字'宴之敖者'恰好又是鲁迅用过的笔名……精神的某些方面与小说作者的联系,不能不感到鲁迅经历和心情在作品中的投影。"鲁迅悲郁决绝的复仇精神,在《女吊》和纪念秋瑾等不止一次强调的"会稽乃报仇雪耻之乡"一语原出自明末王思任致马士英的信。明弘光元年(1645)清兵破南京,宰相马士英逃往浙江,山阴王思任写信责骂说:"叛兵至则束手无措,强敌来则缩颈先逃……且欲求奔吾越;夫越乃报仇雪耻之国,非藏垢纳污之地也。"可见鲁迅冷峻刚毅的性格特征和复仇精神。

[14] 陈彩林:《"戛剑生":通向精神界之战士的生命底色》,《理论月刊》2016年6期。

"青年必读书"事件与鲁迅青年观的重塑

李依楠

何谓青年观？从广义上看，青年观即人的世界观在青年问题上的投射。因此，若要讨论鲁迅青年观这一话题，势必要涉足鲁迅的整体思想和文本系统。具体而言，鲁迅青年观所触及的不仅仅是鲁迅对于青年的态度问题，还涉及鲁迅对人与社会关系的反思以及文化立场的判断，因而具有深广而复杂的内涵。

若沿着历史的脉络，从整体上把握鲁迅的青年观，不难发现其间有矛盾起伏的痕迹。的确，对于青年及青年问题，鲁迅的态度并非一成不变。从最初的爱护、信任、寄希望于青年，到后期以谨慎和怀疑的态度与青年相处，鲁迅的青年观在社会思潮、政治运动与个别"反叛"案例[1]的影响下不断发生着变化。1925年所发生的历史与文化事件，在很大程度上影响了鲁迅的思想、情感及内心世界，直接关涉到鲁迅之后的生命流程与青年观的重塑。

将时间拨回1925年，此时的鲁迅正值创作热情高涨期，写下了大量杂文及小说，矛盾、失望、激愤的情绪在这些作品中已有所显露。此外，1925年发生的一起现代文学史上的公案——"青年必读书"事件，也深刻影响了鲁迅青年观的重塑。

1925年1月4日，由孙伏园主编的《京报》副刊刊出启示，征求"青年爱读书"和"青年必读书"各十部的书目。编辑部在"备券投寄海内外名流学者，询问他们究竟今日的青年有那十部书是非读不可的"[2]后,共收到 78 份答卷。胡适、梁启超、周作人、李小峰、徐志摩等人先后向编辑部发去回执,以"青年必读书十部"与"附注"两种形式表达了自己的建议与思考。78 位学者中,江绍原、鲁迅与俞平伯三人提交了"白卷"——没有给出明确的书目,但在附注里表达了对这一征求活动的态度。"青年必读书"的征求活动甫一发起就引发了社会各界的关注,随之产生的是学界持续不断的争论。

对于"青年必读书"事件,我们可以从两个层面评估其价值:其一是 1925 年《京报》副刊发起的"青年必读书"征集活动及收到的答卷,其二是 78 份答卷所引发的文化论争与思想交锋,其中尤以鲁迅"我以为要少——或者竟不——看中国书"的言论最为引起争议。若仅仅停留在第一个层面,难以抵达问题背后最本质的精神属地。"青年必读书"事件的文学史意义,实际上远超乎征集活动本身,每一份答卷都折射出一种文化选择和青年观。因此,若只是从文化对立的立场去评判中外书籍的价值,无异于抹杀"青年必读书"事件更深层的思想价值,更无益于挖掘鲁迅言论背后的思想内核。下文中,笔者将先对鲁迅 1925 年以前的青年观发展脉络进行简要勾勒,继而围绕鲁迅"青年必读书"[3]中附注的内容,分析鲁迅对"青年"概念的界定以及"行"的观念的产生背景和现实意义,由此讨论鲁迅青年观的重塑问题。

一、鲁迅青年观的形成与发展

如果以鲁迅世界观的形成与发展脉络为线索考察鲁迅青年观的发展进程,不难发现鲁迅思想中"合力"的作用。"立人"与"进化论"等思想的交织演变在很大程度上塑造了鲁迅思想的复杂性与深刻性。

1907 年,鲁迅在《文化偏至论》中提出"首在立人"的观念,由此确立"立人"这一贯穿其生活和创作的思想主线。结合"立人"延伸出的一系列问题,如青年观、女性观、儿童观等,会发现"人"的概念所具有的超越性的向度,而"青年"在"人"的舞台上所扮演的正是一个具有中间过渡性的角色——走在由幼稚蒙昧向成熟独立的路上。从词义上看,"青年"指的是介于"幼年"与"老年"之间的更具活力的生命阶段,具体的年龄界限则随着政治经济和社会的变更不断发生着变化,对于"青年"的定义因而存在时代、地理与个体差异。在鲁迅看来,"青年"这一概念在延续其社会内涵的同时,也具备某种超越时空的本体性意义。

在1919年写作的《我们现在怎样做父亲》一文中,鲁迅对中国的"旧见解"进行了犀利的批判,在新文化视角上提出"本位应在幼者""置重应在将来"的观念。"幼者本位"的伦理观的诞生,可追溯至鲁迅学生时期所受"进化论"思想的影响。在《三闲集》序言中,鲁迅坦言:"我一向是相信进化论的,总以为将来必胜于过去,青年必胜于老人。"[4]如果说"幼者本位"是阐释如何在伦理体系内"立人",那么青年观就是以青年为范例来阐释"立人"的方式和意义。可以说,从"立人"思想中延伸出来的青年观,是鲁迅支持青年解放的思想武器,而所谓青年解放,也正是人的解放的一个重要维度。

实际上,鲁迅在1920年之前关于青年观的直接论述并不多,青年及青年问题在五四退潮后才逐渐成为鲁迅关注的焦点。结合20世纪20年代的时代背景来看,军阀混战割据与思想解放运动为青年问题的讨论提供了社会与文化语境。1922年,鲁迅在《呐喊·自序》中如是概括自己青年时期的求索——"走异路,逃异地,去寻求别样的人们"[5]。所谓"走""逃"与"寻求",皆是进化论影响下人的行动的自觉转变。然而,"异路"和"异地"又暗示了觉醒的青年的苦闷与彷徨。回到鲁迅的作品中,不难发现青年常常扮演着小说中的主人公,"醒着的""睡着的""昏着的"[6]等千姿百态的青年,构成鲁迅小说的青年群像。1925年,鲁迅写下《孤独者》和《伤逝》,无论是以自戕的方式反抗绝望的魏连殳,还是被时代浪潮冲毁个人解放道路的涓生和子君,都有鲁迅自我投射的影子,也包含了鲁迅对"五四"启蒙价值与青年发展道路的深刻反思。如果将孤独者和先觉者理解为鲁迅笔下"醒着的"青年形象,那么余下的"睡着的""昏着的"即可对应没有被启蒙唤醒的青年,从"立人"角度上看,这些便是鲁迅欲"立"之人。除《伤逝》与《孤独者》外,鲁迅在1925年还创作了大量杂文和散文诗。后被收录于《野草》的散文诗《希望》正是鲁迅"惊异于青年之消沉"[7]所作。何为"青年",何为"消沉"? 在写下《希望》的一个多月后,鲁迅向《京报》副刊回复了"青年必读书"答卷,对于"青年"该如何定义和如何引导的问题,鲁迅的态度立场在答卷的附注中可见一斑。

二、何为"青年",何谓"行"
——从鲁迅《青年必读书》说开去

鲁迅对于青年及青年问题的关注不止停留在书面文字上,也通过实际行动表现了出来。无论是创办文学刊物还是组织文学团体,鲁迅都在以自己的行动影响青年的思想和行动。在读书一事上,鲁迅是有理想主义情结的。1927年,因不满于广州的革命形势与文艺氛围,鲁迅在广州创办北新书屋,希望以此为改善青年阅读环境尽一些力。毕竟,在鲁迅看来,"青年的思想在相当程度上由他们所读的书籍塑造"[8]。然而,对于给青年开列必读书目一事,鲁迅的态度却是复杂的。

先从这份答卷格式与内容上的独特性说起。首先,在"青年必读书十部"一栏中,鲁迅删去了"十部",意图明显,即不认同将"必读书"概念具体化,巧妙地避开了"必读书"的话语圈套。其次,

鲁迅先生选	
青年必读书	附注
从来没有留心过,所以现在说不出。	但我要趁这机会,略说自己的经验,以供若干读者的参考—— 我看中国书时,总觉得就沉静下去,与实人生离开;读外国书——但除了印度——时,往往就与人生接触,想做点事。 中国书虽有劝人入世的话,也多是僵尸的乐观;外国书即使是颓唐和厌世的,但却是活人的颓唐和厌世。 我以为要少——或者竟不——看中国书,多看外国书。 少看中国书,其结果不过不能作文而已。 但现在的青年最要紧的是"行",不是"言"。只要是活人,不能作文算什么大不了的事。

鲁迅不仅没有列出具体书目,还添加了一句"从来没有留心过,所以现在也说不出",一语明确了自己不关注所谓"青年必读书"的立场,表现出不屑与谨慎交加的复杂态度。不过,鲁迅的"白卷"并非毫无价值,"附注"中简短的言论却成为了流传至今的名言,其背后的原因不难解释——在主张"要少——或者竟不——看中国书"时,鲁迅并非要对中外文学进行优劣区分,而是着眼于当下青年最需要什么样的文学资源,涉及文学如何影响社会现实与个人行动的问题——鲁迅旨在倡导青年挣脱"言"的束缚,勇于"行",言论的核心并非在"书",而是在"人"[9],这便使鲁迅的这一"附注"成为了当时舆论界乃至此后多年间有关鲁迅思想的争论焦点之一。

学界对于鲁迅答卷的讨论,主要围绕两个问题展开:一是鲁迅如何界定"青年",二是鲁迅如何阐释"行"与"言"。厘清这两个问题,有助于我们更全面深入地理解鲁迅的青年观。

结合鲁迅有关"青年"的论述来看,鲁迅青年观所关切的对象与孙伏园所谓的"青年"内涵有别。对于"青年必读书"中的"青年"概念该如何界定的问题,汪震等人曾向孙伏园致信询问。孙伏园的答复是:"我的青年定义非常简单,就是中学一年级和大学末年级的年龄以内或相近的人。"[10]可见,"青年必读书"征求活动所服务的对象主要是学生,而鲁迅在答卷中所对话的对象却不单是学生群体。这就涉及鲁迅《青年必读书》的潜在读者问题。

对于附注中"若干读者"的指涉范围,学界存在不小的争议。张永泉认为鲁迅的"青年"论是针对某种特定的青年的,并引鲁迅在《聊答"……"》一文中的言论支撑自己的观点,即"青年"指的是"有利于社会改造的青年"[11]。同样是从鲁迅文本出发,曹振华却反驳了青年是有利于社会改造的青年这一观点,以"《呐喊·自序》中的启蒙对象为例,判定'《青年必读书》的对象也不该只是青年改革者,而应为一般青年'"[12]。在笔者看来,张、曹二人的观点虽都有可取之处,但对于"青年必读书"事件产生的时代背景与鲁迅青年观的转变都有所忽视。诚然,鲁迅的启蒙对象绝不只是有改革倾向的青年群体,也包括了愚昧的、不愿前进的普通大众,但在1925年的时代背景下,鲁迅首先关注的依然是有希望成为其同路人的进步青年。只有先唤醒生命力最旺盛、前进空间最大的青年群体,才有希望带动全体国民的觉醒。因此,笔者以为,鲁迅在"青年必读书"[13]一栏与"附注"一栏所对话的"青年"并非同一类青年,前者与孙伏园"青年必读书"征求活动中的"青年"内涵相同,而鲁迅在当时最关注的依然是"附注"中的"青年",即"若干读者"。张永泉曾引鲁迅《聊答"……"》中的话来表现其对"或一种改革者"的热切关注:

> 我那时的答话,就先不写在"必读书"栏内,还要一则曰"若干",再则曰"参考",三则曰"或",以见我并无指导一切青

年之意。我自问还不至于如此之昏,会不知道青年有各式各样。那时的聊说几句话,乃是但以寄几个曾见和未见的或一种改革者,愿他们知道自己并不孤独而已。[14]

在这段阐释性的文字中,鲁迅坦言"青年有各式各样",因而不愿将个人目标和喜好强加于一切青年,其"略说自己的经验"的对话对象,亦是与其同路的"或一种改革者"。从各式各样的青年到"或一种改革者",鲁迅的启蒙对象并没有发生变化,选择与后者对话的用意是鼓励那些心系改革的青年真正行动起来,投身于现实斗争中,而不是被社会上动机不纯者所倡导的阅读风气牵着走。至于"或一种改革者"范围之外的青年,鲁迅抗拒与之对话的出发点是不愿让他们不假思索地一头扎进书斋里,真正要做的是反压迫和反体制化,不为所谓的权威或传统所束缚,而应根据实际情况走出自己的路。可见,鲁迅的"白卷"并不苍白,"略说自己的经验"饱含对青年的坦诚、负责与周全的思虑。

说罢《青年必读书》中的"青年"问题,再回到与其关系紧密的"必读书"问题上。

长期以来,人们对鲁迅《青年必读书》都存在一定程度的误读。误读的历史最早可追溯至20世纪20年代的"青年必读书"事件。柯柏森在《偏见的经验》中将鲁迅"自己的经验"命名为"偏见的经验"[15]。熊以谦在《奇哉!所谓鲁迅先生的话》中的批判语气更甚:"奇怪素负学者声名,引起青年瞻仰的鲁迅先生说出如此浅薄无知识的话来了!……可不可以把先生平日看的中国书明白指示出来,公诸大家评论,看到底是中国书误害了先生呢?还是先生冤枉了中国书呢?"[16]熊以谦的质疑被鲁迅引为"牢骚",并得到了鲁迅的回应。鲁迅认为,熊以谦将"现在的青年最要紧的是'行',不是'言'"一句误读为"只要行,不要读书"[17],没能理解原意并非引导青年不读书,只顾"糊闹""横闯",更不是文化立场上的崇洋抑中。鲁迅在"附注"中体现出的重"行"轻"言"观念,是在中国传统言行观的基础上进行的超越——"行"与"言"不再只是社会层面上的个人选择,而上升到个体的人生态度与介入和改造社会现实的方式上。

当时的舆论对于鲁迅《青年必读书》的批判多以鲁迅"贬低"中国古书的价值,"捧高"外国书的价值为靶,在之后引发的讨论中,鲁迅"全盘反传统"说、中国书"吃人"说等观点在学界形成争鸣。总之,"赞成与反对两种意见针锋相对,争论的核心一直没离开鲁迅批判中国书的是与非"[18]。在笔者看来,鲁迅言论的核心价值随着历史线索的逐渐清晰而越发明朗——鲁迅是基于"为人生"的文学立场,借由读书一事关切青年的发展及人与社会的关系问题。拨开"必读书"的迷雾,呈现在我们面前的是冷峻的现实人生。

《青年必读书》在厘清两类"青年"概念时,将落脚点置于"行"的问题上。从"铁屋子"里的人到"颓唐"和"厌世"的"活人",青年作为"人"之载体承担起被启蒙的历史命运。鲁迅对青年阅读方面的建议在包含了对青年发展的期许的同时,也与其政治文化态度与"立人"观念紧密相关。在鲁迅看来,中国书中"僵尸的乐观"易使人沉沦,而青年要警惕沦为社会体制中的"被征服者",就必须将"行"放在高于"言"的位置。"读什么书不再是简单的、个人化的兴趣与选择,而是引导社会风气和青年思想的一种有效手段"[19]。因此,知识结构上的欠缺并非要紧之事,在当时的环境下,最要紧的是令青年产生"行"的觉悟和动力。

三、"行"的观念与鲁迅青年观的重塑

鲁迅的"青年必读书"答卷在1925年的舆论界引起轰动,近一百年过去,学界对于这一事件的反思仍在继续,在这其中,周维东的"逻辑谬误"说引起了笔者的关注和思考。周指出,"青年必读

书"征求活动本身或存在逻辑谬误,开列者"身份"及必读书"适应范围"等问题反映出的是"现代学院文化过于强势后造成的文化错位和扭曲",而鲁迅在《青年必读书》中反映出的文化立场正是"对这种文化错位的反驳与批判"[20]。周维东的判断有其合理之处,早在征求活动进行时,俞平伯等人就关注到了这一活动本身的复杂性与歧义性。首先,关于"青年必读书"的讨论需要解决的问题是如何界定"青年"这一概念,继而需要思考:"必读书"如何与"青年"建立紧密联系?其次,所谓学者名流是否有资格为青年开列书目?与俞平伯同样提交了"白卷"的鲁迅和江绍原在收到征求启示时想必也留意到了这一逻辑上的谬误。

从《青年必读书》上看,鲁迅的处理是巧妙的:避开"必读书"的话语圈套,直接在"附注"中表达对于读书以及"行"与"言"的看法,既表明了鲁迅的文化观,也揭露出其青年观重塑的一个方面。然而,鲁迅的矛盾、犹豫与多疑,在"青年必读书"事件上有着新的体现。要想通过这一事件探讨鲁迅青年观的重塑问题,还需回到1925年初的历史语境中思考——鲁迅为什么要写《青年必读书》?

"青年必读书"征求活动发起于1925年1月4日,而鲁迅直到2月10日才向编辑部提交答卷,其间的一个多月经历了怎样的思想变化?如果说鲁迅对于"青年必读书"征集活动的响应并不积极,那么最终是什么原因促使其发声?1月29日,孙伏园在《京报》副刊上发表《启事》,"'青年必读书'仅收到胡适之梁任公周作人诸先生等数票"[21],因此呼吁各位学者"多多赐稿"。鲁迅的参与和孙伏园的催稿或许有些许联系,但后者并非是促成鲁迅发声的主要原因。

整理鲁迅1925年1月至2月的文学活动,不难发掘出"咬文嚼字"和"忽然想到"两个关键词。1月8日,鲁迅写下《咬文嚼字》一文批判人们对于封建旧残余危害的麻木,随即引起争议和批判,鲁迅接着以《咬嚼之余》《咬嚼未始"乏味"》《咬文嚼字(二)》反击,在知识分子内部形成关于"摆脱传统思想之束缚"的论争。"否则,我将鼓吹改奴隶二字为'弩理',或是'努礼',使大家可以永远放心打盹儿,不必再愁什么了。但好在似乎也并没有什么人愁着,爆竹毕毕剥剥地都祀过财神了。"[22]这段话出自《咬文嚼字(二)》,批判的是"字面虽然改了,涵义还依旧"[23]的文化现象。联系鲁迅在同一天写下的《青年必读书》,"少看中国书,其结果不过不能作文而已……只要是活人,不能作文算什么大不了的事"。显然,鲁迅批判的对象并不是中国书,而是中国文化中"文"变"质"不变的糟粕给青年发展带来的危害。因此,为了不让青年陷入"没有什么人愁着"的现实泥淖,鲁迅才对"多是僵尸的乐观"的中国书表达出不满,指引青年"行"——做切实的行动和改变。

1925年初的"忽然想到"系列,看似是鲁迅的漫笔,实则隐藏多条与鲁迅这一阶段文学活动相关的线索。在写下《青年必读书》的一周内,鲁迅先后作《忽然想到(三)》和《忽然想到(四)》两篇文章。"我觉得仿佛久没有所谓中华民国……我觉得有许多民国国民而是民国的敌人……我觉得什么都要从新做过"[24],鲁迅在文中自嘲神经紊乱,但所感所思却传递出一种清醒的悲观。该怎么做才能清楚"民国的来源"?彼时,从《青年必读书》中走出的鲁迅已不再盲目乐观地相信中国书的内容,在他看来,青年要想觉醒万不能与现实人生相隔绝,正如一个求发展的民族绝不能遗忘历史教训、重蹈历史覆辙。

> 幸而谁也不敢十分决定说:国民性是绝不会改变的。在这"不可知"中,虽可有破例——即其情形为从来所未有——的灭亡的恐怖,也可以有破例的复生的希望,这或者可做改革者的一点慰藉罢。[25]

从《忽然想到(四)》的"或者可做改革者的一点慰藉"到《聊答

"……"》的"或一种改革者",鲁迅的启蒙和对话对象未变,都是心系改革的前进的青年。然而,鲁迅性格中怀疑、悲观的底色也始终没有褪去,面对"古已有之""从来如此"的民族精神痼疾,青年该如何应对?立足于现实又该如何言,如何行?

1927年,鲁迅在香港向青年学生发表题为"无声的中国"演讲,号召"青年们先可以将中国变成一个有声的中国。大胆地说话,勇敢地进行,忘掉了一切利害,推开了古人,将自己的真心的话发表出来。"[26]彼时,中国大陆正陷于炮火之中,鲁迅在战争背景下鼓励青年"推开了古人","大胆地说话",正与两年前"少看中国书"的主张相契合。可见,鲁迅并非让青年只顾"行"不顾"言",无论哪一种选择,最终落脚点都是让青年找到一条介入现实,改变现状的道路。如曹振华所言,鲁迅对于中外书籍取舍的立足点是现在的需要,"不是对取舍的对象在过去、现在以及将来意义的评估。也就是说,此文是为现实需要着想,不是为评估文化传统而作"[27]。简言之,鲁迅"行"的观念,始终是与社会现实发展同步的。

除学界声音和社会舆论外,鲁迅本人也在反思"青年必读书"事件的过程中不断进行自我剖析,随之逐渐清晰的是其青年观重塑的另一面。

"去年我主张青年少读,或者简直不读中国书,乃是用许多苦痛换来的真话,决不是聊且快意,或什么玩笑,愤激之词。"[28]鲁迅所谓的"苦痛",很容易使人联想到1925年前后发生在鲁迅生活中的种种事件,"女师大风潮",与"现代评论派"的论战,兄弟失和以及青年朋友的反叛等,都给鲁迅的思想带来了极大的震荡。在与青年关系的处理上,鲁迅逐渐意识到,"寄托于青年身上的希望都舍弃,只以独自固守的决绝面对空虚和暗夜"[29]。写作《野草》中的大部分散文诗时,鲁迅都是抱着这样一种绝望又决绝的态度。然而,鲁迅的绝望并不等同于对现实的妥协与人生的沉沦,无论是对自身还是对青年,鲁迅始终保有行动的勇气,只是受了环境的影响,力量时常显得微弱。

1925年5月,鲁迅于《豫报》副刊上发表《北京通信》,在一以贯之地给予青年以关怀的同时,也流露出自身的无奈。"倘使我有这力量,我自然极愿意有所贡献于河南的青年。但不幸我竟力不从心,因为我自己也正站在歧路上"。[30]"站在歧路上",是鲁迅对当时自身处境的概括,也暗含对青年发展道路及命运的担忧。

在《青年必读书》中,鲁迅大力提倡重"行"轻"言"的观念,但对于如何"行",即青年该走哪条路的问题,鲁迅却报以谨慎的态度,这种谨慎在1925年的鲁迅身上表现为"不想劝青年一同走我所走的路"[31]。《青年必读书》刊载后,鲁迅沿着"行"的思路继续思考青年的发展问题,在"立人"的层面提出了最基础的希望:"倘若一定要问我青年应当向怎样的目标,那么,我只可以说出我为别人设计的话,就是:一要生存,二要温饱,三要发展。"[32]生存、温饱和发展,对应的是人生追求由初级到高级的三个阶段。显然,在当时的政治文化背景下,鲁迅关注的焦点是青年的发展问题,而这种"发展",更侧重于一种超越个体满足的"发展",即号召青年做"好事之徒"。联系1925年前后的社会背景,青年面临的难题除了自"五四"一代就有的无路可走的困境外,还有革命语境中的思想陷阱,后者体现为社会上复古倒退的逆流——一些动机不纯者借着胡适等人掀起的"整理国故"的热潮,散布古书中的封建思想文化,妄图将青年从激烈的现实斗争中拽向不问实际的故纸堆里。《青年必读书》附注中意涵丰富的言论,亦可视为鲁迅针对当时思想界混乱局面发出的警言。

在《青年必读书》的附录中,鲁迅放下所谓的学者或导师的姿态,坦诚地面对读者:"但我要趁这机会,略说自己的经验,以供若干读者的参考。"鲁迅向来不以导师自居,只是愿意以己为镜给青年提供参照,"假使我真有指导青年的本领——无论指导得错不错——我绝不藏匿起来,但可惜我连自己也没有指南针,到现在还是乱闯"[33]。鲁迅也鄙夷自诩为"导师"的人,因为所谓的"导师""自以为有正路,有捷径,而其实却是劝人不走的人"[34]。若将鲁迅同一年发表的两篇文章《青年必读书》和《导师》进行对比,不难发现"行"与"走"在鲁迅思想中的重要性。"行"与"走",本质相近,都是指人行动的转变,"走"在古时也有"跑"的含义。无论是《青年必读书》中的"行"还是《导师》中的"走",都体现出鲁迅在1925年观念的转变——不再沉湎于虚无,不再重蹈历史的覆辙,以"行"的方式介入现实斗争,反抗绝望。

在笔者看来,鲁迅的青年观是随着"行"的观念的逐渐清晰而得到重塑的。在20世纪20年代的政治与文化语境下,鲁迅发掘出"行"的价值,与青年的关系也发展为"寻朋友,联合起来,同向着似乎可以生存的方式走"[35]。在"寻朋友"的1925年,由鲁迅发起的未名社在北京成立,鲁迅与未名社成员一直以朋友的关系保持良好交往。虽主观上不愿做导师,但从客观上看,鲁迅一直发挥着导师的作用,除言语提点外,也以实际行动给予青年帮助,譬如兴办文学杂志、指导写作、为青年校稿等。韦素园逝世后,鲁迅如是怀念与未名社青年的交游:"未名社的同人实在并没有什么雄心和大志,但是愿意切切实实的,点点滴滴的做下去的意志却是大家一致的。"[36]从"切切实实""点点滴滴"两个词可看出,鲁迅理想中的青年须具备务实和勤奋的品质,对于青年现实行动的关切和肯定,足以体现鲁迅对"行"的重视。

对于鲁迅青年观在1925年前后的转变,有研究者将其称为"嬗变"[37],强调鲁迅青年观在短时期内的彻底转变,并以鲁迅"进化论"观念的瓦解和对反叛青年的批判作为主要论据。然而,在笔者看来,无论是观念的"瓦解"还是对青年的批判,"嬗变"论者在表述上都存在夸大的成分。诚然,鲁迅在20世纪20年代到30年代越来越多地受到阶级论话语的影响,对待"进化论"的态度已不如早年般坚定,但因此就将思想的转变定性为"瓦解"还是略显轻率,与其说是瓦解,不如说是一种"扬弃"。

从鲁迅与许广平1926年的通信中,可看出鲁迅对"进化论"思想的扬弃和在现实影响下青年观的重塑。"我现在对做文章的青年,实在有些失望,我想有希望的青年似乎大抵打仗去了,至于弄弄笔墨的,却还未看见一个真有几分为社会的,他们多是挂新招牌的利己主义者。而他们却以为他们比我新一二十年,我真觉得他们无自知之明,这也就是他们之所以'小'的地方。"[38]此处,鲁迅针对的是文学青年的不作为,批判的重点是青年自私自利的品行及对社会的漠不关心。相比之下,"打仗去了"的青年反而成为了"有希望的青年"。联系《青年必读书》中的"现在的青年最要紧的是'行',不是'言'"一句不难看出,鲁迅的青年观在1925年前后围绕"行"与"言"的问题发生了转变,而《青年必读书》所表达的立场,很大程度上也是鲁迅青年观重塑后的观念核心。

鲁迅的思想体系中始终有矛盾和犹豫不决的地方——虽鼓励青年"行",但既不愿当导师,提出切实明确的行动计划,也不支持青年将个体利益置之度外,作无谓的牺牲。由此反观《青年必读书》的现实意义,大抵可以看作鲁迅在知识分子群体内部分化和复古倒退的社会逆流背景下对思想界混乱局面及自身思想的一次清理。所谓青年观的重塑,不仅面向青年,也面向鲁迅自己。在此意义上,笔者以为,对于鲁迅青年观在1925年前后的转变,用"重塑"代替"嬗变"这一表述或许更有助于阐释这一转变背后的思想内核和现实意义。

鲁迅1925年前后的书信中常出现"白卷"一词,是为鲁迅与其同路人针对"现在"这一难题提交的答案。[39]"苦茶加'糖',其苦之量如故,只是聊胜于无'糖',但这'糖'就不容易找到,我不知道在那里,只好交白卷了。"[40]"从来没有留心过,所以现在说不出",这是鲁迅向"青年必读书"征集活动提交的"白卷",然而,"我以为要少——或者竟不——看中国书,多看外国书","现在的青年最要紧的是'行',而不是'言'"却是鲁迅于现实困境中寻觅到的"糖"。鲁迅青年观的重塑,大抵就是往"苦茶"里加"糖"的过程,"糖"的现实意义随着"行"的观念的逐渐清晰而变得具体,成为鲁迅用以抵抗绝望和虚无的武器。

注释

［1］例如以高长虹为代表的青年反叛行为与反噬言论(文学史有"高鲁之争"之称)。相关研究有:高远东:《自由与权威的失衡——高长虹与鲁迅冲突的思想原因一解》,《鲁迅研究月刊》,1990年第5期;廖久明:《高长虹与鲁迅——从友人到仇人》,《新文学史料》2008年第3期。

［2］[10][15][16][17]王家家:《青年必读书——一九二五年〈京报副刊〉"二大征求"资料汇编》,河南大学出版社2006年版,第1页、第178—179页、第233页、第236—239页、第238页。

［3］本文中《青年必读书》特指鲁迅回复《京报副刊》"青年必读书"征求活动的答卷,答卷内容后以独立文章的形式收录于《华盖集》,下不再注明。

［4］鲁迅:《〈三闲集〉序言》,《鲁迅全集》第4卷,人民文学出版社2005年版,第5页(下同)。鲁迅写作此文时对青年的态度已有所转变,但没有否认早期受到进化论的影响。

［5］鲁迅:《〈呐喊〉自序》,《鲁迅全集》第1卷,第437页。

［6］[35]鲁迅:《导师》,《鲁迅全集》第3卷,第58页、第59页。

［7］鲁迅:《〈野草〉英文译本序》,《鲁迅全集》第4卷,第365页。

［8］胡余龙、王茜:《青年·读书·革命:鲁迅与北新书屋的往来史实考证》,《宜宾学院学报》2019年第9期。

［9］张洁宇:《"活"与"行"——鲁迅生命观与文学观的互动》,《中国现代文学研究丛刊》2016年第9期。

［11］张永泉:《鲁迅文化批判的历史意义》,《鲁迅研究月刊》1996年第3期。

［12］杨华丽:《误读鲁迅:赞者的缺失——鲁迅〈青年必读书〉阅读札记》,《山西大学学报》(哲学社会科学版)2010年第3期。

[13] 本为"青年必读书十部",鲁迅将"十部"删去。
[14] 刊于《京报副刊》,1925年3月5日。是为鲁迅针对柯柏森质疑文章所作的回应。
[18] [27] 曹振华:《我从〈青年必读书〉读到了什么》,《鲁迅研究月刊》1999年第4期。
[19] 胡余龙、王茜:《青年·读书·革命:鲁迅与北新书屋的往来史实考证》,《宜宾学院学报》2019年第9期。
[20] 周维东:《"青年必读书":文化错位与鲁迅的侧击》,《中山大学学报(社会科学版)》2012年第6期。
[21] 孙伏园:《启事》,《京报》副刊,1925年1月29日。
[22] [23] 鲁迅:《咬文嚼字(二)》,《鲁迅全集》第3卷,第10页。
[24] 鲁迅:《忽然想到(三)》,《鲁迅全集》第3卷,第16—17页。
[25] 鲁迅:《忽然想到(四)》,《鲁迅全集》第3卷,第18页。
[26] 鲁迅:《无声的中国》,《鲁迅全集》第4卷,第15页。
[28] 鲁迅:《写在〈坟〉后面》,《鲁迅全集》第1卷,第302页。
[29] 韩嘉敏:《1925年的鲁迅》,《书屋》2019年第3期。
[30] [31] [32] 鲁迅:《北京通信》,《鲁迅全集》第3卷,第54页。
[33] [40] 鲁迅:《250311致许广平》,《鲁迅全集》第11卷,第460页、第461页。
[34] 鲁迅:《"田园思想"》,《鲁迅全集》第7卷,第89页。
[36] 鲁迅:《韦素园墓记》,《鲁迅全集》第6卷,第66页。
[37] 韩雪松:《鲁迅青年观的嬗变及其对〈两地书〉创作的影响》,《西南交通大学学报》(社会科学版)2018年5月,第19卷第3期。
[38] 鲁迅:《261202致许广平》,《鲁迅全集》第11卷,第640页。
[39] 鲁迅:《250318致许广平》,《鲁迅全集》第11卷,第466页。

《故事新编》属于小说的下半时

赵献涛

鲁迅的《故事新编》到底属于米兰·昆德拉所言小说的"上半时"还是"下半时"？笔者以为《故事新编》属于小说的"下半时"，之所以这样说，因为无论就其故事的处理方式、小说重心所在而言，还是就其与昆德拉所言小说"上半时"比较而言，《故事新编》体现的都是"下半时"小说的特征，而不是"上半时"小说的特征。

一、《故事新编》的场面描写

支持《故事新编》属于小说上半时的根据之一是：场面描写是现代小说（下半时小说）成熟的标志，《故事新编》除了早期的《补天》里有大量的场面描写之外，以后的作品就没有了场面描写，所以《故事新编》不是小说的下半时。

在昆德拉看来，小说的上半时、下半时和第三时分别对应着小说家处理故事的三种不同方式：讲述故事、描写故事和沉思故事。那么，描写故事和讲述故事的区别在哪里呢？在昆德拉看来，就是对于"逼真性"的追求。而"逼真性"则是通过"场面"的描写烘托出来的。所谓"场面"描写其实就是我们通常所谓的小说的环境描写，有环境描写就一定有人物的内心，这就是心理描写，而这两样"描写"的出现，众所周知，是现代小说成熟的标志。[1]

《补天》里确实有大量的场面描写：

粉红的天空中,曲曲折折的漂着许多条石绿色的浮云,星便在那后面忽明忽灭的映眼。天边的血红的云彩里有一个光芒四射的太阳,如流动的金球包在荒古的熔岩中;那一边,却是一个生铁一般的冷而且白的月亮。

……

伊在这肉红色的天地间走到海边,全身的曲线都消融在淡玫瑰似的光海里,直到身中央才浓成一段纯白。波涛都惊异,起伏得很有秩序了,然而浪花溅在伊身上。这纯白的影子在海水里动摇,仿佛全体都正在四面八方的进散。

……

天边的血红的云彩里有一个光芒四射的太阳,如流动的金球包在荒古的熔岩中;那一边,却是一个生铁一般的冷而且白的月亮。但不知道谁是下去和谁是上来。这时候,伊的以自己用尽了自己一切的躯壳,便在这中间躺倒,而且不再呼吸了。

虽然这样浓墨重彩的场面描写在《补天》以后很少见到,但并没有完全绝迹,《故事新编》的其他小说里同样有场面描写,如《奔月》:

暮霭笼罩了大宅,邻屋上都腾起浓黑的炊烟,已经是晚饭时候。家将们听得马蹄声,早已迎了出来,都在宅门外垂着手直挺挺地站着。

……

他只得绕出树林,看那后面却又是碧绿的高粱田,远处散点着几间小小的土屋。风和日暖,鸦雀无声。

……

还没有走完高粱田,天色已经昏黑;蓝的空中现出明星来,长庚在西方格外灿烂。马只能认着白色的田塍走,而且早已筋疲力竭,自然走得更慢了。幸而月亮却在天际渐渐吐出银白的清辉。

如《采薇》:

这确是一座好山。既不高,又不深,没有大树林,不愁虎狼,也不必防强盗:是理想的幽栖之所。两人到山脚下一看,只见新叶嫩碧,土地金黄,野草里开着些红红白白的小花,真是连看看也赏心悦目。他们就满心高兴,用拄杖点着山径,一步一步的挨上去,找到上面突出一片石头,好像岩洞的处所,坐了下来,一面擦着汗,一面喘着气。

这时候,太阳已经西沉,倦鸟归林,啾啾唧唧的叫着,没有上山时候那么清静了,但他们倒觉得也还新鲜,有趣。

如《铸剑》:

当眉间尺肿着眼眶,头也不回的跨出门外,穿着青衣,背着青剑,迈开大步,径奔城中的时候,东方还没有露出阳光。杉树林的每一片叶尖,都挂着露珠,其中隐藏着夜气。但是,待到走到树林的那一头,露珠里却闪出各样的光辉,渐渐幻成晓色了。远望前面,便依稀看见灰黑色的城墙和雉堞。

如《出关》:

到得关上,立刻开了大厅来招待他。这大厅就是城楼的中一间,临窗一望,只见外面全是黄土的平原,愈远愈低;天色苍苍,真是好空气。这雄关就高踞峻坂之上,门外左右全是土坡,中间一条车道,好像在峭壁之间。实在是只要一丸泥就可以封住的。

从上述繁琐的摘引中可以看出,场面描写贯穿《故事新编》的创作始终。既然场面描写是现代小说成熟的标志,《故事新编》无疑属于现代小说,即下半时小说。

严格说来,上述罗列的场面描写实际上是环境描写,因为"场面描写指的是对一个特定的时间与特定的地点内众多的人物活动,对其总体情况作出的描写。场面描写通常会综合运用叙述、描写和抒情等表述方法,集中描写自然景色、社会环境和人物活动等对象。往往有劳动场面、运动场面和战斗场面,以及不同的会议场面等"[2]。从这个场面描写的定义可以得知,不仅描写自然景色的环境描写是一种场面描写,对社会环境和人物活动的集中描写也是一种场面描写。《奔月》中的后羿射死母鸡后与老婆子的争辩、后羿与逢蒙用箭互射、后羿得知嫦娥奔月后愤怒射月这些场景是场面描写,《理水》中文化山上的学者讨论大禹是否存在、考察专员接见平民代表、水利局大排筵宴这些是场面描写,《铸剑》中眉间尺将头和剑交给黑色人、黑色人表演把戏也都是场面描写,《采薇》《非攻》的场面描写比比皆是,不再一一列举。可以说,《故事新编》就是靠连缀一个又一个场面来表现作者鲁迅对历史文化、自身命运的思考的。就是《出关》里那反复出现的、被视为支持《故事新编》属于小说上半时的"孔子拜见老子"的场景,说到底也是场面描写:

老子毫无动静的坐着,好像一段呆木头。
"先生,孔丘又来了!"他的学生庚桑楚,不耐烦似的走进来,轻轻的说。
"请……"

"先生,您好吗?"孔子极恭敬的行着礼,一面说。
……

大约过了八分钟,他深深的倒抽了一口气,就起身要告辞,一面照例很客气的致谢着老子的教训。

老子也并不挽留他,站起来扶着拄杖,一直送他到图书馆的大门外。孔子就要上车了,他才留声机似的说道:

"您走了? 您不喝点儿茶去吗?……"
……

一过就是三个月。老子仍旧毫无动静的坐着,好像一段呆木头。

"先生,孔丘来了哩!"他的学生庚桑楚,诧异似的走进来,轻轻的说。"他不是长久没来了吗? 这的来,不知道是怎的? ……"

"请……"老子照例只说了这一个字。

"先生,您好吗?"孔子极恭敬的行着礼,一面说。
……

大约过了八分钟,孔子这才深深的呼出了一口气,就起身要告辞,一面照例很客气的致谢着老子的教训。

老子也并不挽留他。站起来扶着拄杖,一直送他到图书馆的大门外。孔子就要上车了,他才留声机似的说道:

"您走了? 您不喝点儿茶去吗?……"

这样的重复叙事在"描写故事"的小说中也会出现,如《祝福》:

四叔家里最重大的事件是祭祀,祥林嫂先前最忙的时候也就是祭祀,这回她却清闲了。桌子放在堂中央,系上桌帏,她还记得照旧的去分配酒杯和筷子。

"祥林嫂,你放着罢！我来摆。"四婶慌忙的说。

她讪讪的缩了手,又去取烛台。

"祥林嫂,你放着罢！我来拿。"四婶又慌忙的说。

……

冬至的祭祖时节,她做得更出力,看四婶装好祭品,和阿牛将桌子抬到堂屋中央,她便坦然的去拿酒杯和筷子。

"你放着罢,祥林嫂！"四婶慌忙大声说。

这从另一个方面证实《故事新编》与《彷徨》一样属于描写故事,即小说的下半时。场面描写构成《故事新编》的叙事方式,《故事新编》是小说的下半时,它继承的不是塞万提斯《堂吉诃德》、拉伯雷《巨人传》这些欧洲小说的上半时传统,恰恰是巴尔扎克以来欧洲小说的下半时传统。《故事新编》不是在讲述故事,而是在描写故事。

二、《故事新编》的角色重心和油滑

《故事新编》的重心是故事还是角色？这是判断它的属性的另外一个问题。主张《故事新编》属于上半时小说的另外一个理由是它的中心是经验的传达,而不是角色:

> 在描写故事的小说时代,不是故事,而是角色成为了小说的重心,而与此不同的是,讲述故事的叙事作品关心的则永远是经验的传达,即一个古老的经验通过不断的"动作"而一代一代传承下去。[3]

笔者看来,《故事新编》的重心还是角色。《补天》的女娲因为生命的苦闷而从事创造,所创造的人类与创造者之间语言、文化的差异越来越大,女娲无比失望；人类互相争夺帝位导致天崩地塌，女娲为补天而失去了生命。小说塑造了人类的创始者女娲这样一个高大的形象，借此反思了创造与破坏的关系。《奔月》中的后羿失去了往日英雄的色彩，为嫦娥的饮食问题而烦恼，遭遇了妻子的抛弃、学生的背叛这样的不幸；借后羿这个英雄人物，鲁迅写出了英雄末路的悲哀和不幸，也反思了自己的命运。《理水》通过五种人的眼光来塑造大禹形象：文化山上的学者眼里的大禹是子虚乌有的，乡下人眼中的大禹是确实存在的，官员眼中的大禹是更改父亲治水成法、不守孝道的，妻子眼中的大禹是"因公忘私"、过家门而不入的，皇上舜爷眼中的大禹是具有治国之才、为民谋利的。通过这几类人的言谈所见，小说塑造了大禹埋头苦干式的民族脊梁的立体形象。《采薇》里的伯夷叔齐不管其原型是否为王国维，他们通体都是矛盾的性格却赫然分明，就是小穷奇、小丙君、阿金这些完全虚构的次要人物，鲁迅通过篇幅不长的描写，也使他们的性格跃然纸上。《铸剑》塑造了性情优柔、忽冷忽热的眉间尺和善于复仇的黑色人，《出关》中的孔子和老子各具性情，《非攻》中的墨子劳形苦心、扶危济急。总而言之，《故事新编》重新塑造了中国神话传说、历史文化中的英雄人物、著名人物，通过对他们的重新书写，寄寓了鲁迅对中国历史文化、对自我生存状态的深沉思考。角色，或者说人物塑造，依然是《故事新编》叙事的重心所在，所以《故事新编》还是描写故事的小说下半时。

　　油滑的性质是什么？笔者看来，油滑不是前现代"说书人场"叙事模式在《故事新编》中的借尸还魂，如果真的这样理解，就降低了油滑的意义，因为鲁迅的油滑和说书人场的叙事模式存在着根本的区别：鲁迅小说的油滑建立在鲁迅面对世界整体、面对历史文化以及面对自身而产生的一种存在主义哲学意义上的荒诞感基础之上，荒诞感的存在主义感受向文本的延伸就是喜剧性强烈的油滑。油滑不仅仅是叙事技巧的杂声叙事，而是一种生命哲学的外在形态。《故事新编》油滑的成立不是建立在超善恶的叙事态度上,而是建立在创作主体对整个世界和自身所产生的荒诞感之上。油滑,不仅具有叙事学的、美学的意义,更本质地说,是一种鲁迅的存在感受、存在哲学的艺术显现,即艺术地、感性地表现了鲁迅对世界存在主义的感受——荒诞。只有对世界和自身预先具有了一种"不认真"的精神,才会有油滑的叙事技巧,也才会有《故事新编》中的杂声。《故事新编》中的油滑不足以证明它是小说的上半时。

即使鲁迅在产生"天地不可与庄语"这样的存在经验之后,他的《故事新编》的叙事立场也没有超越善恶。鲁迅对女娲、后羿、大禹、老子、孔子、墨子的思想在叙述中态度十分鲜明,即使鲁迅采取的是全知叙事视角,选择认同问题并没有被剔除,选择认同的倾向依然鲜明:批判孔子的奸诈、老子的无为,赞赏大禹的艰苦、墨子的兼爱非攻,同情后羿的无奈、女娲的悲剧。不仅鲁迅的选择认同非常鲜明,就是在这些人物身上还寄托着鲁迅自身的经历与心境。境由心造。《补天》寄托着鲁迅以创造者身份拯救天下而不能成功的悲剧感受,《奔月》是鲁迅自身英雄末路的深沉反思,《出关》表现了鲁迅深陷左联内部矛盾漩涡中的挣扎……自喻性很强的历史小说集《故事新编》,杂文化是它的手法,但它不是杂文、杂感。倘若将它的性质界定为杂文,就不应该再借用昆德拉的小说理论去评定它、认为它是小说的上半时;一方面说它是杂文,一方面说它是小说的上半时,这是一种自相矛盾。

三、《故事新编》与昆德拉所追求"小说"的最高范本

昆德拉所追求"小说"的最高范本,笔者以为是昆德拉所言卡夫卡、穆齐尔、布洛赫、贡布罗维奇、富恩特斯的作品以及昆德拉自己的作品《不能承受的生命之轻》等,而不是鲁迅的《故事新编》;因为说到底,《故事新编》还是属于下半时写作;即使退一步

说《故事新编》属于上半时的写作,上半时写作也不是昆德拉孜孜追求的小说的最高范本,昆德拉追求的小说最高范本不是上半时写作,而是小说的第三时,即沉思故事。

"(下半时),小说被结构为一系列场景,与它们的布景、它们的对话在一起的细致描写的场景;一切与这一系列的场景不相联系的东西,一切非场景的东西均被认为是次要的,甚至是多余的。小说就像是一个十分充实十分丰富的剧本。"[4]"下半时小说的这种戏剧性结构具有异常的紧张性:情节的复杂性,思想的丰富性,以及人物的全部心理都要通过仅仅几个场面来明确表达;因此一个小说场面就像戏剧场面一样人为地变得集中而密集,以一种不太可能的逻辑严谨性来发展。"[5]通过场面来刻画人物性格、表现人物心理,情节按照作者的逻辑来发展,没有与主题背离的枝蔓情节,人物众多但不存在与主题无关的突然离去的人物。这些下半时小说的特征也就是《故事新编》的特征。上半时小说却不是这样:

> 后普鲁斯特阶段的最伟大的小说家——我尤其想到卡夫卡、穆齐尔、布洛赫、贡布罗维奇或与我同代的富恩特斯——对于19世纪之前的、差不多已被忘得一干二净的小说的美学极其敏感:他们将随笔式的思考引入到小说艺术中;他们使小说构造变得更自由;为离题的神聊重新赢得权利;为小说注入非严肃的与游戏的精神;通过创造无意与社会身份相竞争(以巴尔扎克的方式)的人物来拒绝心理现实主义的教条;尤其是他们不想硬塞给读者一个真实的幻觉,而这硬塞曾是整个小说史下半时的万能统治者。[6]

将《故事新编》与昆德拉上述作家卡夫卡、穆齐尔、布洛赫、贡布罗维奇、富恩特斯的作品加以对照,就会发现《故事新编》的创作与他们不是一个风格、路数；《故事新编》中小说的结构有章可循，不是一种为文无法的自由；小说用一个主题贯穿所有场面描写，离题的神聊几乎不存在；就是那些穿插的喜剧性情节也是为既定的主题服务的；小说游戏的外衣下是一种严肃的精神，小说对性格真实、心理真实的追求依然醒目。即以《故事新编》与卡夫卡《美国》比较而言，虽然与《美国》戏谑性地模仿狄更斯小说这样一种"依据文学的文学"相同，鲁迅的《故事新编》也是一种"依据文学的文学"，但鲁迅戏谑模仿没有像卡夫卡《美国》一样，成为整个文本一以贯之的方法，仅仅是个别的、局部的戏仿。卡夫卡的《美国》是这样一种小说：

> 通过戏谑模仿（陈词滥调的拼凑游戏）的道路，卡夫卡达到了他最伟大的主题：迷宫般复杂的社会机器，人在其中只会迷失方向，走向自身的失落。……他并不是通过建立在左拉式对社会的研究基础上的现实主义小说方法，而恰恰是通过表面轻浮无聊的"依据文学的方法"，通过赋予想象力以一切必要的自由的方法（夸张的自由、荒谬的自由、不确实性的自由、戏谑式发明的自由）。[7]

《美国》是由戏谑模仿的精神催生出来的一个想象的世界，通过这个世界借以批判"普遍意义上的浪漫主义"。《故事新编》的油滑产生于鲁迅对现实生活的回应——因为有含泪的批评家，所以有女娲两腿之间古衣冠的小丈夫，因为有高长虹对鲁迅的诽谤，所以有逢蒙；因为有与顾颉刚的纠葛，所以有文化山上的鸟头先生；因为有与左联周扬的矛盾，所以有《出关》中的孔子加以影射……总而言之，卡夫卡对整个人类处于异化境地这样一种命运的思考，使他的小说《美国》整个地贯穿着一种对狄更斯小说的戏谑模仿；虽然鲁迅具有整个世界存在的荒诞感，但《故事新编》的叙事方式没有将这种对世界的感受贯彻到底，只是局部地使用了戏谑模仿。

《故事新编》与昆德拉《不能承受的生命之轻》相比，叙事风格更见差异：《不能承受的生命之轻》是沉思故事，《故事新编》是描述故事。摘录《不能承受的生命之轻》一段文字可见昆德拉处理故事的方式：

> 如果我们生命的每一秒钟得无限重复，我们就会像耶稣被钉死在十字架上一样被钉死在永恒上。这一想法是残酷的。在永恒轮回的世界里，一举一动都承受着不能承受的责任重负。这就是尼采说永恒轮回的想法是最沉重的负担(das schwerste Gewicht)的缘故吧。
>
> 如果永恒轮回是最沉重的负担，那么我们的生活，在这一背景下，却可在其整个的灿烂轻盈之中得以展现。
>
> 但是，重便真的残酷，而轻便真的美丽？
>
> ……
>
> 巴门尼德答道：轻者为正，重者为负。他到底是对是错？这是个问题。只有一样是确定的：重与轻的对立是所有对立中最神秘、最模糊的。[8]

这是《不能承受的生命之轻》的第二章的第二节，其第一节是关于永恒轮回的思考，昆德拉就是这样将主人公托马斯放在这样一个生存的境遇中开始了他的小说："多年来，我一直想着托马斯。但只是在这些思想的启发下，我才第一次真正看清他。"[9]这是思索的小说，思索人的存在问题，而这样一种处理故事的方式无论如何在《故事新编》中是找不到的。

昆德拉小说结构上的一个重要特征是反复叙事，《故事新编》的反复叙事迥异于昆德拉的反复叙事。《出关》里孔子拜见老子的反复叙事受线性因果律的支配,这是发生在不同时间下的事件或细节的重复,这种重复凸显了孔子不同境遇下的不同性格,这直接成为导致老子西出函谷关的重要契机。《出关》叙事的重复是情节发展链条上的一环,遵循的还是线性叙事模式;昆德拉的反复叙事是小说中某一个同样事件或细节在小说中的重复叙述,如关于特丽莎的那个"草篮里顺水飘来的孩子"的细节就重复了八次,"昆德拉的'反复叙事',造成了时间倒错的结构,它直接的效果就是悬念的打破。传统小说中单一的线性因果关系也荡然无存了"[10]。至于昆德拉反复叙事的另一功能更是《故事新编》所不具有的:

> 昆德拉的反复叙事更关键的功能是,它突现了人类叙述行为的某种本质特征,即任何一次的叙述都具有局限性,因为叙述者总是在某个时间里从某个方位某个角度来观照事件,同时叙述者总是要受制于他叙述时的条件和环境,受制于他的主观倾向。因此一次性的叙述不可避免要导致片面。说到底,这是人类视角的局限。而事件本身却是多侧面多层次的,因此,只有转换视角才可能呈现一个事件的丰富性。昆德拉的反复叙事正是如此,每一次重复都意味着新的角度和动机。[11]

总而言之,《故事新编》的出现,并不意味着鲁迅从小说的下半时回归到了小说的上半时,无论其场面描写、角色重心,还是油滑、戏谑模仿、反复叙事,都是欧洲下半时小说的继承和发展。《故事新编》突破了鲁迅在《呐喊》《彷徨》里建设起来的小说规范,却没有突破移植于欧洲小说下半时传统而形成的中国现代小说的规范。

2019 年 9 月,写于借琐庵

注释

[1][3] 刘春勇:《"杂"之于鲁迅:论鲁迅的晚期写作——以〈故事新编〉为中心》,《中国现代文学研究丛刊》2018年第5期。

[2] 刘士勋:《场面写作技巧》,花山文艺出版社2012年,第1页。

[4][6][7] 米兰·昆德拉:《被背叛的遗嘱》,余中先译,上海译文出版社2003年,第134页、第78页、第86—87页。

[5] 李凤亮:《"第三时"的小说世界——米兰·昆德拉小说史论阐释》,《南京社会科学》2003年第2期。

[8][9] 米兰·昆德拉:《不能承受的生命之轻》,许钧译,上海译文出版社2003年,第5—6页、第7页。

[10][11] 吴晓东:《从卡夫卡到昆德拉:20世纪的小说和小说家》,生活·读书·新知三联书店2017年,第343页、第338—339页。

书讯一则

《日本鲁迅研究史论》
靳丛林、李明晖等著
社会科学文献出版社2019年6月版
定价:128.00元

鲁迅《药》之细读

管冠生

鲁迅研究已有百年的深厚历史,但不能由此认为鲁迅作品的意蕴已被前人说尽淘空,因为熟知常非真知,对鲁迅作品仍然有一个重要的工作要做,那就是以问题为中心、有理有据地展开文本细读与文本深读。这次对《药》的重新解读就提供了一个例子。

一、康大叔是不是"黑的人"?

顾农先生说:"康大叔是鲁迅精心设计的一个人物,在《药》中具有举足轻重的地位。分析《药》无论如何不能忽略这个人物"[1],这话很对。然而,只要稍作考虑,就会发现这个人物颇为复杂。先谈一个问题,他是不是那个把人血馒头塞给华老栓的"黑的人"(刽子手)?

时至今日,仍有不少研究成果不假思索地把他们视同一人,但这经不起下面三点推敲:(1)康大叔是茶馆里的常客,和华老栓熟,叫得亲密("栓叔"),而"黑的人"则叫他"这老东西",并伴随着"抢过灯笼""扯下纸罩""抓住洋钱"等动作,"不像是同一个人";(2)如果"黑的人"是康大叔,明明拿了华老栓的钱,怎么在茶馆当众说"我可是这一回一点没有得到好处"呢[2];(3)康大叔只说自己"信息灵",如果他就是刽子手,则知道何时何地杀人不能叫信息灵,"所以,康大叔的'信息灵'是指他了解刽子手何时何地处决犯人,然后告诉老栓抓住时机去买人血馒头。康大叔实际上是起到了牵线作用",他应该是个地痞恶霸之类的角色[3]。

　　本文认为第三点很有说服力,加上第一、第二点,足以把"黑的人"与康大叔区分开来。但此间尚有一事须细思量:夏瑜被执行死刑,看客们"轰的一声,都向后退;一直散到老栓立着的地方,几乎将他挤倒了",如果"黑的人"与华老栓两不相识,那么他怎么知道哪个是要买人血馒头的华老栓,并精准地站在后者面前?我们只能合理地猜测是康大叔的指点。尽管康大叔在小说第三节才现身,但我们有理由相信他在第一节就出现了:来看杀人,这种有趣的事不能错过;把华老栓指给刽子手,使交易顺利完成,并拿到自己的"中介费",这种事他是不会白操心、白出力的。

　　如是,第一点中所引他的话就不是真话了。

二、康大叔的话能全信吗?

　　康大叔确实是个重要角色,这可以从两个方面来理解。一是他说这回的人血馒头"与众不同",乃显示了他本人的与众不同:只有他这样与牢头、刽子手认识,跟官府有关系的人才能给华老栓带来"运气"。故此,在茶馆里,他备受尊敬:别人都是"说",他"只是嚷";华老栓对他"笑嘻嘻地听",华大妈送来的茶水里特意加了一个橄榄,花白胡子问事要"低声下气"。二是我们只能从康大叔的口中得知夏瑜的一些言行事迹,换言之,夏瑜的形象是康大叔塑造与传播的。

　　可以说,《药》中康大叔说的话最多、最重要,但问题是他说的话我们能完全采信吗? 在本文看来,康大叔的话不能完全采信,有以下四种情况:

　　(1)事实可证伪的。如他口口声声说"包好",但事实证明人血馒头一点效果都没有,小栓还是死了;

　　(2)不合人情常理的。如"我可是这一回一点没有得到好处",如果"得到好处"指的是从夏瑜身上直接榨取到钱物,像牢头终于剥了夏瑜的衣服,那么他确实没得到,但他却和"黑的人"合作榨光了华家的积蓄。如果这句话是实情,那么,救苦救难的观世音菩萨也没他心肠好啊!他的"满脸横肉"又是怎么炼成的呢?

(3)属个人意见的。如"夏三爷真是乖角儿,要是他不先告官,连他满门抄斩","要是"一句就属于个人意见(猜测),不能把它作为推论的基础,认为夏瑜也劝三伯造反,于是后者为自保而告官[4]。本文认为,康大叔这样说话、说这样的话既是对夏三爷独占银子的羡慕与嫉妒,又是故意渲染事情的严重性,因为讲的事情越严重、越是听来吓人——"满门抄斩"——他这个讲述者就越有光彩(面子)。正如《风波》中的七斤是个"很知道些时事"的"出场人物"。康大叔亦如此,华老栓们可以听之信之,我们作为研究者则需要三思。

(4)篡改了用语的。如"他说,这大清的天下是我们大家的","大清"表达的是对清王朝的承认、尊敬与服从,劝牢头造反的夏瑜是不会用这个词的。陈天华《狮子吼》称"满人""满洲""满洲政府",甚至是"逆胡",鄙夷之意很明显;许寿裳《章炳麟传》所引章氏文章,皆称"清""满州政府""满珠"(女真语音译),许氏叙述时称"清政府",从未见"大清"字样;钱玄同在1924年8月11日日记中写道:"叔平谓王国维因研究所对于大宫的事件之宣言中有'亡清遗孽盗卖古物'之语,且直称溥仪之名,大怒,于是致书沈、马,大办其国际交涉,信中有'大清世祖章皇帝''我皇上'等语。阅之甚愤,拟迻书责之"[5],王国维身在民国心在清,故尊称"大清""我皇上",而这就引起钱玄同的火来了。——最直接有力的证据还是来自鲁迅,他说:"二十多年前,都说朱元璋(明太祖)是民族的革命者,其实是并不然的,他做了皇帝以后,称蒙古朝为'大元',杀汉人比蒙古人还利害。"[6]"大元"的称谓显然表示尊敬,所以鲁迅说朱元璋不是民族的革命者;同样,口称"大清"的不是夏瑜而是康大叔(下文还要重点讨论这个问题)。

搞清楚上述四点是非常重要的。我们一向重视鲁迅思想深刻、作为精神界之战士的一面,但鲁迅首先是熟悉人性心理的文学大师。他不是把人物作为某种思想观念的传声筒而是作为这一个活生生的人来写——人物的话语表达了他们自己的利益关切与心理算计。像康大叔这样的地痞恶霸,占了便宜还要卖乖,在众人面前要弄口才与见识,是要表现自己与众不同,让华老栓们愈加信服自己,强化对他们精神上心理上的奴役与控制,从而保证自身利益的最大化与持久性。

三、夏三爷为什么告官?

有论者认为,"夏三爷的告密,不但是怕被株连,也不仅是为了那'二十五两雪白的银子',而是包藏祸心,另有企图的。他的首告发难把夏瑜推向末路,是符合其阶级品性和有着'大家庭'罪恶渊源的",解释如下:"夏瑜能成为一名资产阶级民主斗士,必须仰赖于其家庭原来较好的经济基础——有钱读书。因此其父死后财产首先成为了族内众人觊觎已久的目标",于是以夏三爷为首他们"同反动政府保持一致",除掉了四房合法的财产继承者[7]。这可算是目前对此问题最全面的一个分析。

然而,它似乎经不起进一步的推敲:其一,如前所述,说夏三爷不先告官就满门抄斩,乃是康大叔个人的假设;其二,夏三爷事后得了赏银,并不意味着他本人告官时的意图与动机就是为了赏银——没有证据表明夏瑜是一个通缉犯,由官府贴了告示捉拿而举报者有奖,夏三爷见了才去揭发的,因为茶馆里的人对"究竟是什么事"几乎不知;其三,牢头想在夏瑜身上发点财,盘盘底细之后知道"榨不出一点油水,已经气破肚皮了"。可见这孤儿寡母早已没有什么财产了。

本文的猜测与重建如下:

第一,夏三爷在当地是一个有势力的人物。牢头阿义被驼背敬称为"义哥",但康大叔要么直呼其名,要么叫绰号"红眼睛",唯独对夏瑜的三伯尊称为"夏三爷"(而不是"夏老三"),值得康大叔尊称的人物肯定不简单,不会只是个乖角而已。

第二,夏瑜劝牢头造反,并不意味着见了人就劝人造反。比如站在丁字街公开演讲鼓动革命,如是,就不必夏三爷告官,因为这种人"人人得而诛之";又如他劝三伯及亲戚本家造反,后者告了官,致使他被处死,那这既不算"冤枉",又不算"可怜",只能说是"罪由自取"。

此处结合这一个问题:夏母上坟时所说"他们都冤枉了你""可怜他们坑了你"中的"他们"指谁?王富仁先生说:"她依然不知到底是谁、是什么害了夏瑜,但她这时已经不为儿子的被处死而羞愧,她爱自己的儿子,相信自己的儿子是无罪的,因而也在朦胧中觉得杀害自己儿子的这个世界是不完满、不那么合理"[8],这个解释值得商榷,因为当一个人说"他们冤枉了你"的时候,应该清楚自己说的"他们"是谁。就整篇小说来看,"他们"可有三个所指:一是华老栓一家及花白胡子、驼背等一般看客(底层百姓);二是牢头、"黑的人"与康大叔等值得看客们尊敬的人物;三是以夏三爷为首的亲戚本家。本文认为,夏母所说的"他们"指的是后者。因为夏母只是小说中的一个人物(不是全知的作者或叙述者),囿于自身的生活范围与视野限制,连上坟见到的华大妈都不认识(华大妈也不认识她),怎么会认识第一种和第二种,又怎么能在话语中指称他们呢?夏母所不能释怀的就是自己的儿子是个好孩子,三房却把他送进了监狱,感受最深切、最直接的(或者说包围着她的)就是亲戚本家们的冷眼、势利与压力。

综合考虑,本文认为,夏瑜并未劝三伯造反,后者告官另有隐情。

牢头是看管囚犯的狱卒,是统治体系里的最基层分子,处于统治链的末端,应该最能感受到清政府统治的黑暗与腐败、有最多的牢骚与不平,所以夏瑜才劝他造反,孰料牢头安于做奴隶,除了一点切身的利益,看不到更广大、更重要的东西。这才是夏瑜被判处死刑的直接原因与确凿证据。夏瑜不是个坏事的愣头青,见了人除了说造反之外不说别的。三伯既是现行统治体制的受益者,哪能劝其造反?夏瑜所做的是劝其平等待人,放弃既得利益,不要再"吃人",正如《狂人日记》中的狂人劝大哥所做的那样(采取实际行动,为佃户减租)。结果,狂人被大哥骂为"疯子",并被关进了黑屋子,尚念及手足之情未送官府,夏三爷对付侄子也应是同样套路:给侄子贴上"疯子"的标签,关起来,看看无效,就把孤侄送交官府。

当然,这里面可能附带一种打算,就是谋夺四房的房产。鲁迅小说所写的亲戚本家之间的斗争几乎都是围绕着房产进行。如《祝福》中的祥林嫂先死了丈夫,后死了儿子,大伯就来收屋,赶她走。《孤独者》中的魏连殳父亲故去,亲戚本家就要夺房子,要他在笔据上画花押,祖母死后,他把房屋无限期地借给死时送终的女工居住,"亲戚本家都说到舌敝唇焦"。《长明灯》中的"疯子"要放火烧掉长明灯,有人出主意把他拖到自己的房里关起来,但他四伯"忽然严肃而且悲哀地说"自己的孩子六顺就要娶亲,将来生的第二个孩子可以过继给他以续香火,但"别人的儿子,可以白要的么?"这样"理直气壮"地占了侄子的房产。

因此,夏三爷告官是因为侄子的存在(发声)触动了自己的切身利益,他告官时未必想把侄子治死(但侄子在监狱里的作为是他不能掌控的),赏银也是意料之外的一笔收入。

《药》在夏三爷身上只费了两句话,但我们要把夏三爷跟侄子的故事搞清楚却要费许多脑筋与笔墨。直到今天,我们才明白鲁迅小说好就好在以尽量短的篇幅容纳了丰富而复杂的人性与沉重而细微的生活内容。很多小说费了好多笔墨和篇幅来讲述与表现的,鲁迅用几句话就可以包容与涵括,直至做得比前者还要厚重复杂。这是鲁迅小说深刻多义的物质基础。

四、这大清的天下是我们大家的?

历来的研究者没有认识到这句话是转述者康大叔与表达者夏瑜的奇怪混合,是一个语义上充满张力的表述:"这大清的天下"是转述者的用语,意味着对现存秩序的尊重与服从;"我们大家"则是表达者的原话,传达的是一种人人平等、人人做主的国民观念。这样一种观念不是康大叔们所愿意承认和拥有的观念,因为这种观念在实践上的施用会颠覆已有的利益格局,所以,他斥之为不是"人话"。

这句不是"人话"的人话产生了两个值得深思的现象。

其一,茶客们对这句话没有任何反应,他们对略感遥远和抽象的问题漠不关心,倒是对"阿义可怜"这个眼前的、具体的人物状态很感兴趣。此处重申一个看法:"鲁迅文学世界里的庸众可以平庸,但并不傻,他们精于算计、巧于谋划、善于用各种手段来达到自己的目的、满足自己的欲望。"[9]换言之,他们对自身及自身所能达到的生活区域知道得清清楚楚,至于超过自身的社会、民族、国家观念似乎根本不能出现于他们的意识之中,对此无动于衷。华大妈提供了另一个例证:在儿子坟上哭过一场,"呆呆的坐在地上;仿佛等候什么似的,但自己也说不出等候什么",儿子的生死问题似乎已经空洞而遥远,但看见夏瑜的坟上有花圈而自己儿子的坟上却只有几点青白小花零星开着,"便觉得心里忽然感到一种不足和空虚,不愿意根究",真的不根究吗?当夏四奶奶叫乌鸦显灵而乌鸦不听话的时候,"华大妈不知怎的,似乎卸下了一挑重担,便想到要走",前面心生嫉妒,好在乌鸦未作反应,她就找到了心理平衡。对涉及自己的一点点小事(自家坟上没有花圈),他们也如此敏感,心里也要计较一番。

"假如一间铁屋子,是绝无窗户而万难毁灭的",我们通常把鲁迅构想的这个铁屋子视为令人窒息而绝望的中国社会现实的象征性表达,本文认为还应该这样来理解:铁屋子中的绝大多数居民就是一个肉身的铁屋子,他们的感觉与思考以肉身所及的区域为限度,固执于自己切身的、眼前的一点利益得失,无视其他更广大、更根本的问题[10]。鲁迅最痛的领悟之一就是他不是一个振臂一呼、应者云集的英雄,"叫喊于生人之中,而生人并无反应",因为他们都沉浸于自身的铁屋子之中。似乎不必考虑"是谁统治"这个问题,他们照样能把小日子过下去,然而不反思这个问题,他们将永远是某些人生存的工具。

其二,夏瑜的这句不是"人话"的话要通过康大叔的"人话"来传布。这正如《狂人日记》的结构形式:在文言序中,狂人的同学"余"说狂人的日记"语颇错杂无伦次,又多荒唐之言",也就是说狂人的日记说的多不是"人话",这些不是"人话"的日记却正是通过"余"传布出去的。换言之,狂人被治愈了,日记才公开出来;夏瑜被杀害了,他的话才流传出来。在鲁迅的文学世界里,跟俗见常识相对的异端思想似乎只有在表达者被扼杀之后、以否定的形式才能获得流传的机会。铁屋子当中难得的一两句人话的传布是异常艰难的(否则,唤醒昏睡的人就是很容易的事了)。那么,这表明思想启蒙是无效的吗?

五、花环是"平空添上"的吗?

鲁迅在《呐喊·自序》中说:"既然是呐喊,则当然须听将令的了,所以我往往不恤用了曲笔,在《药》的瑜儿的坟上平空添上一个花环,在《明天》里也不叙单四嫂子竟没有做到看见儿子的梦,因为那时的主将是不主张消极的。""平空添上"是说不应该添上,但为了启蒙事业壮声色,有意添上。这个花环引发了各种各样的解读与争鸣,以至于宋剑华先生认为这是对时间与精力的浪费,他转而把解读重点放在"枯草意象"上:"'微风早经停息了',是作者在暗示夏瑜'启蒙'的短暂性与无效性;'枯草支支直立,有如铜丝'是寓意作者对于启蒙者坚强意志与不屈精神的高度赞扬;'一丝发抖的声音,在空气中愈颤愈细,细到没有,周围便都是死一般静',是意指启蒙者悲壮凄凉的孤独呐喊,不仅没有引起民众的任何反响,而且很快便被他们的冷漠稀释掉了。"

本文认为,花环不是"平空添上"的,启蒙事业不是无效的,不必对它感到悲观与绝望。因为话语、思想力量的传播方式与效果是施为者本人不可控的。如果非要从一时一地的现实成效来评判启蒙事业,那这是一种要不得的功利主义观念。

我们看到,"余"刊布狂人日记的目的是"供医家研究",康大叔的目的是表明夏瑜"真不成东西",但只要狂人和夏瑜的话语与思想得以面世,那么它们在传播过程中的意义与效果就绝不是"余"和康大叔所能控制的。学界历来强调夏瑜不怕死的斗争精神,但本文强调的是,夏瑜的价值就是用生命的代价传播了那两句人话!这个早逝的生命为铁屋子创造了一个新词——"我们大家",创造了一个未曾有的观念——"天下是我们大家的",留下了一个让人感觉陌生而疯狂的判断——阿义可怜!试想:花白胡子们回家传播茶馆里的新闻,这两句人话是如此刺耳、惊心,如此不同于七斤所传播的时事,我们就不能断然否认它们会激动某个年轻的心灵。只要对它们进行怀疑与反思,它们的力量就悄然在发生作用了。当然,我们不可能指望夏瑜死后的第二天就有人走上了同样的道路,"振臂一呼、应者云集"只是一种英雄幻想。

人话的力量要发生效果需要时机。从"现出活气"的茶馆到死一般静的坟场,从"秋天的后半夜"到"这一年的清明",时机已然发生了变化。作者鲁迅其实也不能保证《药》中的花环就是"平空添上"的[11]。并且,没有这个花环,那只乌鸦就得听话。

对乌鸦的解释亦是五花八门,无论是某种精神思想的象征还是某个人格的化身,都显示了一种思维定势的强大力量:乌鸦本是乌鸦，但人们觉得在鲁迅的作品里它不应该仅仅是乌鸦，这样才能显示出鲁迅思想的深度和鲁迅作品的高度。本文认为，解释乌鸦是什么的时候，我们不应该仅仅盯住这只乌鸦，而是应该语境整体化阅读与思考。如果是这样，我们就会看到，没有花环的存在就没有乌鸦的出现。

看到儿子坟头上有别人所没有的花环，夏母以为是儿子"伤心不过"，特意显灵，更进一步叫儿子对乌鸦发号施令，叫它落在坟头，作为"他们将来总有报应"的一个见证。毫无疑问，夏母爱自己的孩子，正如华老栓爱着华小栓一样。这份血缘小爱使二人同样盲目而无知：一个寄希望于人血馒头，一个寄希望于显灵与报应。夏瑜体现的则是一种革命精神与为了"我们大家"的爱，如果说他有"伤心"之事，那也是伤心于人们不明事理大义，这种"伤心"无须超自然力量的安慰。

花环的出现表明他的那两句人话已经在人间有了知音，虽然出人意料但细思便可理解，因为主体之间毕竟存在达成理解与承认的可能性与现实性，对此我们无法否认；但要让一只乌鸦听话，让无情的客观现实就地符合某个人的主观意愿，即便以爱的名义也无法实现。试想：如果这只乌鸦下来了，夏母的心愿虽然实现了，但整个文本就坍塌了——夏瑜说的就真的不是人话，因为他成了我们无法理解的鬼神或上帝。

其实，鲁迅本人虽然"听将令"，但他并未放弃自己的前见。在把《药》与《明天》并论之前，《呐喊·自序》介绍了与金心异的对话，话题是破毁铁屋子的希望，鲁迅认为不可能有，金心异则说"你不能说决没有"，鲁迅遂认为"决不能以我之必无的证明，来折服了他之所谓可有"，乃以一种悬置了有无问题的存疑状态加入到启蒙文学的创作中来。于是，花环既然不可控制、不可预料地出现了，乌鸦就必须飞走了。

六、药是什么?

有论者认为,小说既写了华小栓肉体上的痨病,又写了存在于夏瑜身上的某种病态,"那是与民众疏离的状态,他的革命思想与举动并不为众人所理解"[12]。对此,我们需要仔细分析一下。

就小说所写来看,痨病既是华小栓的病,又不是他的病。说是他的病,因为是他表现出了痨病的生理性症状(不断的咳嗽);说不是他的病,是因为这病怎么治、能不能治好与他毫无关系。他所有的只是咳嗽,此外的一切与他无关——他说不上一句话,事实上也没说过一句话。

可以这么说:病是华小栓的,治病的事是华老栓的,能不能治好则是康大叔的事。康大叔就俩字"包好":"包好,包好!这样的趁热吃下。这样的人血馒头,什么痨病都包好!"统计一下,"包好"在他口中一共出现了八次,并不是表达对小栓的关心与祝福,更像是顺嘴乱说的口头禅。最后,他拍着小栓的肩膀说:"包好!小栓——你不要这么咳。包好!"似乎他的人血馒头不是为小栓治病的,而小栓应该止住咳嗽为它的神奇疗效作证明,否则就像是对不起神奇疗效似的。

为什么人血馒头这副药"包好"呢? 首先,不是因为人血馒头本身具有疗效,而是因为它得来不易,像康大叔说的,全靠"运气"。"运气"使得这服药"与众不同",像"一个十世单传的婴儿"。疗效并非来自药物本身而是得药的方式。说到底,治疗华小栓痨病的是捉摸不定、恰巧碰上的"运气"。得到人血馒头,是华老栓运气好;吃了人血馒头,华小栓死了,是运气不好。所以,华大妈上坟时没有对康大叔的怨言与愤怒,没有对自身求购人血馒头的反思与懊悔,只有"等候什么"出现的运气与呆气;其次,说"包好"的人是康大叔,他虽然不是一个以言行事的上帝,说要有光于是就有了光,但他作为一个和官府有勾连的地痞恶霸,在当地群众心理上发挥着重要影响,至少华老栓们要陪着笑脸领受他的话语轰炸。

由此看来,华小栓痨病所引发的不是生理问题,所需要的也不是现代医药,因为起决定作用的是传承已久的心理积习与被动驯服的思维方式。只要这种"心理病态"(姑且名之)不除,即便置身于医学发达的现代社会,仍然会有人做出像华老栓那样愚昧无知的事情。换言之,鲁迅写《药》并非意在提醒注意农村卫生健康问题,而是借以思考"立人"的问题。这也和革命者与民众疏离隔膜的"病"有关。

在本文看来,革命者与民众之间的隔膜其实是一种常态,因为主体间的日常交流也大量存在隔膜、误会与不理解的现象,只不过革命者/民众的对立更加尖锐醒目罢了。因此,革命者与民众的疏离隔膜不宜视为一种病,而应作为一个根深蒂固的难题来处理。当五四时期的作家们大声疾呼民众启蒙与救亡图存的时候,鲁迅悄悄地、令人印象深刻地向着这个难题掘进。笔者曾把《狂人日记》和冰心的《超人》,《故乡》和王统照的《湖畔儿语》作比较分析,发现《超人》何彬与禄儿之间、《湖畔儿语》"我"与小顺之间的交流没有任何问题,而狂人"我"和《故乡》"我"却遇到了言说与理解的难题:"我"要建立一种新的生存游戏及其游戏规则、一套新的语言及其话语表达方式,如《故乡》"我"使用"角鸡、跳鱼儿,贝壳,猹"、"闰土哥"等未被吃人游戏污染的语言和形象,但这些已无法和中年闰土交流,后者视之为"不懂事"[13]。夏瑜所遭遇的也正是这样的难题,他的两句人话所构造的世界图景令华老栓们感到陌生反常而难以接受,尽管是为了他们好。

这个难题难就难在不同的说话者具有不同的成长经历与生活经验、不同的心思与意愿、不同甚至相互冲突的利益关切,即使双方能彼此理解却不愿意去理解,正如狂人的大哥能理解狂人的意思,但他不愿意理解,通过赋予狂人一个"疯子"的名号,把狂人话语的颠覆力量化为乌有,以便继续占有他在吃人游戏中作为吃人者的各种既得利益。《药》中的康大叔和红眼睛阿义听不进(不是听不懂)夏瑜的人话,因为按照夏瑜的人话去做,他们的既得利益就不存在了。

因此,本文愿意相信用暴力革命推翻既有的利益格局是难以避免的开始一步,也愿意相信持续的启蒙工作与发展建设(更新与丰富人们的获得感)会带来巨大的改观,但负面消极的精神与心理能量、人性中恶的因子是否能根除,对此却抱着深深的怀疑。最终,人性是否能变得更美好甚至完美无缺,和鲁迅对待希望之有无一样,我们且把它悬置起来吧。

注释

[1] 顾农:《谈谈康大叔》,《山东师范大学学报》1983年第6期。

[2] 以上两点可参考李效钦的《"康大叔"是谁》,《鲁迅研究月刊》1995年第12期。

[3] 郑子瀛:《〈药〉:"康大叔"与"刽子手"考辨》,《宿州师专学报》2004年第3期。

[4] 周维东:《〈药〉与"听将令"之后的鲁迅》,《鲁迅研究月刊》2013年第12期。

[5] 钱玄同:《钱玄同日记》(中),北京大学出版社2014年版,第597页。

[6] 鲁迅:《上海文艺之一瞥》,《鲁迅全集》第4卷,人民文学出版社2005年版,第308—309页。

[7] 张宏亮:《图财,求安,另有企图?——〈药〉中的夏三爷艺术形象赏析》,《中学语文》2014年第3期。

[8] 王富仁:《中国反封建思想革命的一面镜子》,中国人民大学出版社2010年版,第127—128页。

[9][13] 管冠生:《为什么说鲁迅小说不同于问题小说》,《太原学院学报》2017年第1期。

[10] 因为同时在做《围城》解读的工作,我发现方鸿渐的一句话用在这里也是合适的:"世界上大事情像可以随便应付,偏是小事倒丝毫假藉不

了",这似乎是人性最真切的一部分。它不是单纯的思想启蒙就能解决的问题。

[11]《狂人日记》中说"去年城里杀了犯人",这指的就是夏瑜被杀。狂人是怎么知道的呢？大胆推断就是"他"告诉狂人的。日记第一节说得清楚:"我不见他,已是三十多年;今天见了,精神分外爽快。才知道以前的三十多年,全是发昏","他"对狂人说了什么,我们不知道,但"他"的话语效果是明显的,那就是启蒙、警醒了狂人。可以说,夏瑜影响了"他",而"他"影响了狂人。这个第三人称"他"是启蒙话语效果的一个显证,虽然我们无法具体知道"他"是谁,但我们不能说启蒙无效。由此,夏瑜坟上的花环就是"他"送的。

[12] 杨剑龙:《揭示华夏民族双重的精神悲剧——重读鲁迅的〈药〉》,《西南民族大学学报(人文社科版)》2006年第4期。

孔乙己典型论
——《孔乙己》问世百年

谷兴云

《孔乙己》问世,已达一个世纪。说不尽的经典,道不完的孔乙己,历久弥新,永不过时。在百年之后重读《孔乙己》,对主人公的典型形象,对小伙计、酒客、掌柜等人物的作用,乃至小说的情节、文字,等等,仍可有所发现,获得不同既往的认识。本文依据鲁迅自述,慢读细品这一经典,对文学典型孔乙己,试予解读与论析,写出自己新的理解。

一、典型的诞生

文学人物孔乙己,是鲁迅于五四前夕,继"狂人"之后塑造的又一典型。与《狂人日记》相同,《孔乙己》的创作,也是有生活依据的。鲁迅指出,"作家写出创作来,对于其中的事情,虽然不必亲历过,最好是经历过"。他解释道:"我所谓经历,是所遇、所见、所闻,并不一定是所作……天才们无论怎样说大话,归根结蒂,还是不能凭空创造。"[1]诚然,《孔乙己》并非凭空创造,是鲁迅根据所遇、所见、所闻,精心创作而成。典型的诞生,源于生活、源于经历,但不是生活的实录、不是对经历的记述,而是作家对现实生活、亲身经历等,进行艺术创造——即典型化而来。

1933年春,上海天马书店的编辑,为出版《创作的经验》,向鲁迅征稿。鲁迅应征,谈自己是怎么写小说的:"所写的事迹,大抵有一点见过或听到过的缘由,但决不全用这事实,只是采取一端,加以改造,或生发开去,到足以几乎完全发表我的意思为止。人物的模特儿也一样,没有专用过一个人,往往嘴在浙江,脸在北京,衣服在山西,是一个拼凑起来的脚色。"[2] 这里说的,就是人物创造的典型化问题。所谓典型化,表现在人物、环境、情节(细节)等几个方面。文学典型孔乙己的诞生,即为范例。试略述之。

　　人物的典型化。关于孔乙己,周氏三兄弟均有回忆,说及他的原型。"据鲁迅先生自己告我,(孔乙己)也实有其人,此人姓孟,常在咸亨酒店喝酒,人们都叫他'孟夫子',其行径与《孔乙己》中所描写的差不多。"[3] "他本来姓孟,大家叫他作孟夫子,他的本名因此失传。"[4] 小说中的掌柜,也是有生活原型的。周作人记述:"咸亨酒店的老板之一是鲁迅的远房本家,是一个秀才,他的父亲是举人,哥哥则只是童生而已。"[5] 但这孟夫子和本家,并不就是孔乙己和掌柜,只是其生活本源;他们在小说中,已经被改造,经拼凑,成为作品中的典型人物,文学形象。小说的其他人物,如,小伙计"我",喝酒的人,邻舍孩子,等等,则为虚构。以上所有人物,共同属于作者:"生发开去,到足以几乎完全发表我的意思为止",而进行的艺术创造。

　　环境的典型化。典型人物,离不开典型环境。所谓环境,包括大环境和小环境,即时间环境和空间环境。对孔乙己的生活时代,小说没有明说,但有显示,如:读书和进学,秀才与举人;从四文铜钱买一碗酒,涨到十文买一碗;孔乙己看重科举,却是原来读过书,而连半个秀才也捞不到,他并未迷恋举业,一考再考,推知其原因是,科考已废止,没有机会了;等等。这些表明,孔乙己身处清末民初时期,社会停滞,经济萧条。关于鲁镇,据孙伏园说,它是作者的父系故乡(绍兴城内都昌坊口),和母系故乡(绍兴乡下安桥头村)的混合体;咸亨酒店,也确曾存在于都昌坊口[6]。从文本开头写到的,酒店布局,喝酒习俗,以及全篇人物关系,人情世故,等等,可以看出,故事发生在上世纪初,一处闭塞的浙东乡村。这就是典型人物孔乙己,存在与生活的典型环境:地方封闭保守,冰冷严酷,人们浑浑噩噩,百无聊赖。

情节(细节)的典型化。据周作人忆述,"在小时候几乎每日都去咸亨,闲立呆看"[7]。如此,周氏兄弟几人自当看到店中许多人、许多事。这些人和事,经作者改造和生发,演绎为:孔乙己、酒客、掌柜、小伙计、邻舍孩子,等等,以及其间的交集、纷争、矛盾、纠葛。孔乙己偷书一事,源自孟夫子。情况是,孟夫子此人,常去周氏本家,玉田公公(秀才出身)的大书房里凑热闹,看下棋,看读书。"有时也顺手拿一部书出去,被玉田公公碰见,问他为什么偷书,他总是回答:'窃书不算偷。'玉田公公把书拿回,也就让他走了。"[8]这件事,被作者写进小说,改造、生发为重要情节,一再出现,且改造为,先是被何家吊着打,后被丁举人打折了腿。作者如此处理,自然是"发表我的意思"之需。

经由上述人物、环境、情节,三方面的改造与生发——艺术处理,也就是典型化,于是,一个崭新文学典型横空出世,他就是孔乙己。

二、典型的蕴含

文学形象孔乙己,是一个复杂多面,蕴含丰富的人物,不可简单化解读。具体说来,他是由苦人、读书人、抗争者、爱心老人,等多重身份与性质,集于一体而成的文学典型。

苦人

孔乙己首先是苦人,此系作者对人物的角色定位,所据为孙伏园的追记:"我简括地叙述一点作者当年告诉我的意见。《孔乙己》作者的主要用意,是在描写一般社会对于苦人的凉薄。"[9]准此,孔乙己系苦人之说,应无异议。

验之以小说文本,孔乙己确为苦人,其苦表现于生活、感情、精神、躯体等各方面。生活苦,指经济生活(物质生活)的贫穷、困窘。比如,他很看重长衫,却只有一件,又脏又破,没有可换洗的。感情苦,就是孤寂。孔乙己一人为家,活到五十来岁,无妻室儿女,也没有别的亲人。在家,茕茕孑立,形影相吊;在外,熟人朋友早已不相往来,没人愿意和他谈天。但作者的主要用意,不在表现这两种苦,而在于描写孔乙己的精神苦、躯体苦,尤其精神之苦。

孔乙己的精神苦,即凉薄苦,社会凉薄带来的精神痛苦。所谓"一般社会",在小说中,就是经常光顾的酒店(扩而大之为鲁镇),就是那些喝酒的人,还有掌柜、伙计,以及酒店内外的鲁镇人。形形色色的人物,共同施加凉薄于孔乙己,使他喝酒也不得安宁,异常痛苦。他们人多势众,施加凉薄的方式各有不同。喝酒的人(酒客),分为短衣帮(做工的人),和长衫主顾(不做工而有钱、有闲的人)两类,虽然身份相异,以凉薄对待孔乙己,却完全一致,彼此配合。这里插说两句:根据诸多学者的论断,只有酒客中的短衣帮,对孔乙己凉薄,排除掉长衫主顾。可文本说的是"所有喝酒的人便都看着他笑",并无区分。酒客的凉薄,是挑逗、戏耍、嘲弄,拿他穷开心,从其痛苦获得短暂的轻松与快乐。掌柜的凉薄,是取笑,是借由孔乙己"引人发笑"。鲁镇人的凉薄,是依从酒客:"众人都哄笑起来:店内外充满了快活的空气";是跟随掌柜:"此时已经聚集了几个人,便和掌柜都笑了。"

孔乙己的躯体苦,指人身伤害与摧残。相比于精神痛苦,造成其躯体苦者,人数不多,是那些有权有势的人,小说写到的,有何家、丁举人等,但后果十分严重,危及人身安全与生命。何家、丁举人之流,因自家的书,或者什么东西,被孔乙己"窃"或偷,就将他吊起来毒打,乃至"先写服辩,后来是打,打了大半夜,再打折了腿",以此为惩罚并警戒,显示其权势和威严,丝毫不容侵犯。在孔乙己,躯体之苦表现是,"皱纹间时常夹些伤痕""脸上又添上新伤疤",以及"满手是泥……用这手走来",又"坐着用这手慢慢走去",等等。

作者给孔乙己定位,为什么是苦人?这取决于作者的创作思想:"我的取材,多采自病态社会的不幸的人们中,意思是在揭出病苦,引起疗救的注意。"[10]所谓不幸的人们,是苦人的换一种表述法。鲁迅为揭出社会病苦,在小说中塑造了许多苦人形象,构成苦人系列,如阿Q、祥林嫂、闰土,等等。孔乙己是这一系列的第一人。

读书人

读书人(苦人中的读书人),是孔乙己的社会身份,也是他的自我认定。鲁迅笔下苦人,多种多样,身份有别。孔乙己和阿Q、祥林嫂、闰土等农人村妇不同,他是能识文断字,受过教育的读书人。在与酒客争斗中,他说,"读书人的事"如何如何,就是显示自己的身份,要和酒店中其他人,严格区分看来。在别人心目中,孔乙己也确系读书人。十二岁进酒店做伙计的"我",一开始就注意到,孔乙己穿的是长衫,对人说话,总是满口之乎者也,教人半懂不懂的,等等;分明是一个读书人。酒客问他:"你当真认识字么?""你怎的连半个秀才也捞不到呢?"正是拿他是读书人这件事,挑逗、嘲笑他。连半个秀才也捞不到,意思是你这个读书人不值钱,没有用,废物一个。但孔乙己不这样看:

> 有一回对我说道,"你读过书么?"我略略点一点头。他说,"读过书……我便考你一考。茴香豆的茴字,怎样写的?"我想,讨饭一样的人,也配考我么?便回过脸去,不再理会。孔乙己等了许久,很恳切的说道,"不能写罢?……我教给你,记着!这些字应该记着。将来做掌柜的时候,写账要用。"我暗想我和掌柜的等级还很远呢,而且我们掌柜也从不将茴香豆上账;又好笑,又不耐烦,懒懒的答他道,"谁要你教,不是草头底下一个来回的回字么?"孔乙己显出极高兴的

样子,将两个指头的长指甲敲着柜台,点头说,"对呀对呀! ……回字有四样写法,你知道么?"我愈不耐烦了,努着嘴走远。孔乙己刚用指甲蘸了酒,想在柜上写字,见我毫不热心,便又叹一口气,显出极惋惜的样子。

这段和"我"的对话,体现了孔乙己对读书、读书人,以及自己作为读书人的身份,所持态度与看法。品味他说的几句话,各有含意:一、读书是人生大事,从小就要读书。他与十二岁的"我"搭话,为什么第一句就问:"你读过书么?"原因是,对孩子来说,第一等事就是读书,受教育。二、读书要会用。第二句问:"茴香豆的茴字,怎样写的?"是说,既然读过书,就要学会用。比如,眼前这茴香豆的"茴"字,你会写吗? 三、要多读书,读书长久有用。第三句说,"这些字应该记着。将来做掌柜的时候,写账要用。"是告诉"我"应该学的、记的,还有很多,不止"茴"字,更主要的目的是说读书有作用,不读书,你将来如果当掌柜,就不会记账。四、进一步叮嘱:要多读、多学。第四问:"回字有四样写法,你知道么?"这是随口举例,由"茴"说到"回",鼓励多学,增加知识。五、读书有意义,读书人有价值,除自己应试进学外,还可在日常应用,可以教人识字,学文化,于社会有益。这正是他的自我评价。以上看似随口说的话,却道出了孔乙己的读书观,包括对读书人的看法,可称劝学篇,促读章。

关于孔乙己的社会身份,值得讨论的问题是:孔乙己能不能定性为知识分子? 对于这一文学典型,一些学者称之为清朝末年的下层知识分子,或穷苦的知识分子,或地主阶级知识分子,等等。可商榷者,一则读书人与知识分子是两个概念,内涵不同,外延相异。知识分子一词及其理念,是五四以后才从国外引进的,在孔乙己时代,没有这种理念和说法,不存在知识分子(只有读书人,或称文人,士子等)。孔乙己自视,或别人看他,都是读书人,而非知识分子。二则作者塑造的孔乙己是旧时代的读书人,不是现代知识分子。在写作《孔乙己》时,知识分子这一概念与理论,鲁迅还没有接受。他于1927年所作演讲《关于知识阶级》,说及:"'知识阶级'一辞是爱罗先珂(V. Eroshenko)七八年前讲演《知识阶级及其使命》时提出的。"[11]以后,鲁迅接受并使用这一概念。可见,以知识分子定性孔乙己,欠严谨,不准确。

抗争者

孔乙己是抗争者,指的是,孔乙己在社会纷扰和斗争中所取态度、所持立场。说具体就是,面临来自一般社会的凉薄,即酒客、掌柜等的挑逗、戏弄、嘲笑、取笑,等等,他如何应对?

对待酒客的凉薄,孔乙己是抗拒、反击,决不退让隐忍,态度异常鲜明,但应对方式有所变化。双方的纷争,文中写了两场。

在第一场纷争中,孔乙己的态度。一是置之不理——某酒客先挑逗:"孔乙己,你脸上又添上新伤疤了!"孔乙己毫不理睬,径直付钱,买酒要菜。二是即刻反击——众酒客齐出动,"他们又故意的高声嚷道,'你一定又偷了人家的东西了!'"他以攻为守,回之以:"睁大眼睛说,'你怎么这样凭空污人清白……'"。三是激烈争辩——有一个酒客证实,他偷了何家的书,被吊着打,他的对应是:"窃书不能算偷……窃书!……读书人的事,能算偷么?"既辨明偷(改为"窃")书,不算(不等同于)偷东西,又申说读书人的爱好,就在于书。四是封对方之口——用"君子固穷""者乎"等难懂文言,让酒客接不上话,终止纷争,最后以哄笑,"店内外充满了快活的空气"收场。不难看出,在交锋中,酒客们步步紧逼,孔乙己毫不退缩,坚决抗争。

在纷争的第二场,对待酒客的挑逗和嘲笑,孔乙己不屑置辩,以无言对抗。他对待掌柜的取笑,是立即否定与拒绝,斥以"不要取笑!"相关过程与细节,不再具体引述。

要思考的是:"所有喝酒的人"和孔乙己,同为酒店顾客,而相煎何急？为什么不能结为酒友,和谐共饮？或者,各喝各的,互不干扰。再就是,孔乙己系酒店老顾客,而且品行比别人都好,掌柜为什么也鄙视、取笑他？被动一方呢,就孔乙己而言,他为什么不采取,"我行我素,笑骂由之"的态度,不和"混蛋"争高下？也就是,不和他们"一般见识"？

个中缘由,应从人性角度探求。酒客、掌柜对待孔乙己,实际是欺软怕硬,恃强凌弱,即鲁迅指出的卑怯:"可惜中国人但对于羊显凶兽相,而对于凶兽则显羊相,所以即使显着凶兽相,也还是卑怯的国民。"作为受过教育的读书人,孔乙己不认同,乃至抗拒这种卑怯,他正如鲁迅主张的:"对手如凶兽时就如凶兽,对手如羊时就如羊!"[12]同时,这种抗争,也是对读书人尊严的维护。

关于孔乙己与酒客、掌柜等的纷争,以及他的抗拒,历来《孔乙己》研究者,或者不关注、不涉及,选择忽略,似乎有关内容和情节,无关紧要;或者虽有论述,但对孔乙己的态度与表现,作否定评价,认为他谈不上反抗,或者说他,只有恳求,没有抗议。如此持论,很值得辨析。孔乙己与其他人物的关系,是小说的重要内容,是表现主旨的情节依据。酒客、掌柜等人的凉薄,孔乙己的抗争,更是小说的主要情节。无视或忽略这些情节,怎能对小说内容,作者主旨,获得正确认知？至于说孔乙己没有抗议,谈不上反抗,云云,这应是误读或曲解文本所致。他还击酒客,"你怎么这样凭空污人清白"？指斥掌柜"不要取笑!"这不是反抗与抗议？

爱心老人

爱心老人,体现于孔乙己与孩子的关系。幼小者,属社会弱势群体。面对孩子,孔乙己态度温和而富有爱心,确如鲁迅说的:"对手如羊时就如羊!"孔乙己眼前的孩子,店内,有一个十二岁的伙计"我";店外,有一群邻舍孩子。与此相应,孔乙己的爱心,分为两种情况:少年之爱,幼儿之爱,表现各有不同。

少年之爱,显示于"有一回"对话中(见上面"读书人"一节所引原文),其特点是:珍贵,理性,热诚,有耐心。一、珍贵。酒店是一个凉薄世界,寒气逼人,没有一丝暖意;对小伙计来说,掌柜是一副凶脸孔,主顾没有好声气,生活枯寂而冰冷——是孔乙己的温情,稍稍改变一点酒店气氛,给孩子一点温暖,因而这温情与爱心,益显珍贵。二、理性。孔乙己对话十二岁的"我",不问姓氏年岁,家在何方,父母怎样等日常话题,并以此为谈话中心,而是单刀直入问读书。这与酒店里的温酒、喝酒诸事,一点关系也没有。不说别的,只谈读书(学习,受教育,这关乎"我"的终生)。这是爱在根本,不在细微末节。三、热诚。一句"很恳切的说道……"以"很恳切",点明孔乙己的热诚。从"你读过书么?"问起,最后问到:"回字有四样写法,你知道么?"他提问、发话四五次,接连说了许多,却没有发觉对方反应冷淡,全无兴趣。主动一方的热心与真诚,显现于对比之中。四、有耐心。孔乙己的谈话,极具启发性,鼓励性,如:"怎样写的""不能写罢""对呀对呀"等。在谈话中,又几次停顿与暂歇(有省略号表示),是等待对方思考与回答。可知孔乙己既热诚,同时兼具耐心。

幼儿之爱,表现于文本下一情节:

> 有几回,邻舍孩子听得笑声,也赶热闹,围住了孔乙己。他便给他们茴香豆吃,一人一颗。孩子吃完豆,仍然不散,眼睛都望着碟子。孔乙己着了慌,伸开五指将碟子罩住,弯腰下去说道,"不多了,我已经不多了。"直起身又看一看豆,自己摇头说,"不多不多!多乎哉?不多也。"于是这一群孩子都在笑声里走散了。

邻舍孩子是"这一群",三五成群,是几个天真、爱玩的幼小儿童,他们受哄笑声吸引,赶来看热闹,把孔乙己围住。孔乙己对待这些小孩子,可以有几种选择。而他,一不是驱赶,二不是置之不理,反而因孩子而开心,施之以爱:立即以已经不多的茴香豆,分给孩子吃。孩子们一人仅一颗,还想要。是责怪孩子贪吃,还是不再理会?都不是。只见孔乙己弯下腰去,向孩子们解释:"我已经不多了",就是不能再给了。以此亲切姿态,委婉话语,说明不再给的原因,表明如果多,可以再分给你们。接着,他因与小孩子的交流,而自感愉悦,看着减少的茴香豆,自我调侃:"不多不多!多乎哉?不多也。"——孔乙己对幼儿的爱,切合孩子的年龄、心理特征(没有对他们讲道理),态度更加和善慈祥。这样的事一再发生("有几回"),他依然不厌不烦,爱心如初。

关于孔乙己的爱心,值得思考两个"为什么":为什么孔乙己穷困潦倒,备受凉薄,可爱心不减?与此关联,作者为什么要描写孔乙己的爱心?可供参考的回答是:孔乙己作为读书人,他秉承传统美德,践行"爱吾幼以及人之幼"古训,虽身处逆境,备受欺辱,但没有忘记读书人的本性;小说表现孔乙己的爱心,使人物形象更丰满,加深了作品的思想意义。

对学界的相关论述,在此举两点质疑。其一,是善良,还是爱心?既往解读孔乙己与孩子的关系,以及给茴香豆吃的行为,多评价为性格善良。这不确切,欠精准,因为所谓善良,对象不明确,含义过于宽泛,恰切的表述应是爱心,对幼小者的爱心。其二,是炫耀,还是误读?对孔乙己自己摇头说的:"不多不多!多乎哉?不多也。"一些论者解读为,这是他对孩子卖弄,炫耀。此论,实系误读文本:把孔乙己的自说自话,误解为对孩子说的;忽略了"自己摇头说",乃"对自己摇头说"之谓也。

"优缺点"

优缺点,或者成绩与不足(存在问题),常见于个人鉴定,或单位工作总结。移用于文学典型孔乙己,是说他的长处与性格缺陷。孔乙己的性格与为人,具有积极、消极两方面。其积极一面,已在上文阐述的,是对读书人本性的坚守,对社会凉薄的抗拒,对

幼小者的温和与关爱等。此外,还见于叙述人的补叙(包含其性格的消极面):

> 听人家背地里谈论,孔乙己原来也读过书,但终于没有进学,又不会营生;于是愈过愈穷,弄到将要讨饭了。幸而写得一笔好字,便替人家钞钞书,换一碗饭吃。可惜他又有一样坏脾气,便是好喝懒做。坐不到几天,便连人和书籍纸张笔砚,一齐失踪。如是几次,叫他钞书的人也没有了。孔乙己没有法,便免不了偶然做些偷窃的事。但他在我们店里,品行却比别人都好,就是从不拖欠;虽然间或没有现钱,暂时记在粉板上,但不出一月,定然还清,从粉板上拭去了孔乙己的名字。

这段补叙的后一句,说,"他在我们店里,品行却比别人都好"云云,就是叙述者的积极评价,具体指的是"从不拖欠",表现为,"虽然间或没有现钱,暂时记在粉板上,但不出一月,定然还清,从粉板上拭去了孔乙己的名字"。这些显示出的,是诚信品质。诚实守信,是孔乙己的美好品格,和他坚守的"君子固穷",有关联性。他谨记孔子教诲:"人而无信,不知其可。"不忘践行传统美德。对此,确应给予正面评价。

以上是他的优点(长处)。补叙中更多说的,是孔乙己的性格弱点。含三项:不会营生、好喝懒做、偶然做些偷窃的事。

不会营生,是读书人的通病,孔乙己不会例外。"原来也读过书,但终于没有进学",在没有进学以后,他为什么不谋求一种职业,以解决生计问题?鲁迅说:"学做幕友或商人,——这是我乡衰落了的读书人家子弟所常走的两条路。"[13]周作人的说法是,科举正路之外的岔路,有做塾师、做医师、学幕、学生意等[14]。孔乙己为什么不选择其中一种?若探求原因,在缺本钱,无人荐举等可能性之外,还有性格、观念等因素,如"万事不求人",甘做散淡的读书人之类。文本只点出不会营生,是显示他因穷困潦倒,而沦落为苦人,以致备受凉薄,却无意写明,孔乙己不会营生的原因。

好喝懒做,这也是读书人的臭毛病,尤其懒做,即会说不会做,动口不动手。值得研究的是好喝。孔乙己生活在酒乡(绍兴出名酒,如加饭酒、女儿红等),他依乡随俗而爱喝,此为一;自古文人喜酒,嗜酒,孔乙己未能免俗,此为二。重要意义在于,他好喝而有节制(受缺钱限制),平常就是两碗酒,一碟茴香豆;他以酒为友,为乐,为生活享受。从小说艺术构思看,因为好喝,才常来酒店,也才有那些纷争,那些故事。

偶然做些偷窃的事,重点在偶然二字。偶然,就不是喜好,不是惯犯;偷窃有损读书人品格,但不很严重,无伤根本。文本写偷窃事例三次,两次明写是偷书,一次是偷东西(这次是不是书,没写明)。又以孔乙己自辩:"窃书不能算偷……",区分窃书不算偷东西,把书排除在东西之外,表明孔乙己看重书,看重读书,看重读书人。他偶然偷窃,是其备受凉薄的主要口实。这样写,均系构思之需。

以上,分述孔乙己典型蕴含的,多方面身份与性质。接着似应予以综述:

孔乙己,旧时代的苦人,潦倒的读书人,虽饱受社会凉薄,沾染文人恶习,却能对抗社会歧视,守护良好品行,保持真诚与爱心,是一个难能可贵的好人;作者精心塑造这一文学典型,借以表现对社会痼疾、对人性卑怯的关注与深思。

三、典型的意义

孔乙己典型的意义,可从不同角度评述。下面略陈浅见。

一面社会人生的借镜

阅读经典著作,因修养、眼光等的不同,而存在认知差异。就

《孔乙己》而言,一般人(粗读者)看后,也许留下如此印象:老早以前的故事,微不足道的文人,穷愁落拓,迂腐可笑……有教养、肯思考的读者,就会视为借镜,从旧时看今日,有所领悟,受到启迪。所悟与所启,不尽相同。比如——

历经坎坷,遭际不顺者,可能在镜中,认出本人的模糊身影,而感慨丛生:孔乙己潦倒终生,饱受世人凉薄,一肚子学问(知道"回"字有四种写法),却无从施展,就连想教小孩子写字,都被回绝。这不就是自己吗?处处碰壁,时时受压,空怀鸿鹄志,报国却无门,甚至养家糊口,也成问题。命途多舛,时运不济,胳膊拧不过大腿,徒唤奈何。这就是人生。

关注历史,研究政治者,从镜中看到现实:"一般社会对于苦人的凉薄",今时是否存在?知识者中有没有苦人?受不受凉薄?肯动脑的,自会得出结论。

对社会、人性问题有兴趣者,可能以孔乙己为镜,得出结论:孔乙己的种种遭遇,实为社会与人性问题。鲁迅致力研究和改善国民性这一大事,在百年后的今天,远未根本解决,现状依然堪忧。试看舆论导向,多年来,讲文明树新风,宣讲光荣与耻辱,弘扬社会价值,就因为有所欠缺,存在严重不足。所谓"江山易改,本性难移"。要改善中国国民性,摒弃民族劣根性,任重而道远,须坚持不懈,长久努力。

一颗光耀苍穹的新星

孔乙己典型的塑造,其艺术之精湛,手法之纯熟,堪称小说楷范。鲁迅自述其作品,曾说及"表现的深切和格式的特别"[15]。这评语是很确当的。如细化这一评语,或可以"精、深、淡、巧"四字,解读孔乙己典型的塑造艺术。

精:如人物,仅个体三人(孔乙己、掌柜、小伙计"我"),群体三个(酒客多人、邻舍孩子三五个,掌柜取笑时聚集的"几个人"),即显示出一般社会,及其对读书人的凉薄。如语言,以二千五百余字的篇幅,表现了孔乙己的一生。"站着喝酒而穿长衫的唯一的人",十三字,写出人物的身份、处境……

深:开掘深,即"表现的深切"。国民性问题,关系中国人及中华民族的根本,这是一个超越时代、超越制度的深层次主题。(国民性的产生与存在,历史久远,不限一时代,一制度。)孔乙己及其遭遇,既表现了国民性的消极方面,也包含了积极方面。

淡:色彩淡,感情、态度淡。"对于苦人是同情,对于社会是不满,作者本蕴蓄着极丰实的情感。"却显现为,"作者态度的'从容不迫'"[16]。在淡然、平静的语调中,蕴蓄着热烈、深厚的感情。

巧:叙述方式与人称,巧。文本中的"我",实系两个。十二岁的小伙计"我",与孔乙己同在酒店,就近观察与关注,孔乙己的行止、语言,亲见众人对他的凉薄;二十多年后的"我",追述当年故事,既可再现原来场景,人物纠葛,又有事后反思,评述更客观、可信。

文学典型孔乙己,创作于"狂人"之后,两相比较,孔乙己具有原创性、独特性。鲁迅自评:"《狂人日记》很幼稚,而且太逼促,照艺术上说,是不应该的。"[17]又曾提及,1834 年,俄国的果戈理就已经写了《狂人日记》;自己的《狂人日记》是后起的,以后"脱离了外国作家的影响"[18]。在鲁迅小说原创人物系列、苦人系列、读书人(知识者)系列,包括典型系列中,孔乙己均属"第一",首见。

从新文学的历史看,鲁迅是中国现代小说的开创大师,其作品"显示了'文学革命'的实绩"[19]。孔乙己的上述几个"第一",也是中国现代小说,乃至中国文学的多个"第一"。

百年之后品经典,到此打住。终篇语是——

孔乙己,一颗光耀苍穹的文学新星。

注释

[1] 鲁迅:《叶紫作〈丰收〉序》,《鲁迅全集》第 6 卷,人民文学出版社 1981

年版(下同),第219页。

[2][10]鲁迅:《我怎么做起小说来》,《鲁迅全集》第4卷,第513页、第512页。

[3][6][9][16]孙伏园、孙福熙:《孙氏兄弟谈鲁迅》,新星出版社2006年版,第172页、第172页、第172—173页、第172页。

[4][7]周作人:《鲁迅小说里的人物》,人民文学出版社1981年版,第8页、第10页。

[5]周作人:《鲁迅的故家》,人民文学出版社1981年版,第130页。

[8]周建人口述、周晔编写:《鲁迅故家的败落》,湖南人民出版社1984年版,第20页。

[11]鲁迅:《关于知识阶级》,《鲁迅全集》第8卷,第187页。

[12]鲁迅:《忽然想到·七》,《鲁迅全集》第3卷,第61页。

[13]鲁迅:《鲁迅自传》,《鲁迅全集》第8卷,第304页。

[14]参看周作人《知堂回想录》,三育图书有限公司(香港)1980年版,第52页。

[15][18][19]鲁迅:《〈中国新文学大系〉小说二集序》,《鲁迅全集》第6卷,第238页、第239页、第238页。

[17]鲁迅:《致傅斯年》,《鲁迅书信集》上卷,人民文学出版社1976年版,第24页。

"历史的小说"与现代的复仇
——以鲁迅《铸剑》的改写为中心

张楚伦

《眉间尺》初刊于 1927 年 4 月 25 日的《莽原》半月刊第二卷第八、九期;1932 年,鲁迅编《自选集》时,更其名为《铸剑》收录;1936 年编入《故事新编》时维持了这一改动。作者评价这部集子是"内容颇有些油滑,并不佳"[1]的"小玩意而已"[2]时,又特意将《铸剑》排除出来以免误伤,可见其念兹在兹[3]。无论作为文体创新的艺术探索,还是特定阶段的生命写作,《铸剑》对鲁迅都有着重要意义。可以说,不止《铸剑》,整本《故事新编》都是在从未间断的自我怀疑中诞生的。创作《铸剑》期间,鲁迅正处于生活上较为动荡的厦门—广州时期,兄弟失和与文界攻讦让他陷入无尽的自我严剖,故《铸剑》的改编实践,不仅彰显着历史小说创作的新质与限度,也隐含着解读鲁迅人生哲思与心绪的密码。此外,《铸剑》以其更多的沉郁,更少的油滑,与鲁迅的前作《呐喊》和《彷徨》在叙事风格上有所重叠,要探究鲁迅如何从"呐喊""彷徨"走向"新编",以及新编系列小说的生产机制与叙事策略、文本结构,《铸剑》不失为好的入口。

一、不肯"塞责"的短篇

创作时间的淆紊和原典出处的含糊是《铸剑》研究中的两桩"悬案"。论及前者,鲁迅在《鲁迅自选集》中补记《铸剑》成稿日期为1926年10月[4],陈梦韶等熟人的言辞也可佐证《眉间尺》的创作在厦门已有眉目[5]。矛盾的是,1927年1月辞厦赴广后,鲁迅在1927年4月3日的日记中又有"作《眉间赤》讫"字样。目前关于《铸剑》创作日期的考证结论概有三类:一曰其1926年10月成稿于厦门,1927年4月修订于广州[6];二则以为小说构思于厦门,创作于广州[7];三则以小说前后两截的迥异风格和笔调、《铸剑》手稿及期间需要鲁迅耗神应付的非议来推测其写作的延宕,认为《铸剑》分别于两地陆续写成。[8]

如果说,考定《铸剑》的创作日期,意在还原外部环境与作者心境,使文本中意义指向不明的部分进一步得到厘清,则鲁迅本人的说法应受重视:无论是他对成稿日期的补记,还是《故事新编·序言》所记述——

> 直到一九二六年的秋天,一个人住在厦门的石屋里,对着大海,翻着古书,四近无生人气,心里空空洞洞。而北京的未名社,却不绝的来信,催促杂志的文章。……但刚写了《奔月》和《铸剑》——发表的那时题为《眉间尺》,——我便奔向广州,这事就又完全搁起了。[9]

均至少表明,对鲁迅来说,《铸剑》的文气、底色与他厦门时期的情绪是契合的,亦即是在"心里空空洞洞"又屡遭催稿的境况中,"拾取古代的传说"来写的,在这时期,鲁迅已有了"预备足成八则《故事新编》"[10]的计划。合理猜测,作者此时已大致选定新编的题材,才会出现"八则"这种确凿的数目。可以说,迟至《奔月》《铸剑》,鲁迅开始了对"新编"小说集整体风格的初步摸索。假如真的存在所谓风格或特征,据作者自己的描述,是"不免有油滑之处……不过并没有将古人写得更死"[11]。这或可部分解释鲁迅为何自白新编系列为"塞责"之作。

可单就《铸剑》的情况而言,既大略成于 1926 年 10 月,又拖至半年后(1927 年 4 月)才重新拿出来讫而刊,分明是不愿"塞责"所致。就创作时间的问题而言,《铸剑》并非"速写",鲁迅对这一典故的选用、改写也就成为值得细究的问题。究竟是什么让鲁迅决定写眉间尺的复仇故事?或许要回到原典去找。

《铸剑》的出典之辩历来为学者所积极考证,以致众说纷纭,凡相关古籍文本一一见述(如表 1 所示):

表 1[14][15]

版本	作者	肯定依据	否定依据
《列士传》	〔汉〕刘向(疑)	楚王夫人抱柱孕铁的细节与《铸剑》吻合。	无"人证"或直接证据。
《吴越春秋》	〔东汉〕赵晔	鲁迅于《致增田涉》中自述。[12]	只记"铸剑",不存"复仇",不符合鲁迅"只给铺排,没有改动"之辞[13]。
《越绝书》	〔后汉〕袁康	同上。	同上。
《列异传》	〔魏〕曹丕	为鲁迅《古小说钩沉》所辑录。	无"人证"或直接证据。
《搜神记》	〔晋〕干宝	情节最完备、最接近《铸剑》,符合"只给铺排,没有改动"。	无"人证";鲁迅《小说备校》所录《搜神记》无眉间尺一事。
《太平御览》	〔清〕不详	存录《吴越春秋》之眉间尺逸文;镬中三头相咬的场面与《铸剑》吻合。	无"人证"或直接证据。

综上,《铸剑》至今不能被证明创作于具体而确凿的某时某地,也未必出自单一的某籍某典。有意味的是,时间的不确定性不仅发生在外部,同样出现在小说当中——鲁迅刻意隐去了故事

的具体朝代,将原典中具有地方性和时间性暗示的"楚王"/"晋王"(《太平御览》所引《孝子传》版)用"王"加以替换,"干将""莫邪"也以"父亲""母亲"笼统称之。细节上的今古夹杂,如文中出现到宋代才普及的照明燃物"松明",干瘪脸少年声称被眉间尺压坏了"丹田",要求上"保险","放鬼债的资本"等明显带有作者个人风格的表述,进一步使文本的历史性得到消解,寓言性则相应突出。

二、"事大于人"的典故

鲁迅对《铸剑》原典出处的两次回忆均在 1936 年,在给增田涉和徐懋庸的信中分别提到《吴越春秋》《越绝书》和"唐宋类书或地理志",作者自身记忆的模糊是使出典久不能成定论的原因之一。然而时隔十年,鲁迅却能说出原文位置在"那里的'三王冢'条下"[16]。与其说这是视觉记忆的残片,不如说链接鲁迅与原典之间的记忆交汇点正是"三王冢",这一情节点某种程度上可视为《铸剑》新编的"圆心"。

从情节看,《铸剑》所述大致分为铸剑(仇缘)—掘剑(知仇)—砍头(托仇)—三头互啮(复仇)—出殡五部分,若将所涉版本的原典糅合起来,即默认鲁迅对六版原文均有取用,在此基础上探究"新编"何为,容易发现,作者对父亲死亡的理由、铸剑的方式、藏剑的位置,复仇的场面以及尾声(辨头、出殡)均有添调省略,蠡测原因如下——安排父亲死于"他(王)一定会杀掉我,免得我再去给别人炼剑"而非《列异传》中的抗命藏剑招来杀身之祸,直接效果是凸显了王"善于猜疑又极残忍",同时也让父亲的死因掺杂了荒谬感和宿命感——死于无双的手艺可谓不得不死;铸剑过程并未参考《吴越春秋》中的"干将妻乃断发剪爪"和"童男童女三百人",仅仅着意于开炉异景和剑身如冰的特征,是为了突出铸艺之工,而不愿将铁剑描述成邪门嗜血的有灵之物(这也是为什么笔者认为将黑色人阐释成剑灵化身的说法难以成立）；雄剑被藏在床底下而非《太平御览》中所引的"出户望南山石上松，剑在其巅"，也非《列异传》中的"藏剑在南山之阴，北山之阳；松生石上，剑在其中矣"，是配合前文的改动而简略的——新编过后，王并不知晓雄剑的存在，逻辑上无须在藏剑一事上大费周章。

至于对复仇场面加以大肆铺排，甚至着墨于周围看客，以及加入辨头等环节，正说明后半段乃至结局才是鲁迅想要重点"铺排"的部分。也许可以这样说：这个故事的下半部分更符合鲁迅"只给铺排，没有改动"的自陈。

试将《故事新编》选材所涉主角分为神话英雄[17]和历史名人[18]两类，《铸剑》显然无法归入任何一边，眉间尺（原名赤鼻）是全集中唯一一位无名的主角——得名于外貌特征恰说明其"无名"，历代所录也往往志其怪异，取其"孝"用。眉间尺作为起初的复仇者、后来的复仇道具，几乎没有在鲁迅笔下演化成更丰富的能指，相应地，鲁迅在眉间尺身上所作的典型化努力并不明显——这也是为什么眉间尺的性格前后顿变所造成的人物形象裂痕难以弥合，因为《铸剑》的新编不是冲着主角来的。

换言之，其他篇目的新编在某种程度上依托于神话或传说的著名程度，主人公也往往为人熟知，宛如一面镜子，能轻易对标出新编之处，作者的叙事意图也就能被准确捕获；而《铸剑》是一个"事大于人"的范本，对人物重新加以塑造的作用更多指向小说内部逻辑的完善。鲁迅在对叶紫的小说《夜哨线》提出修改建议的去信中道："我看这很容易补救，只要反过来，以写事件为主，而不以赵公为主要角色，就成。"[19]此话未必是《铸剑》的他山之石，但作者将题目从表示人名的"《眉间尺》"改为表示动作与事件的"《铸剑》"这一举动，已可说明一二。

简言之，典故的后半段，即从眉间尺自斫其头开始到三头共葬的环节，极有可能是鲁迅选中这个素材来改写《铸剑》的原因。

有别于传统小说的专一风格和笔调,《铸剑》前后两截显然存在叙事上的变焦——在眉间尺斫头之前,作者着意于人物形象的塑造;黑色人带着人头进宫后,文本重点转为复仇场面的渲染。眉间尺自刎其头可视作小说的中点,在杉树林中,眉间尺与黑色人建立契约的过程是故事诗化浓度最高的部分,从这里,行文风格从肃穆往戏谑靠拢,笔法也从散文化、诗化转向讽刺,至结局达到最高潮,完成了对复仇母题的演绎,建构出"鲁迅式复仇"——这一重估性的概念表述,是为了与传统意义上的复仇内涵作必要区隔。

《铸剑》"事大于人"的特征,决定了鲁迅在文体与内容上都有充分的改造空间,也因此必然融入其作为现代人的经验形态,复仇观尤为突出。

三、"历史的小说"与现代的复仇

《铸剑》连同整个集子在很多时候被看作"历史小说"[20],巴金直称《故事新编》为"历史短篇集"[21],何干之说鲁迅"在新中国文学上也是历史小说的提倡者"[22]。

而在鲁迅看来,"博考文献,言之有据"的"历史小说"是"很难组织之作"[23],而对于自己作新编系列的描述是"从古代和现代都采取题材,来做短篇小说",并没有直接定义其为"历史小说"。在《宋人之"说话"及其影响》中,鲁迅认为"历史小说之起源"是宋代民间"说话"的下分支"讲史",即"讲历史上底事情,及名人传记等"[24],换句话说,历史小说起初是为借助听觉艺术来加工历史从而娱乐大众,《铸剑》的创作意图恐不在此。事实上早在1921年的《〈罗生门〉译者附记》中,鲁迅就已经对"历史小说"和"历史的小说"作过区分:

这一篇历史的小说(并不是历史小说),也算他的佳作,取古代的事实,注进新的生命去,便与现代人生出干系来。[25]

对比之下,《铸剑》乃至整本《故事新编》更像是《罗生门》之类的"历史的小说",是"注进新的生命去,便与现代人生出干系来"而非"讲历史上底事情"的小说。

可若细究将《铸剑》乃至整部《故事新编》归入历史小说范畴的文章,容易发现这些学者往往强调"新编"系列较之传统历史小说的异质,并用相应理论来阐发其中的现代性内涵。

如何干之在同一篇论文里提出"……不当它(《故事新编》)是历史故事,而当它是文学作品,也自能发见这里面有许多对于社会问题的启示"。[26]同年,另一篇出自石怀池之手的《鲁迅是怎样写〈故事新编〉的?》中引用宋云彬的话:"如果历史小品这一名词可以成立的话,那么郭沫若所写的全部是历史小品,而鲁迅的作品大都是故事新编。"[27]

事实上早在1937年,茅盾已在《〈玄武门之变〉序》中将《故事新编》定义为"用历史事实为题材的文学作品",并认为"鲁迅先生是这一方面的伟大的开拓者和成功者"。[28]

总体看来,"历史小说"这一概念在使用过程中,已涵盖了鲁迅口中的"历史小说"和"历史的小说"二类,可分别对应"传统历史小说"(史传叙事)与"现代历史小说"("新历史小说")。不同学者的阐述有所差异,但明显为鲁迅和后世学者公认的一点是——《铸剑》确有浓厚的现代意味。

如果说,现代化是运用新的科学技术、政治经济制度和思想资源来促进社会发展的动态过程,那么现代性可视为与现代化相适应的个体经验、道德伦理和精神价值,具体到文学创作,往往指涉其中的审美现代性或启蒙现代性这一面向。[29]而落实到《铸剑》单篇,其文学现代性表现为文体形式上对现代小说的借鉴融汇,及内容上被赋予了鲁迅作为现代人的思想。

《铸剑》首先在形式层面被赋予了鲜明的现代特质。有别于传统历史小说的顺叙时间规范,故事由眉间尺与母亲的日常生活开篇,再适时以插叙、倒叙引入父亲铸剑而遭杀害的前缘。对黑色人的描述仅限于复仇过程中的短短几天,并未详述生平,明显借用了西方现代小说中"截取横断面"的叙事手法,摆脱了传统历史小说"由生到死"的纵剖模式。末尾增添的辨头、出殡环节,更破除了传统史传类虚构文本尽可能保留原始结局和框架的标准,显示出作者的建构意图。

原典中三头同葬、敌我不分的结局已在相当程度上消除了复仇的有效性,而《铸剑》的尾声并未止于这句千钧之语:不仅有王公妃子在下葬前为辨认王的头骨争辩,还有百姓围观出殡,"连行列也挤得乱七八糟,不成样子了"[30]。在奇崛的描述后,作者恢复了冷静而有讽意的笔调,小说在瓦解复仇之崇高感的同时,也消解了"弥赛亚"时刻的古典时间美学。鲁迅以如此收束,杜绝了任何美感产生之可能,进而生成另一种现代性经验形态:荒诞。

内容上,黑色人作为重点铺排的对象,集中体现了鲁迅本人的现代哲思——复仇观尤甚。《辞源》将"复仇"解释为"报仇"。这一概念最早见于《孟子·滕文公下》:"非富天下也,为匹夫匹妇复雠也。"旨在正名商汤征伐不祀的葛伯,是为平民报仇,而无名利之图。章太炎也曾说:"平不平以使平者,斯谓复仇"、"法律者,则以公群代私人复仇尔"[31]。

不难发现,复仇在过去可谓法律之外维持社会伦理道德秩序的极端手段。《铸剑》开篇尚且遵循原典,让眉间尺从"父仇子报"的逻辑中获得充分的伦理动机;当行为者变为黑色人后,这里的"复仇"就从"行孝尽伦"转向"行侠仗义"。然而,黑色人面对眉间尺"义士"相称,将头衔视作"冤枉":

"唉,孩子,你再不要提这些受了污辱的名称。"……"仗义,同情,那些东西,先前曾经干净过,现在却都成了放鬼债的资本。我的心里全没有你所谓的那些。我只不过要给你报仇!"[32]

黑色人不承认自己是义士,正表明他对侠义精神的珍视,这无疑是真正的义士所为——他侠义到不承认这些成了资本的仗义是仗义。

鲁迅使黑色人从传统侠客形象中蝉蜕而出,客观上对义士达成重释与再创造,一个不为侠义而行侠的义士就此诞生——复仇这一行为的指涉意义因此从道德义务变成纯粹的、理念式的行动。

复仇的庄重性质在荒唐的情节与半戏谑的故事氛围中得到消解;而另一方面,剥去伦理规束和自我感动的外衣后,一种行为本身即是目的、充满现代意味的"复仇"得以"形销骨立"地浮现。

值得一提的是,从尽孝到行侠,这一转换,需以黑色人作为合逻辑的角色出现为前提——恰相反,黑色人不仅身份神秘,才能特异[33],甚至在解释帮忙报仇的原因时说:

"我一向认识你的父亲,也如一向认识你一样。但我要报仇,却并不为此。聪明的孩子,告诉你罢。你还不知道么,我怎么地善于报仇。你的就是我的;他也就是我。我的魂灵上是有这么多的,人我所加的伤,我已经憎恶了我自己!"[34]

不少论者通过这段自白注意到黑色人与《野草》时期的鲁迅之间的莫大关联,如钱理群的《试论鲁迅小说中的"复仇"主题》中用《孤独者》的魏连殳类比黑色人,而鲁迅明确表示过魏连殳"是写我自己的"[35]。借由魏连殳、黑色人的自厌情绪与自毁动作,有学者推论出鲁迅的复仇观中最核心也最个人化的基本面:面向自我的复仇——中井政喜在《鲁迅的复仇观》一文中如此解读:"(黑色人)对大王的复仇就是对自身的复仇。"[36]

此外,中井政喜注意到鲁迅的复仇观具有不同层面,并且是在生命历程中逐渐成熟的,据此他将鲁迅的复仇书写归纳为三个基本模式:弱者向强者的复仇、知识分子对庸众的"精神报复"/启蒙者指向自己的报复。吴红莲则在《论鲁迅作品的复仇主题》中将鲁迅的复仇母题拆分为对看客的复仇、对以怨报德者的复仇、对暴君的复仇以及对社会和自我的复仇[37]。

上述论文对鲁迅复仇理念的分析足以证明:朝向自我维度的复仇几乎遍布鲁迅的复仇叙事。

早在1907年的《摩罗诗力说》,鲁迅已提到理想破灭后以自我背叛来报复社会的工人绥惠略夫;《孤独者》中的魏连殳不外乎此;1924年末所作的《复仇》,是"因为憎恶社会上旁观者之多"[38]而以"无戏可看"来报复庸众,代价是使持刀二人的生命框定在了被观看的围栏之中;《复仇(其二)》的耶稣面对钉杀自己的以色列人并无祝福,而报以漠视与诅咒,为使以色列人的罪行"尤其血污、血腥",不惜从"神之子"降格为"人之子",甚至忍痛不喝"那没药调和的酒"[39]。

自戕可谓鲁迅复仇书写的底色,贯穿在其复仇理念演化的全过程,成为其复仇观的思维底板,或作为代价呈现,或是目的本身。而眉间尺奉上自己的剑和人头与黑色人达成契约;黑色人为兑现承诺自刎其头入鼎帮战,《铸剑》由此被纳入了鲁迅的复仇话语谱系之中。

在《故事新编》出版近一年后,鲁迅在杂文中写到的"女吊"正是这种复仇理念的展现:

他们就在戏剧上创造了一个带复仇性的,比别的一切鬼魂更美,更强的鬼魂。这就是"女吊"。……她投缳之际,准备作厉鬼以复仇,红色较有阳气,易于和生人相接近。[40]

"女吊"以复仇为目的自缢,与眉间尺为复仇自斫其头,行动上的逻辑是一致的:以丧失身体/性命作为复仇的代价。此类等价交换的原则必须是先验的、公认的,在《铸剑》中,作者借黑色人之口来阐释了这一交换逻辑[41],这就是为何眉间尺在极短时间内接受了黑色人的提议。黑色人某种程度上被塑造成履行先验性契约的使者,也是他不同于侠士之处:其诡秘、幽晦,充满临时性和偶然性的现身,以及带有明显的鲁迅个人印记的、似乎独立于故事之外的自白,就叙事策略而言都增强了这个约定的可信度。

在解释女吊自戕的缘由时,鲁迅跟了一句:"自然,自杀是卑怯的行为,鬼魂报仇更不合于科学。"[42]与其说鲁迅的观念在十年后有所变化,不如说,在面对杂文写作和小说写作时,鲁迅采取了不同的策略,反之印证,鲁迅是带着艺术自觉创造《铸剑》的。

结语

在《铸剑》之前,鲁迅已有不少篇目涉及复仇母题,如小说《孤独者》,如散文诗《复仇》《复仇(其二)》《颓败线的颤动》等,《铸剑》作为后期的集大成之作,不仅将原典与鲁迅的复仇理念完美融合,更在鲁迅的乡土小说和批判性现实小说系列之外,提供了另一可供返溯的复仇小说图谱。如果说,鲁迅的乡土书写与批判书写彰显着他对世界的看法,其复仇书写则泄露出对自我的态度。尽管鲁迅自认"在《铸剑》里,我以为没有什么难懂的地方"。[43]亦即文章存在过度解读的危险,但身为一篇"历史的小说",注定勾连着诸多文本之外的问题。

相比《呐喊》《彷徨》,鲁迅避免将《故事新编》视为又一生命阶段的状态反映,反复强调其无足观,弱化作者与文本之间的动态联系,主观意图上视《故事新编》为传统文学资源的变现尝试;但在《铸剑》中,这一"变现"更多是以作者的自我啄食与取用来达成的。"新编"的成功,不可谓没有"啄食"的功劳。正因如此,《铸剑》的研究无从规避作者这一坐标,反过来也易于遮蔽《铸剑》本身的文学成就,其背后牵连的《故事新编》风格研究、复仇母题的演化、历史小说的发展以及鲁迅小说创作的后期转变等命题都值得深入研讨。

注释

[1] 鲁迅:《360118致增田涉》,《鲁迅全集》第13卷,人民文学出版社2005年版(下同),第292页。

[2] 鲁迅:《360201致曹靖华》,《鲁迅全集》第13卷,第299页。

[3] 鲁迅:《360201致黎烈文》,《鲁迅全集》第13卷,第299页。

[4] 鲁迅:《鲁迅自选集》,天津人民出版社2005年版,第181页。

[5][6] 参见陈梦韶:《鲁迅创作〈铸剑〉时间辨考》,《破与立》1979年5月。

[7] 朱正:《〈铸剑〉不是在厦门写成的》,载《鲁迅回忆录正误(增订本)》,人民文学出版社2006年版;袁良骏:《为〈铸剑〉一哭——答严家炎先生〈为〈铸剑〉一辩〉》,《粤海风》2001年第5期。

[8] 参见龙永干:《〈铸剑〉创作时间考释及其他》,《鲁迅研究月刊》2012年第7期;孙昌熙、韩日新:《〈铸剑〉完篇的时间、地点及其意义》,《吉林师范大学学报》1980年第1期;孙伟:《〈铸剑〉创作时间地点新考》,《现代中国文化与文学》2017年第2期。

[9][10][11][23] 鲁迅:《〈故事新编〉序言》,《鲁迅全集》第2卷,第353页、第353页、第353页、第353页。

[12][43] 鲁迅:《360328致增田涉》,《鲁迅全集》第14卷,第386页、第386页。

[13][16] 鲁迅:《360217致徐懋庸》,《鲁迅全集》第14卷,第30页、第30页。

[14] 参见周楠本:《关于眉间尺故事的出典及文本》,《鲁迅研究月刊》2003年第5期。

[15] 各版原典详见孟广来、韩日新编：《〈故事新编〉研究资料》，山东文艺出版社1984年版，第107—110页。

[17] 《补天》：女娲；《奔月》：夷羿；《理水》：禹。

[18] 《采薇》：伯夷、叔齐；《出关》：老子；《非攻》：墨子；《起死》：庄子。

[19] 鲁迅：《341021致叶紫》，《鲁迅全集》第13卷，第235页。

[20] 吴秀明、尹凡：《"故事新编"模式历史小说在当下的复活与发展》，《文艺研究》2003年第6期；陈婵：《二十世纪上半期(1900—1949)中国历史小说主题类型及其特征研究》，湖南师范大学博士学位论文，2012年等。

[21] 巴金：《鲁迅先生就是这样的一个人》，载孟广来、韩日新编：《〈故事新编〉研究资料》，山东文艺出版社1984年版(下同)，第64页。

[22] 何干之：《历史小说(节选)》，载孟广来、韩日新编：《〈故事新编〉研究资料》，第138页。

[24] 鲁迅：《宋人之"说话"及其影响》，《鲁迅全集》第9卷，第330页。

[25] 鲁迅：《〈罗生门〉译者附记》，《鲁迅全集》第10卷，第252页。

[26] 何干之：《历史小说》(节选)，载孟广来、韩日新编：《〈故事新编〉研究资料》，第138页。

[27] 石怀池：《鲁迅怎样写〈故事新编〉的?》(节选)，载孟广来、韩日新编：《〈故事新编〉研究资料》，第145页。

[28] 茅盾：《〈玄武门之变〉序》，载孟广来、韩日新主编：《〈故事新编〉研究资料》，第137页。

[29] 参见刘小枫：《现代性社会理论绪论》，上海三联书店1998年版；肖利庆：《现代性视野中的中国现代文学复仇母题》，广西师范学院硕士学位论文，2010年；杨春时：《文学的现代性与中国现代文学》，《学术月刊》1998年第5期。

[30][32][33][34][41] 鲁迅：《铸剑》，《鲁迅全集》第2卷，第451页、第432页、第441页、第441页、第440页。

[31] 章太炎：《复仇是非论》，《章太炎全集》(四)，上海人民出版社1985年版，第270页。

[35] 胡风：《鲁迅先生》，《胡风全集》第7卷，湖北人民出版社1999年版，第65页。

[36] 中井政喜著;许丹城译:《鲁迅的复仇观》,《华文文学》2010年第2期。
[37] 参见吴红莲:《论鲁迅作品中的复仇主题》,延边大学硕士学位论文,2003年。
[38] 鲁迅:《〈野草〉英文译本序》,《鲁迅全集》第4卷,第365页。
[39] 鲁迅:《复仇(其二)》,《鲁迅全集》第2卷,第178页。
[40][42] 鲁迅:《女吊》,《鲁迅全集》第6卷,第637—640页、第640页。

论鲁迅的"强盗"叙述

——以《采薇》为中心

张昕琳

引言

《故事新编》主要通过改写历史故事结构全文,鲁迅在《故事新编·序言》中说其是"取一点因由,随意点染,铺成一篇。"[1]但是鲁迅选择的这些历史典故与他本身的思想和经验息息相关。以1935年12月的《采薇》为例,为了探求鲁迅创作该文的直接原因,很多研究者将其与鲁迅同时期写的《关于中国的两三件事》联系起来,认为《采薇》与当时盛行一时的"王道"之风有关,"周武王是打着推行王道、'恭行天罚'的旗号伐纣的,在'血流漂杵'之后又'放马于华山之阳',博得了'王道的祖师而且专家'的美名;一直到鲁迅写《采薇》的年代,不是从日本侵略者、国民党统治者,一直到胡适,都在喧嚣着要提倡王道吗?"[2]但是要想明了鲁迅改写《采薇》的真正目的,最直接的方式还是从鲁迅改编的文本着手,发现其中的文本缝隙。

据孟广来、韩日新所编资料可知,《采薇》故事来源主要是《尚书》《史记》《列士传》和《古史考》,伯夷和叔齐的相关部分主要来自《史记·伯夷列传》和《列士传》《古史考》[3]。让王位、叩马而谏、作《采薇》辞皆来源于《史记·伯夷列传》,鹿乳起杀意来自《列士传》,他人非难来源于《列士传》和《古史考》,且非难者分别以王糜子和妇人的不确定身份出现。由此可以看出,鲁迅《故事新编》中的《采薇》是将几篇既有史料连缀起来,整合而成,事件发生的先后顺序和因果安排很多都体现了鲁迅自己的观念。文中鲁迅的发挥并不少,但以伯夷、叔齐之口说出来的话却不多,与史料相对称的更少。其中有一点引起了笔者的注意,叩马而谏时的话由叔齐直接说出,伯夷和叔齐所作的辞却是由小丙君转述的,同时文章本身就以《采薇》为名,足以见得作者对"采薇歌"的重视。《史记·伯夷列传》中伯夷和叔齐作的辞原是:"登彼西山兮,采其薇矣。以暴易暴兮,不知其非矣……命之衰矣。"《采薇》中则翻译为:"上那西山呀采它的薇菜,强盗来代强盗呀不知道这的不对……命里注定的晦气!"根据笔者的不完全整理,"以暴易暴兮"目前有以下几种解释:

以武王之暴臣易殷纣之暴主	司马贞撰	《史记索隐》	明末毛氏汲古阁刻本
指武王伐纣	杨燕起,阎崇东编著	《史记精华导读》	中国旅游出版社1993版
易:交换 以暴臣换暴君啊	王利器主编;选秦旭卿翻译	《史记注释》	三秦出版社1988版
前一"暴"指武王这个暴臣,后一"暴"指商纣这个暴主 以暴臣取代暴君啊	曾国藩选编;梅季译注	《经史百家简编》	广西人民出版社1988版
用暴力去代替暴力	褚玉兰	《史记新解》	山东大学出版社2007版
以武王之暴臣易殷纣之暴主	司马贞撰	《史记索隐》	明末毛氏汲古阁刻本

续 表

以武王之暴臣易殷纣之暴主	司马贞撰	《史记索隐》	明末毛氏汲古阁刻本
残暴代残暴	金圣叹	《金圣叹评点才子古文》	线装书局出版社 2007 版

不难发现,将"以暴易暴"翻译为"以强盗代强盗"是鲁迅自己的创造,那么,鲁迅为什么会这样翻译呢?这样的翻译又具有什么潜在的内涵呢?

这里首先要廓清几个与"强盗"相关的定义。一、强盗:俗指用暴力胁迫,强夺他人财物的人,后来泛指行为像强盗那样,用暴力胁迫他人获取利益,满足自己的私欲的人。本质是破格获取,见于《隋书》:"其俗杀人强盗及奸皆死。"二、强盗逻辑:是指逻辑上根本讲不通,强词夺理、蛮不讲理的思维方式。

本文是在了解了鲁迅关于"强盗"的其他论述还有相关前人研究之后,再进入《采薇》的文本,力图找到这一创造性翻译的缘由。

一、鲁迅关于强盗的其他论述和前人研究

鲁迅曾在作品中多次涉及"强盗"一词,根据笔者统计,鲁迅在现有的资料中,提及到"强盗"的,一共有 20 处,和"盗"相关的一共有 159 处。值得关注的是,除了"强盗"之外,鲁迅文章中涉及到的"寇盗""坐寇""匪""盗贼""盗"与"强盗"的相关性很大,甚至可以互相代替。

寇盗——"这区别并不烦难,只要观人,省己,凡言动中,思想中,含有借此据为己有的朕兆者是寇盗……无论前面打

着的是怎样鲜明好看的旗子。"(《再论雷峰塔的倒掉》)

坐寇——"贼者,流着之王;王者,不流之贼也,要说得简单一点,那就是'坐寇'……所区别的只在'流'与'坐',却并不在'寇'与'王'。"(《谈金圣叹》)

盗贼——"自称盗贼的无须防,得其反倒是好人;自称正人君子的必须防,得其反则是盗贼。"(《小杂感》)

匪——"源增先生又道:'任三五热心家将皇帝推倒,自己过皇帝瘾去。'但这时候,匪便被称为帝,除遗老外,文人学者却又来恭维,又称反对他的为匪了。"(《学界的三魂》)

盗——"我回答说——你知道现在是什么时代!现在是盗也摩登,娼也摩登,所以赌咒也摩登,变成宣誓了。"(《赌咒》)

强盗——当这"呜呼哀哉"之前,小民便大抵相率而为盗,所以我相信源增先生的话:"表面上看只是些土匪与强盗,其实是农民革命军。"(《学界的三魂》)

研究者关于鲁迅"强盗"的论述现有以下几种:

一是认为"强盗"来自鲁迅对《水浒传》的认知,认为"侠"与"盗"之间,存在内在的联系。[4]鲁迅在《流氓的变迁中》说过的:"'侠'字渐消,强盗起了,但也是侠之流,他们的旗帜是'替天行道'。他们所反对的是奸臣,不是天子,他们所打劫的是平民,不是将相。"

二是认为"强盗"掌握了先王之道的真谛和实质。王瑶在解读《采薇》时提出"所谓先王之道的真谛和实质——'骗人和掠夺'。"[5]

三是对《起死》中"强盗"逻辑的论述,认为要解决野蛮的问题,哲理没有用处,需要靠世俗权力的"强盗"手段来实现。"在这个故事里,既拒绝超越性又拒绝现实的'哲理',只能变成'撮空'。而'哲理'敌不过'野蛮',就依赖'警笛'、巡士以及局长等世俗权力,也就变成了'强盗军师'"。[6]"庄子的'道理''哲理'在汉子那里只是强盗逻辑、贼逻辑。"[7]

四是认为《复仇(其二)》中对"强盗"的复仇,是为了洗刷周作人强加的恶名。同样,把耶稣和强盗同钉亦是一种抹黑、降格和羞辱:"男盗""女娼"原本是大恶名,鲁迅借此复仇强盗,也隐喻着洗刷周作人强加的恶名——偷窥/偷情。"耶路撒冷人将耶稣夹在两个强盗中间一起钉杀的场面,在某种意味上暗示了周作人夫妇以人类所不齿的、最犯众怒的罪名将作者诬陷了。这是人格的污损,是精神的虐杀!"[8]

五是认为《阿Q正传》中的阿Q虽然不属于强盗集团中的一员,却被当作"强盗"处死。"审问者把伪话题当作了真话题,真的把阿Q看作落网的强盗集团的一分子,并希望通过审问从阿Q口中追问出其他强盗的踪迹;阿Q也把伪话题当作了真话题,他本来不是强盗却在审问中顺着审问者的逻辑把自己和强盗联系到一起。"[9]

根据这些资料我们可以得出,"强盗"或相关词语在鲁迅的文章中涉及的次数和研究者对其关注程度都达到了一定水平,所以,鲁迅将《采薇》中的"以暴易暴"创造性地翻译为"以强盗代强盗"不是一处无意义的闲笔,而有着更为复杂的内涵。

二、《采薇》中的"强盗"

鲁迅在杂文《小杂感》中说过:"自称盗贼的无须防,得其反倒是好人;自称正人君子的必须防,得其反则是盗贼。"这一句话在《采薇》中得到充分的体现:华山大王小穷奇就是自称盗贼的人,他们实际上没有对伯夷和叔齐造成损害。有论者曾经说过:"小穷奇效法打着'恭行天罚'旗号伐纣的武王,把自己的剪径行为称为'恭行天搜'。这个学样的小强盗,其实是被作者漫画化了的一个周王姬发。在这里,读者只能看到'以力假仁'的霸道,而看不到'以德行仁'的王道。"[10]还有论者直接将小穷奇和武王相对分析:"周武王—小穷奇:王与寇的对位。"[11]《采薇》原文也曾将二者放在一起:"'归马于华山之阳'和华山大王小穷奇,都使两位义士对华山害怕。"在这样的对位中,周武王和小穷奇身上的相似点被联系起来并被放大,如果说小穷奇是鲁迅所说的自称盗贼的人,那么周武王就是自称正人君子的人。

许纪霖在最新的文章中也说到"最大的恶,不是以恶行恶,而是以善的名义所行之恶。"[12]鲁迅在《采薇》中写的最多的就是这种以善的名义行恶的"最大的恶":周武王打着"恭行天罚""归马于华山之阳"等符合先王之道的旗号,却做着篡夺政权、搜刮殷朝珠宝、对纣王和其妃子的尸体进行残酷伤害、借立名之机将无用的马丢弃等事,正是周武王的"强盗"行径让伯夷和叔齐看到这位正人君子的"强盗"面目,而选择登上首阳山。

王瑶在解读《采薇》时提出"所谓先王之道的真谛和实质——'骗人和掠夺'。"[13]伯夷和叔齐将先王之道实现的希望放到了像周武王这样的权力掌握者身上,最后却发现他实行的是与他们所认为的先王之道完全背离的"强盗"行径,只是想要利用其来巩固政权,这里的"强盗"和官就形成了一种互文,周武王这样的"官"正是通过像"强盗"一样的掠夺获得了想要的一切。鲁迅在《关于中国的两三件事》一文中说的话也佐证了这个看法:"在中国的王道,看去虽然好像是和霸道对立的东西,其实却是兄弟,这之前和之后,一定要有霸道跑来的……据长久的历史上的事实所证明,则倘说先前曾有真的王道者,是妄言,说现在还有者,是新药。"[14]

如果说是周武王将叔齐和伯夷逼上首阳山,那么真正将叔齐和伯夷逼死的是主张温柔敦厚、提出"普天之下,莫非王土"的小丙君。

小丙君是一个完全由鲁迅虚构出来的人物,《采薇》中对小丙君的描述并不多,但是我们能从有限的表述中勾勒出这样的一个形象:见风使舵、爱好文学、善妒。因为品行高洁而出名的伯夷和叔齐,仿佛就像一面镜子映照出他自身的卑劣,虽然文中并没有写出他和伯夷叔齐见面的场景,但是根据相关描述我们可以想象,小丙君在交谈中肯定也是无所不用其极地否定伯夷和叔齐,借此来弥补自己作为一个投降者道德上的低位。在他回来之后他不仅以伯夷和叔齐的诗不够温柔敦厚、太怨来否定了他们的作诗才华,还在伯夷叔齐死后贬低他们的品行,认为他们"通体都是矛盾"。

那个真正置伯夷和叔齐于死地并使他们的身后名变坏的阿金,正是小丙君的婢女,阿金这些行为的背后或许有着更为复杂的真相:即使小丙君不是主谋他也肯定默许了阿金的做法。小丙君为了获得好的声名,以伯夷和叔齐的生命作为代价,并在他们饿死后毁坏他们的声誉,或许最后的他在听到这些真真假假的故事时,也和其他人一样:"深深的叹一口气,不知怎的,连自己的肩膀也觉得轻松不少了。"在这一层面上,小丙君和周武王一样,都是假借温柔敦厚的名义,行残忍之事,是另一种意义上的"强盗"行为,也是一位自称正人君子的真"强盗"。

除了周武王和小丙君之外,那个迫使伯夷和叔齐喝姜水的妇人,那些慕名而来看伯夷叔齐采薇菜、吃薇菜还要求伯夷和叔齐友好的人们,那些在伯夷叔齐死后想要为伯夷叔齐立碑却轻信了阿金编排因此感到轻松的村民,还有为了讨主人欢心而去为难并抹黑伯夷和叔齐的阿金……他们都是被礼义所裹挟,并以礼义为名行强迫之事、只为满足自身私欲的人,他们的这些行为在一定程度上都是"强盗"行径,他们在一定意义上也都是"强盗"。

综上所述,我们不能不承认《采薇》其文不过写了各种各样的"强盗"逼死伯夷和叔齐的事情,这样看来"以强盗代强盗"确可以称为是一处内涵丰富的翻译,这里的"代"大都被解释为"取代"的意思。如果说上面所说的这些人是取代者,那么他们所取代的人是谁呢?是纣王,是妲己,是伯夷和叔齐,那么他们是"强盗"吗?

纣王和妲己的行为有着非常明显的"强盗"属性,夺取他人性命,夺取他人钱财,他们是非常明显的"强盗",不言自明。

伯夷和叔齐虽然自古以来一直作为儒家的典范受到推崇,但是也不乏质疑之声:南北朝《殷芸小说》中记载东方朔不解其"愚";清初艾衲居士的小说集《豆棚闲话》的《首阳山叔齐变节》也嘲其行为;褚人获《坚瓠五集》中也有讽其变节的打油诗。[15]鲁迅改编伯夷和叔齐故事的目的与前人的意在讽刺又有所不同,他所质疑的是伯夷和叔齐背后,他们所一直信奉的整个儒家系统。伯夷和叔齐虽然总是被认为是受害者,但是事实上他们也因为奉行先王之道而无意间成为了"强盗"的帮凶,因为他们所信奉的先王之道本身就自相矛盾,有一种"强盗哲学"的内核:用各种礼义约束住人们的行为,强迫人们做违心的事情,包括伯夷叔齐自身。《采薇》中的伯夷和叔齐不断地为"吃"这一人最本质的欲望而奔走,这种"卑琐性"也一定程度上完成了对伯夷和叔齐清心寡欲的圣贤形象的拆解,打破了儒家为其建构的假面。同时,《采薇》中拆解的还有很多其他能够建构起伯夷叔齐光辉形象的故事:二人因为孝悌之礼,互让王位而离开自己的国家,但是后来却写到叔齐对自己哥哥伯夷的诟病:"我们可就成了为养老而养老了。""但也不敢怎么埋怨他,只在心里想:父亲不肯把位传给他,可也不能不说很有些眼力。"这足以说明了对于孝悌观念,或者说是对于以孝悌观念为代表的先王之道,他们二人也不是完全的认同,甚至可以说也是被其压迫,裹挟前进的受害者。还有叔齐叩马而谏,也是想要用儒家的学说约束住周武王,使其听从自己的意志。而不食周粟,饿死首阳山这样的行为本身,也让所有人的身上都多添了几分重量和负担,礼义的束缚也就因此更严重,这也是村民在最后看到他们身上的卑劣而感到轻松的原因。从这些意义上来讲,伯夷和叔齐所信奉的,用生命躬行的先王之道,一直在以礼义之名强迫别人做违心的事,让所有的人被迫变成了虚伪的人,在一定程度上也包含着一种"强盗"逻辑。除此之外,阿金在最后编排伯夷和叔齐想要杀鹿吃肉的行径,也是将他们叙述成强盗,虽然真假难辨,但是这样的一处描写也着实体现出了二人身上可能具有的"强盗性"。

在更深层次上看,《采薇》中的伯夷和叔齐身上呈现出的不是"强盗"的恶,而是为"强盗"哲学所利用的、执着信奉自己内心都无法真正认可的思想的、不懂变通的"愚",这样的"愚"让他们成为了强盗之"恶"的"帮凶"。

除了《采薇》文本内部的研究,有学者也做过一些文本的外部研究,主要是《采薇》的创作背景研究和"今典"猜想,最具有代表性的就是祝宇红所写的《夷齐之死与王国维自沉——鲁迅〈采薇〉"今典"猜想》。虽然论文中所猜想的"今典"和《采薇》的创作时间之间存在一个较大的时间差,作者也没有给这个时间差一个很好的解释,但是这篇论文确实可以对研究《采薇》,甚至于研究鲁迅所说的"强盗"的背景和内涵提供很多启示。

三、"强盗"所引发的思考

鲁迅在文章中屡次提及"强盗",甚至写出了《采薇》这种似乎专篇论"强盗"的文章,是否有更深刻的内涵呢?根据笔者的推测,鲁迅的"强盗"之说或许与以下几种思考有关。

(一)"官"和"民"的关系本质

鲁迅在讨论"强盗"的时候,总会同时涉及"官"和"民",在《采薇》写作目的的猜想中,也有猜想鲁迅以古比今,以伯夷叔齐的遗民身份暗示王国维,以周武王这样的"上位者"暗示军阀的强盗行径甚至指向蒋介石的论断。[16]不论是用"强盗"手段压迫伯夷、叔齐的周武王、小穷奇,还是因为"强盗军师","强盗"逻辑被捕入狱的汉子杨大,在鲁迅笔下都体现出了"官"所带有的"强盗性"。

"小民便大抵相率而为盗""表面上看只是些土匪与强盗,其实是农民革命军。"(《学界的三魂》)说的是民会在官的逼迫下成为"强盗"来对抗官。

《起死》告诉我们的是雅虽然充满哲理,但是根本不能解决问题,"强盗"很俗但是能够解决问题,而这样的"强盗"逻辑,就是"官"解决问题的通常手段,这里的"强盗"和"官"又联系在一起,再次构成了互文。

《阿Q正传》中阿Q被加上革命军的头衔被杀,这里审问者是"官",阿Q是"民",在官的逻辑中,阿Q这样的"民"被迫成了"强盗"而被杀,这里的"强盗"成了"官"为了实现自己的"强盗"逻辑用"强盗"手段硬加在"民"头上的罪名,从而消灭他。不管是以"侠"为目的而成为"强盗"的水浒英雄,还是被迫成为"强盗"的阿Q,他们身份的不确定性都被"官"利用,成为了他们被"官"招安或杀死的工具。

最终鲁迅的"强盗"和"官""民"形成了一个回环的逻辑,"官"通过掠夺"民"这样的"强盗"手段成为了"官",并继续一直奉行"强盗"手段、"强盗"行径、"强盗"逻辑来管理"民",在这样的逼迫之下,"民"或者变成了"强盗"来对抗"官",或者被"官"盖上"强盗"的名目被杀掉。当"民"成为"强盗"时,或者成功成为新一轮的"官"继续奉行"强盗"行径,或者失败被"官"用"强盗"手段所消灭,这样看来,除了成为更强的"强盗",所有人根本无路可走。

(二)鲁迅的儒学观

伯夷和叔齐为儒家的典范人物,对伯夷叔齐形象重新书写的背后折射出鲁迅的儒学观。《狂人日记》中所说的"吃人"的"仁义道德"多代表了儒学传统,鲁迅写《采薇》的前一年,"蒋介石推行封建道德为准则的'新生活运动促进会',以后又规定孔诞日全国举行祭孔纪念……一时'尊孔读经'的逆流在各地泛滥起来。"[17]对此,鲁迅也曾说过:"大莫大于尊孔,要莫要于崇儒,所以只要尊孔而崇儒,便不妨向任何新朝俯首。"[18]在《关于〈子见南子〉》里,鲁迅更加详细的论述了儒学的本质:"至圣孔子是我们中国'思想界的权威',支配了数千年来的人心,并且从来没失势过。因此,才遗留下这旧礼教和封建思想!……这些'万岁皇爷'为什么这样志同道合呢?无非为了孔家思想能够训练得一般'民'们不敢反抗,不好'犯上作乱'而已!"[19]鲁迅认为儒士的最高理想是王道,儒家欲以道德济法律之穷。这些都表现出鲁迅对于儒家的看法,认为儒学是王道统治民众的工具,从一种层面上来讲,儒学却是一种为统治者的"强盗之学"。

《采薇》中的伯夷和叔齐,愚信"先王之道",甚至为其付出了生命,从汉代董仲舒"罢黜百家,独尊儒术"开始,儒学在中国确立了上千年的正统地位,正统就意味着不容置喙和绝对正确,就有了将异端视为"邪教"加以攻击和覆灭的权力,而这正是鲁迅所一直反对和鞭挞的,从对所谓"导师"的批判,到对于《青年必读书》的一些论述都能显示出这一点。与其说鲁迅反对的是儒学,不如说鲁迅反对的一直是那些自诩为"正统"的思想和强权。《采薇》里伯夷和叔齐也正是因为自以为掌握了正统或者说是正确的思想而执著恪守,最终一步步走向绝路。

鲁迅的儒学观,正是要打破所谓的正统迷信,而《采薇》或许就是要唤醒那些像伯夷和叔齐一样愚信"正统"的人。

(三) 鲁迅的立人观

说到鲁迅的"立人"思想,我们就想到在许寿裳的回忆中,他和鲁迅的交谈:"(一)怎样才是最理想的人性?(二)中国国民性中最缺乏的是什么？（三）它的病根何在？"[20]在鲁迅之前，梁启超，严复，改良派，革命派都曾有过对于民众的论述，如梁启超的"新民"等，这些论述对于鲁迅都应该有过或多或少的影响，或许也启发了鲁迅"立人"观的形成。

鲁迅在《破恶声论》里写到："人类顾由昉，乃在微生，自虫蛆虎豹猿狖以至今日，古性伏中，时复显露，于是有嗜杀戮侵略之事，夺土地子女玉帛以厌野心；而间恤人言，则造作诸美名以自盖，历时既久，人人者深，众遂渐不知所由来，性偕习而俱变，虽哲人硕士，染秽恶焉。"[21]这里所说的行为和《采薇》中的周武王、小穷奇、小丙君、纣王的行为相似。所以我们可以在一定程度上得出结论：鲁迅所想立的"人"，当然是没有"强盗"行径、不信奉"强盗"哲学的人，既不会被"强盗"哲学（这里不仅仅是指儒学）所染、所累、所束缚胁迫，也不会被"强盗"行径所害，当然更不会拿"强盗"哲学去约束他人，去欺压更弱的人，他所希望的社会不是"以暴易暴"不是"以强盗代强盗"，而是真正的人共同建立起来的"人国"。

注释

[1] 鲁迅：《〈故事新编〉序言》，《鲁迅全集》第2卷，人民文学出版社2005年版（下同），第353页。

[2] [5] [13] 王瑶：《〈故事新编〉散论》，载王瑶《中国现代文学研究史论集》，北京大学出版社1998年版，第106页、第105页、第105页。

[3] 孟广来、韩日新编：《〈故事新编〉研究资料》，山东文艺出版社1984年版，第90页。

[4] 徐富昌：《英雄乎？侠客乎？盗寇乎？——武侠小说视角下的〈水浒传〉解读》，《清华大学学报（哲学社会科学版）》2017年第3期。

[6] [7] 祝宇红：《"化俗"之超克——鲁迅〈起死〉的叙事渊源与主旨辨析》，《中国现代文学研究丛刊》2017年第12期。

[8] 朱崇科：《现在式复仇的狂欢：重读〈复仇（其二）〉》，《创新》2016年第2

期。这个说法暂且不纳入本文的考虑范围之内,因为已经有研究者将《马可福音》与《复仇(其二)》进行对读,并有了较多的证据可以证明《马可福音》是《复仇(其二)》的底稿,《马可福音》中已经明显的指明和耶稣同钉的人是强盗,一左一右,所以这个强盗或许只是鲁迅直接的移植而已,没有太多可以指涉的含义。

[9] 逄增玉、孙晓萍:《鲁迅小说中的非对话性与失语现象》,《鲁迅研究月刊》2003年第8期。

[10] 钱振纲:《对儒、道、墨三家"显学"的扬弃——从文化角度解读鲁迅后期五篇历史小说》,《北京师范大学学报(社会科学版)》1999年第4期。

[11] 王海燕:《〈采薇〉的叙事伦理分析》,《理论界》2014年第6期。

[12] 许纪霖:《人生当如大象》,《读书》2020年第4期。

[14] 鲁迅:《关于中国的两三件事》,《鲁迅全集》第6卷,第10—11页。

[15] 刘勇强:《一队夷齐下首阳———谈〈首阳山叔齐变节〉》,《文史知识》2004年第6期。

[16] 祝宇红:《夷齐之死与王国维自沉——鲁迅〈采薇〉"今典"猜想》,《中国现代文学研究丛刊》2018年第11期。

[17] 赵家璧:《话说〈中国新文学大系〉》,《新文学史料》1984年第1期。

[18] 鲁迅:《算账》,《鲁迅全集》第5卷,第542页。

[19] 鲁迅:《关于〈子见南子〉》,《鲁迅全集》第8卷,第328页。

[20] 许寿裳:《亡友鲁迅印象记》,载马会芹主编《挚友的怀念:许寿裳忆鲁迅》,河北教育出版社2000年版,第12页。

[21] 鲁迅:《破恶声论》,《鲁迅全集》第8卷,第33页。

史海钩沉

鲁迅学笔记（七题）

顾 农

孔子代人受过

整整一百年前的五四运动是狠批过孔子的,当时甚至有人提出过"打倒孔家店"的口号。人们不禁奇怪,孔子分明是中国古代的大思想家、大教育家,又去世很久了,要打倒他干什么。

近来有文章提出,要让五四与孔子与儒学和解。

其实凡是搞运动,总会出现一些过激的口号,多年以后,不须大力较真。五四时有人提出要废除汉字,那么现在是否有必要提倡让五四与仓颉(古人说汉字是由他创造的)和解？当时又有对"选学妖孽"的一通臭骂,那么又是否要讲让五四与萧统(《文选》的编者)、李善(《文选》最重要的注释者)和解？借题说事的一阵狂风刮过去也就过去了。

事实上五四时孔子之挨批乃是代人受过。这一层意思鲁迅说得最清楚,他的《在现代中国的孔夫子》一文写道:"从20世纪的开始以来,孔夫子的运气是很坏的,但到袁世凯时代,却又被从新记得,不但恢复了祭典,还新做了古怪的祭服,使奉祀的人们穿起来。跟着这事出现的便是帝制。然而那一道门终于没有敲开,袁氏在门外死掉了。"妄图利用孔夫子的袁世凯以及北洋军阀孙传芳(恢复古礼)、张宗昌(重刻《十三经》)之流拖累了孔子:

> 既已厌恶和尚,恨及袈裟,而孔夫子之被利用为或一目的的器具,也从新看得格外清楚起来,于是要打倒他的欲望,也就愈加旺盛。

这真是深刻而且见道之言。无论是利用也罢,打倒也罢,孔夫子依然如故。五四已经过去一百年,当今的要务在于苦干实干,尽快实现中华民族的伟大复兴;"和解"云云,谈谈亦可,似非当务之急也。

如果近一百年来一直尊孔,大家都穿起古怪的祭服来三跪九叩首,不接受外来的马克思主义,不讲科学和民主,不搞社会革命和改革开放,中国的情形将如何?

童谣

《晋书·五行志中》诗妖条下载:

> 元康中,京洛童谣曰:"南风起,吹白沙,遥望鲁国何嵯峨,千岁髑髅生齿牙。"又曰:"城东马子莫咙哅,比至来年缠汝鬃。"

这种政治性的童谣,大抵是些隐隐约约的政治预言。《晋书》的作者解释这两段童谣说:"南风,贾后字也。白,晋行也。沙门,太子小名也。鲁,贾谧国也。言贾后将与谧为乱,以危太子,而赵王因衅咀嚼豪贤,以成篡夺,不得其死之应也。"这就是说,两首童谣后来都应验了。西晋的第二代皇帝惠帝司马衷是个弱智或简直就是白痴,权柄掌控在皇后贾南风手里,她伙同娘家侄子贾谧密谋篡夺国家政权,遂将太子司马遹废为庶人,稍后更加以杀害,准备换上他们贾家的人来接班。政局因此动荡,赵王司马伦借机发动政变，灭掉了贾氏集团，自己控制朝廷，不久更干脆自己称帝，引起大大的动乱，"八王之乱"就此火爆开场。西晋王朝建立未久就出了这么大的问题，终于匆匆覆灭。两首童谣皆与此大局有关，不是什么小孩子随便唱唱玩玩的儿歌。

按《晋书·惠帝纪》，"贾后矫诏害庶人遹于许昌"在永康元年（300）三月癸未，而到四月癸巳"梁王肜、赵王伦矫诏废贾后为庶人，司空张华、尚书仆射裴頠皆遇害，侍中贾谧及党羽数十人皆伏诛……己亥，赵王伦矫诏害贾庶人于金墉城。"而在此前的元康年间（291—299），首都洛阳传唱的童谣中已经大致预告了这些政局的巨变。

中国古代的这一类童谣都不是儿童文学，而是所谓"诗妖"，即具有政治预言性质的顺口溜，其作者总是深匿其名，悄悄地教小儿传唱，其性质近于更古老的"谶"，一种政治性的歌谣，并且往往带有预言的意味。《文心雕龙·正纬》说古老的谶语"或说阴阳，或序灾异，若鸟鸣似语，虫叶成字"——这种特别的文本样式，后来便以童谣的面目出现，一般都收录于记载天人感应以及种种灾异的《五行志》之中。

这种传统，不仅源远，而且流长，直到20世纪仍然有之。鲁迅先生写过一篇《太平歌诀》（后收入《三闲集》），先引用《申报》1928年4月6日的一段记事道"南京市近日忽发现一种无稽谣传，谓总理墓（按：后来称为'中山陵'）行将工竣，石匠有摄收幼童灵魂，以合龙口之举。市民以讹传讹，自相惊扰，因而家家幼童，左肩各悬红布一方，上书歌诀四句，借避危险。其歌诀约有三种：（一）人来叫我魂，自叫自当承。叫人叫不着，自己顶石坟。（下略）"这些确为无稽谣传，但鲁迅却听出了其中的弦外之音，他写道：

这三首中的无论那一首，虽只寥寥二十字，但将市民的见解：对于革命政府的关系，对于革命者的感情，都已经写得淋漓尽致。虽有善于暴露社会黑暗面的文学家,恐怕也难有做到这么简明深切的了。"叫人叫不着,自己顶石坟"。则竟包括了许多革命者的传记和一部中国革命的历史。

这种歌诀,颇近于西晋时代的《元康中京洛童谣》而更富于概括性。今后研究古代文学,似应注意从古代史书的《五行志》中取材——过去似乎甚少有人关心这些有趣的材料。

看作家日记不必十分当真

现代文学研究现在是越来越重视作家的书信和日记了。这是可以理解的,因为正如鲁迅在《孔另境〈现代文人尺牍钞〉序》里所说:"从作家的日记或尺牍上,往往能得到比看他的作品更其明晰的意见,也就是他自己的简洁的注释。"

可是作家的书信在收信人手里,人家未必肯拿出来,是否发表这些信,也应当尊重各该书信的作者及其继承人的意见,所以这里颇有些麻烦。日记在作者自己或其家属手里,也是未必肯拿出来,而有些拿出来的却又已经有些改动。这是更麻烦的事情。改了就不真了,就算不上一手资料了。据说丁玲的日记就被改动甚多。这日记算谁的呢。

也不好说绝对不能改。这种事情,外人管得了吗。

陆小曼女士的日记早前是发表过的,在 1936 年良友版的《爱眉小札》中;到十年前,有学人在图书馆里挖出了这些日记的手稿,很惊讶地发现这原本同发表本差别很大,于是影印出来请大家看(虞坤林编《陆小曼未刊日记墨迹》,三晋出版社 2009 年版)。而在研究者这边则引出了各种议论,记得较早的有一篇《陆小曼何故如此》(陈学勇,《新文学史料》2015 年第 1 期)——这其中的"故"确实可以深长思之。后来又出现了不同意见的商榷,"公说公的理,婆说婆的理",各有各的道理,而又各执其一端。

陆小曼日记之原本与改本的种种差别之所以引人注目,以致引发争议,无非是同研究徐志摩有关。徐、陆两位已先后成了古人,在九天之上俯瞰研究者们如何大发其议论和感慨,不知作何感想。到将来的博士论文里,这些纷纭纠葛大约会成为必须追叙的学术史吧。

这不禁使我想起,鲁迅在《孔另境〈现代文人尺牍钞〉序》里,还有一句话是不能忘记的,他说,对于作家的书信和日记"也不能十分当真"。

作家删改修正其日记,无非是把它当作文章来修改,这种日记要当作执笔者的创作来读才行。而即使是未经修改的书信日记原件,也未必就句句是真话,无非是当时就是这么说的,较之后来的改订本,总归要更近于其初心吧。

研究文学越说越远,似乎是现在的常见病或流行病。其实在似乎有关的研究资料中,恐怕不妨忽略一些东西,至少也不必十分当真才好——哪怕它曾被视为珍贵的材料。对《红楼梦》分析无多,却大谈曹雪芹的第 N 代祖先或什么转折甚多的远房亲戚,就是典型的症状案例。

既然日记的原本和改本现在皆存于世,或者可以据此来分析为什么那样改,因而成为研究陆小曼之心态的资料,但这同徐志摩关系已远,假若研究徐志摩,就着重研究他的诗,其他种种都不是那么重要。

微型杂感

鲁迅的杂感文中有一种特别短小的,只有那么两三行,或者再略多一点,就说清楚了一种感慨,而很有道理,很有感情,令读者耳目一新,颇有收获。

1927 年 9 月间,鲁迅在行将离开广州的时候,有一组《小杂感》,凡二十一则,每一则都相当精悍,例如他曾经这样说:

>蜜蜂的刺,一用就丧失了它自己的生命;犬儒的刺,一用则苟延了他自己的生命。
>
>他们就是如此不同。

此真所谓见道之言。只擅长冷嘲热讽的犬儒,就靠他那种成事不足的嘲讽苟活着。

这样匕首式的微型杂感,鲁迅虽然写得并不甚多,但给人印象深刻。到晚年,他有一组《半夏小集》,凡九则,比《小杂感》中诸则略长一点,亦为名文。试举一则来看:

>琪罗编辑圣·蒲孚的遗稿,名其一部为《我的毒》(Mes Poisons);我从日译本上,看见了这样的一条:
>
>>"明言着轻蔑什么人,并不是十足的轻蔑。惟沉默是最高的轻蔑。——我在这里说,也是多余的。"
>
>诚然,"无毒不丈夫",形诸笔墨,却还不过是小毒。最高的轻蔑是无言,而且连眼珠都不转过去。

有这么六七行的长度,即使是比较复杂的意思,也可以说清楚,并且很有味道了。

杂感的好处是可以随便谈谈,不打官腔,不说套话,也用不着端起身段来完成什么起承转合。但唯其比较自由,弄不好却也容易下笔不能自休,越来越长。现在大家时间宝贵,难得有整段的闲暇来拜读阁下的鸿篇巨制,所以最好能多来点微型的杂感或随笔——就在三五百最多六七百字之内,就讲清楚某一道理或感悟。

微型杂感随笔的要害在于绝对不说废话空话,要的是言之有物,有序,简明,有味。多少有点营养,味道又比较好,这才让人乐于接受。这种小文章很值得提倡。古人云,勿以善小而不为,其此之谓乎。

"上九潜龙勿用"

鲁迅描写旧时私塾里学生们大声朗读的情形道:

>于是大家放开喉咙读一阵书,真是人声鼎沸。有念"仁远乎哉我欲仁斯仁至矣"的,有念"笑人齿缺曰狗窦大开"的,有念"上九潜龙勿用"的,有念"厥土下上上错厥贡苞茅橘柚"的……。先生自己也念书。(《朝花夕拾·从百草园到三味书屋》)

我小时候曾经上过两三年私塾,后来才转进小学去。深知这两者之间的一大差别,就是在学校里虽然也念书,但远没有私塾里那样复调而且人声鼎沸。

三味书屋是一间"最严厉的私塾",而这里学生却也颇有些自作主张乱念书的,在鲁迅文中列举的四句里,前两句因为比较容易懂,念得是好的,而后两句就不对了。

"上九潜龙勿用"应当是"初九潜龙勿用",出于《周易》的"乾"卦:

>初九,潜龙勿用。
>九二,见龙在田,利见大人。
>九三,君子终日乾乾,夕惕若,厉,无咎。
>九四,或跃在渊,无咎。
>九五,飞龙在天,利见大人。
>上九,亢龙有悔。

有些生徒把"初九"(最下面的一爻)错作"上九"(最上面的一

爻)，与原意变化很大。错得更厉害的是出于《尚书·禹贡》里讲扬州(九州之一)情况的几句话，原文是："厥土惟涂泥，厥田惟下下，厥赋下上，上错，厥贡惟金三品、瑶、琨、篠、簜、齿、革、羽、毛惟木。岛夷卉服。厥篚织贝。厥包橘柚，锡贡。"大意说，扬州这地方土地低洼潮湿，农田属于最低级的第九等，赋税取第七档，也夹杂些第六档的。这里的贡品是几种金属、玉石、大小竹子、象牙、犀牛皮、鸟羽、牛尾以及木材。海岛上的居民穿着草编的衣服。这里把织贝放在竹筐里，把橘子柚子包好，向上面进贡。

大约是由于文句不大好懂，又有些难字，于是有些生徒就专拣认得而意思似乎也还连得上的字，三级跳似地读将下去，小朋友容易如此。就是成年的一般读者，看书时遇到难懂的地方，也往往会跳过去继续往下看，并不一一深究，大意也还能懂，或自以为懂。

现在办了许多赚小朋友家长之钱的国学班，这种班大约也分从上上到下下的九等，而生意都不错。前几年我家孙女幼儿园放学太早，也曾被她父母送进一个专攻《三字经》的班里去羁縻深造。她在电话里背给我听，大体不错。她说她很乐意上这个班，热闹。估计是那里比较自由，而且热火朝天的吧。鲁迅回忆散文里冷冷讽刺过的热闹情形，在诸如此类的班里，恐怕也都在所不免。家长们如果不抱过高的期望，以为在这里能学到多少国学，而只是送小孩子进去体验一下，那倒也无妨的。

"管他冬夏与春秋"

鲁迅旧体诗，大约以《自嘲》(作于 1932 年)的知名度为最高——

> 运交华盖欲何求，未敢翻身已碰头。
> 破帽遮颜过闹市，漏船载酒泛中流。

横眉冷对千夫指,俯首甘为孺子牛。
躲进小楼成一统,管他冬夏与春秋。

"横眉"一联尤为脍炙人口,几乎家喻户晓。

对于这首诗的研究阐发已经相当充分,似乎已经题无剩义,只有其末句的用典,尚未获得具体深入的探讨。谨按,这里应当是活用了曹操(字孟德,155—220)的语典,孟德在著名的《让县自明本志令》(210)一文中说起自己早年的愿景道——

孤始举孝廉,年少,自以本非岩穴知名之士,恐为海内人之所见凡愚,欲为一郡守,好作政教,以建立名誉,使世士明知之;故在济南,始除残无秽,平心选举,违迕诸常侍。以为强豪所忿,恐致家祸,故以病还。去官之后,年纪尚少,顾视同岁中,年有五十,未名为老,内自图之,自此却去二十年,待天下清,乃与同岁中始举者等耳。故以四时归乡里,于谯东五十里筑精舍,欲夏秋读书,冬春射猎,求底下之地,欲以泥水自蔽,绝宾客往来之望。然不能得如意。后徵为都尉,迁典军校尉,意遂更欲为国家讨贼立功,欲望封侯作征西将军,然后题墓道言"汉故征西将军曹侯之墓",此其志也……

他说自己在一度回到故乡以后,打算韬晦隐居,根据季节的变化安排自己的底层生活,"夏秋读书,冬春射猎"。——在唐朝及其以前,中国的知识精英都是讲究能文能武的;后来到赵宋以后,才变成文武分途,很少有全面发展的壮志了。

鲁迅高度评价曹操,他说过"曹操是一个很有本事的人,至少是一个英雄,我虽不是曹操一党,但无论如何,总是非常佩服他。"(《而已集·魏晋风度及文章与药及酒之关系》)曹操的诗文,他读得很熟。于是在《自嘲》诗中他顺便说起,自己的生活方式同曹操很不同,是不随季节变化的,乃是始终躲在寓所的小楼里,用一支笔为匕首投枪,在文化战线上同黑暗的势力作斗争。因为要顾及律诗的艺术规范,这里不好直截了当地说"管他冬春与夏秋",于是略加变化,遂成"管他冬夏与春秋"了。

周作人关于鲁迅的三部书

在"五四"以来的新文坛上,鲁迅、周作人这一对亲兄弟都是重量级的大腕,他们一起长大,曾经亲密合作,后来却因家事而反目。

关于大哥鲁迅,后来周作人先后出版过三本专书:

《鲁迅的故家》,上海出版公司 1953 年 3 月版,为鲁迅研究资料之一
 人民文学出版社 1957 年 9 月重新出版
 今有河北教育出版社 2002 年 1 月版,止庵校订
《鲁迅小说里的人物》,上海出版公司 1954 年 4 月版,为鲁迅研究资料之二
 人民文学出版社 1957 年 8 月重新出版
 今有河北教育出版社 2002 年 1 月版,止庵校订
《鲁迅的青年时代》,中国青年出版社 1957 年 3 月版
 今有河北教育出版社 2002 年 1 月版,止庵校订

三书皆写于 1949 年之后。这时鲁迅乃是公认的伟大的革命家、思想家、文学家,不管周作人内心深处对长兄有些什么与众不同的见解,在公开发表的文章里,他必须出之以正面的、称颂的态度,当然他行文采取的是客观介绍背景资料、不杂议论的基调。写这一类文章,他实在是最合适的人选,作为最知情人,他的这些著作确实堪称"海内孤本"(《瓜豆集·关于鲁迅》)。

史海钩沉

围绕鲁迅的生活与创作来写介绍背景的文章,开始于周作人还被关在南京老虎桥监狱之时,1948年7月,他应一位熟人、《子曰》编辑黄萍荪之约供稿,写了一篇《〈呐喊〉索隐》,稍后发表于《子曰》丛刊第三辑,署了一个化名"王寿遐"——这时他还因汉奸罪在囚系中,不能用本名或者人们熟悉的笔名发表文章。

一个同鲁迅似乎毫不相干的王某人来大谈鲁迅小说中故事与人物的来由,未免有点奇怪,于是周作人假托说索隐的内容都得之于亲戚中一位知情人的介绍:"我的亲戚里边有一位方女士,她是鲁氏老太太的一个内侄女,又是义女,常在老太太那里居住,她知书识字,和老太太很谈得来,所以知道的事情很不少。有一回未免偶然谈到《呐喊》,她把里边有事实作背景的一些事情告诉我听,后来又说到《彷徨》里的故事,我都摘要记录在日记里,这些大约已是十年以前的事了。"

特别用了这样一套费力的说明,来确保内容的真实性。等到1949年后,已经恢复自由之身的周作人用"周遐寿"的笔名在上海《亦报》等处发表系列短文,来谈关于鲁迅生活和创作的种种背景,便无须兜那么远的圈子了。

《鲁迅的故家》分为四个部分:

第一分 百草园,凡94节
第二分 园的内外,凡33节
第三分 鲁迅在东京,凡35节
第四分 补树书屋旧事,凡15节

这样,绍兴、东京以及到北京之初住在绍兴会馆里的那一段,就都写到了。

《鲁迅小说里的人物》也分为四个部分:

呐喊衍义，凡91节

彷徨衍义，凡45节（第27节以下是谈《朝花夕拾》的）

附录一　旧日记里的鲁迅

附录二　学堂生活

鲁迅的三部创作集这里都涉及了，鲁迅在南京洋务学堂里的一段生活也已补齐。周作人在此书的总序中说："去年春天，还在给《亦报》写小文章，动手来编《呐喊衍义》，虽然只发表了极小一部分，但仍是继续写着，大概费了两个月工夫，一共写了一百三十多节。这里分作两部，前部是关于《呐喊》的，后部是关于《彷徨》以及《朝花夕拾》的，所以虽是两个头，实在却可以叫作'三衍义'的。我写这些文章的目的是纪事实，本来与写《百草园》是一样的，不过所凭借的东西不同，一个是写园及其周围，一个是写两部小说的人物时地。"

《鲁迅的故家》与《鲁迅小说里的人物》两书着眼点不同，而殊途同归，恰可以互为补充，同为了解鲁迅前半生的重要材料。周作人后来说："我很自幸能够不俗，对于鲁迅研究提供了两种资料，也可以说对得起他了。"（《知堂回想录·不辩解说（下）》）

《鲁迅的青年时代》情况稍有不同，其中的文章大多是1956年为纪念鲁迅逝世二十周年时，应各地报刊之约而写的，内容较为集中，篇幅也略长，又附了几篇旧作，其细目如下：

鲁迅的青年时代

鲁迅的国学与西学

鲁迅与中学知识

鲁迅的文学修养

鲁迅读古书

鲁迅与歌谣

鲁迅与清末文坛

鲁迅与范爱农

鲁迅与弟兄

鲁迅与闰土

鲁迅在南京学堂

鲁迅的笑

  附 回忆伯父鲁迅(周静子)

阿 Q 正传里的萝卜

  附录 关于阿 Q 正传、关于鲁迅、关于鲁迅之二

附录中的三篇文章是 20 世纪二三十年代写的,收入本书时多有修改,其中颇有值得研究的奥秘(参见《周作人〈关于鲁迅〉的两种文本》,引自顾农《与鲁迅有关》一书,凤凰出版社 2014 年版)。

  这三本书对于人们了解鲁迅及其创作关系很大,被引用的频率自然也就很高。作为叙事散文和学术随笔来读,也是颇见功力的。

鲁迅1902年致周作人残简说略

宋声泉

一

鲁迅一生中与之通信最多的人,并非他的亲密爱人许广平,尽管他们的《两地书》最引人注目。道理很简单。人与人之间通信多,需要两个条件:一是关系密切,一是分隔异地。前者是信多的理由,后者是写信的前提。朝夕共处,四目相对,彼此表情达意的手段远比写信丰富。鲁迅认识许广平的时候,已经过了不惑之年;第一次回她信时,是1925年3月。1927年1月以后,两人基本上形影相随。简言之,相识太晚,离别不多,虽然有几段短时间的频繁通信,却在总量上未占头筹。

与鲁迅通信最多的人应该是他的弟弟周作人。尽管1923年兄弟失和之后,彼此少有往来,但在此之前的通信或有数百乃至上千。遗憾的是,绝大多数未得保留。目前仅存的几十封,大约连实际通信数量的十分之一也不会到。所幸两人的日记里各有留痕,能够大体推测通信之数。

周作人生于1885年,比鲁迅小四岁。他们何时通了第一封信,今已不可考;目前最早的记录是清光绪二十四年(1898)二月初三日,周作人在日记里写下:"下午接越(初二晨)函,云已到绍。"[1]除了生活日常和家内琐事,兄弟二人通信的另一重点是时事,譬如鲁迅告诉弟弟"诸暨武童刺死洋人四名"[2]的事,《知新报》言英日俄法德五国"瓜分中国"的图谋、"苗兵三千入杭城守镇海关"[3]的谣言等。鲁迅的这些早年书信未存,但周作人的日记留下了宝贵的记录。

1898年,中国发生了一件震天动地的大事——戊戌变法。周作人晚年回忆说:"戊戌这年,是中国政治上新旧两派势力作殊死斗的那一年,关系很大,可是在那日记上看不到什么。这原因是日记写到五月为止,没有八月十三的那一场。"[4]意思很明白,日记里未见与戊戌变法相关的事,不是无感,而是未记。反过来理解,虽然京城离江南实在太远,但血雨腥风还是吹到了千里之外。鲁迅在《忽然想到·五》里曾说:

> 我生得太早一点,连康有为们"公车上书"的时候,已经颇有些年纪了。政变之后,有族中的所谓长辈也者教诲我,说:康有为是想篡位,所以他的名字叫有为;有者,"富有天下",为者,"贵为天子"也。非图谋不轨而何?我想:诚然。可恶得很!
>
> 长辈的训诲于我是这样的有力,所以我也很遵从读书人家的家教。屏息低头,毫不敢轻举妄动。两眼下视黄泉,看天就是傲慢,满脸装出死相,说笑就是放肆。我自然以为极应该的,但有时心里也发生一点反抗。心的反抗,那时还不算什么犯罪,似乎诛心之律,倒不及现在之严。[5]

鲁迅此处的回忆非常有意思。涉世未深的少年,还有太多懵懵懂懂,没人能给他讲,他也不敢问,但心里已经在暗暗地滋生着变化。当时,鲁迅甚至因爱看《时务报》一类新学方面的书籍被本家老辈严肃批评,被责令抄写许应骙参康有为变法的奏章。鲁迅在《朝花夕拾·琐记》里说,虽然本家老辈批评了"你这孩子有点不对了",但他"仍然不觉得有什么'不对',一有闲空,就照例地吃侉饼,花生米,辣椒,看《天演论》"[6]。两处回忆参照着看,便更加有趣。"心的反抗"直接表现在动作上:你说你的,我看我的;我表态时积极赞同,私下里依旧我行我素。《琐记》这句是极妙的闲笔,"吃侉饼,花生米,辣椒,看《天演论》",多么悠闲的反抗,自在得很。也难怪鲁迅后来会喜欢上"立意在反抗,指归在动作"的摩罗诗人。

1898年是鲁迅生命史上的关键年份。戊戌变法前后,正是他进入新式学堂的开始,一扇通往新世界的大门正在向他徐徐敞开。小环境里总有大时代的投影。出格的话,他断不会和本家长辈来讲,但会不会向弟弟说呢?我猜应当会吧。交流时事,本就是两人"通信剧场"里的重头戏;何况是如此重大的时事,想必一定会浓墨重彩地在两人通信里上演。可惜的是,周作人的日记只写到当年阴历五月十七日为止,否则一定会留下很多鲁迅信件的梗概,虽吉光片羽,亦何其珍也!这实在不能不说太可惜⋯⋯

二

周氏兄弟的通信主要集中在四个阶段:一是1897年至1901年,其间又以1898年为界,可分为两期,前者周作人到杭州随侍在狱中服刑的祖父,鲁迅在绍兴,后者是鲁迅离家去南京念书;二是1902年至1906年,鲁迅因成绩优异,得以"南洋矿路学堂毕业奏奖五品顶戴"的资格赴日求学,后周作人亦获官费留学资格,随同新婚的鲁迅一道赴日本;三是1909年至1911年,鲁迅从日本回国,两年后周作人被鲁迅叫回绍兴;四是1912年至1917年,鲁迅辗转南京、北京,为教育部工作,周作人先是身在绍兴,后受聘于北京大学,兄弟二人在北京团圆。此外,还有周作人1919年两度赴日与1921年西山养病的两段时间里,互通书信数十封。

本文所谈之残信出自第二阶段,话头却要从1901年9月周作人考入江南水师学堂说起。此时,鲁迅已经在南京求学三年半。周作人曾断言:鲁迅在南京的修业"对于他的影响的确不算小",因为他一般的科学知识"是完全从功课上学习了来,特别是关于进化论的学说"[7]。更重要的是,鲁迅受到了民族主义思想的强烈影响,有志于反满革命。他时常冒着被叫骂投石的风险,与同学们到明故宫一带骑马;重点显然不是骑马本身,而是在哪里骑。"明故宫",一个寄寓幽深的历史符号,当时变成了满人的驻兵营。尽管这明故宫只是冷宫的遗址,但也有方孝孺血迹石的亭子还在。多年以后,鲁迅还在《杂忆》里提到了"做学生时骑马经过"[8]的旧事,并介绍了"那时对于光复的渴望之心,是怎样的旺盛"以及时人如何通过搜集明末遗民的著作和满人残暴的记录来"希望使忘却的旧恨复活,助革命成功"等事项。他说:"时当清的末年,在一部分中国青年的心中,革命思潮正盛,凡有叫喊复仇和反抗的,便容易惹起感应。"[9]。可以想象,鲁迅也是这"一部分中国青年"里的一个,很快,他的弟弟周作人似乎步其后尘,也成为了其中的一个。

对于刚到南京、还在青春期的周作人来说,大哥是一个怎样的存在?兄弟情深,自不必说。说是偶像,或许太过;说是榜样,总觉不足。在求取新知方面,大哥是先行者;在求取大义方面,大哥是领路人。不妨稍微翻阅周作人1901年冬到1902年春的日记,可得如下:

  辛丑年十二月十五日 下午大哥来,少顷去。夜甚无聊,心绪如麻,无意看书,即睡。

  辛丑年十二月十九日 心绪烦恶,触目生恼,甚不耐烦,自亦不知何故也。……拟往陆师不果。

  辛丑年十二月廿一日 下午大哥回去。……黄昏挑灯独坐,甚觉岑寂,景物凄清,益无聊赖。

辛丑年十二月廿二日　下雪,甚大。……拟至陆师同大哥晤谈,藉豁尘障,乃雨师风伯相继光顾,令人跬步为难,恨恨。[10]

当十六七岁的周作人精神困顿时,他寄希望于大哥可以为他答疑解惑,擦拭心中的尘障。无奈天公不作美。接下来几天的日记,更是大写的矫情,充满了痴心与怨念:

辛丑年十二月廿四日　饭后步行至陆师学堂,道路泥泞,下足为难。同大哥谈,少顷即偕至鼓楼一游……啜茗一盏而返。予循大路回堂,已四下钟矣。晚饭后,大哥忽至,携来赫胥黎《天演论》一本,译笔甚好。夜同阅《苏报》等,至十二下钟始睡。

辛丑年十二月廿五日　晴,冷。上午,大哥回去。……下午忽甚冷,须着重裘,似受寒光景,兼患头眩,又因昨夜枕头太低,颈骨作疼,向晚少愈。吃饭一盏,步至马路歧口,候大哥不至,归而复作,灯光如豆,伴我凄清,对之惘然,不能久坐,即睡,时七下钟。

辛丑年十二月廿六日　晴。疾少愈。早饭后,循小径至陆师,大哥犹未起,坐少顷,同步至钟鼓楼,乘车至花牌楼,过夫子庙一游,左近啜茗,买稻香村茶,食之少许已饱……

辛丑年十二月廿七日　晴。上午患项疼,左目上忽生小瘰,颇不适。下午大哥同封燮臣兄来,坐少顷,即同往下关,思啜茗,嗣因茶楼均已闭歇,遂回。燮臣别去,大哥亦相继去。夜项甚疼,假睡少顷,八下钟即睡。旅馆荒凉,独居甚寂,惜不留大哥宿此也。

辛丑年十二月廿八日　三下半钟至陆师访大哥,适出游不值,快快而回,坐小车归堂。……予今日始能少坐片刻,藉书消遣。故尚不甚寂寞耳。[11]

前一天,弟弟在泥泞中艰难跋涉,换来与大哥同游之乐;晚饭后,大哥的到访又是一大惊喜,一天之中竟见两面,入夜,兄弟二人并肩,挑灯读同样的书报。后一天,大哥上午刚离开,弟弟下午便感到不适。他多么希望大哥还能像昨天那样不期而至,于是草草吃了一碗饭,赶紧到路口迎着,为的是哪怕能早几分钟见到。此情此景,我想到了柳永《八声甘州》里的名句:"想佳人妆楼颙望,误几回、天际识归舟。争知我,倚栏杆处,正恁凝愁!"画面虽然很感人,但终究没有盼来要见的人,只好早早睡下。然后,第二日一大早,赶紧去找大哥。大哥竟然被堵了被窝。周作人思兄心情之迫切,溢出纸面。再然后,兄弟二人热闹同游,有吃有喝有玩有乐。有哥哥在身边,弟弟似乎也忘记了有病在身。哥哥的陪伴成了最好的药!可是,鲁迅当时有太多比陪伴弟弟更重要的大事。周作人需要自己解决孤寂的问题,好在病不严重的时候,可以看书排解。如果日子就这样过去,周作人似乎也是满足的,即便无法每天都见到鲁迅,但相见总是不难,相互间可以照应得很好。直到鲁迅告知了他出洋的消息,不啻为晴天霹雳,猝不及防。该来的,总是要来。

1902年旧历新年刚过,周作人几乎每天都能见到鲁迅。正月十一日日记里还写有"下午大哥来谈,甚洽"[12]的字样。周作人常常记"大哥来谈"的事,但注明"甚洽"的还极少,可见当天相谈之欢。然而,第二天日记载:"下午大哥来,交书箱一只,篮一只,云二月中随俞办出东洋,定明日于里启行。予闻之,惘然。坐少顷,即去。夜,方寸甚不敞快,磊块满矣;灯下作三十绝句,为大哥送行。至十一下钟始睡,转辗不能成寐。夜半始睡酣,至六下钟,又矍然醒,即起。"[13]这一夜,周作人几近失眠。兄弟二人刚刚团聚了半年,又面临分离。

三

分离,意味着频繁通信的日子又将开始了。周作人日记中所录较详:

> 壬寅年(1902)二月十九日　上午接大哥上海来函,云已抵申,寓老椿记。十五招商愆期,趁日本大贞丸去(信十六发)。
>
> 壬寅年(1902)三月初九日　傍晚接大哥二月卅日自东京来信,云:于廿六日抵横滨,现住市曲町平河町四丁目三桥旅馆,不日进成城学校。又言其俗,皆席地而坐云。
>
> 壬寅年(1902)三月十六日　接大哥初六日自日本来函,内有《扶桑记行》一卷,系其路上日记,颇可观览。韵仙来索抄一通,予亦抄入别本,记甚长,九下钟方竟。
>
> 壬寅年(1902)三月廿三日　接大哥自日本信云,已进弘文学院,在牛达区西五轩町三十四番地,掌院嘉纳先生(治五郎),学监大久保先生(高明),教习江口先生(善华文,而不能语言),拟作答不果。[14]

无论是研究鲁迅的书信,还是探讨鲁迅早年的生平,周作人的这些日记均可谓是极为重要的资料。尽管它们只能算作鲁迅的残简,但涉及了鲁迅赴日的行程、感受、初期生活等。据通信里的信息,鲁迅原本是要进入成城学校的,但该校是军事性质的预备学校,进成城读书的,一定要经中国留学生陆军监督审查批准,而清廷1902年正处在对留日学生的激进化有所担忧的时节。总之,鲁迅最终没有按照计划进入成城。假想鲁迅进了成城,同学和朋友将是另外的一群人,成城学校的校园文化比起弘文学院,又格外的特殊;鲁迅的思想倾向与未来轨迹是否会发生改变呢?历史终归不能假设。

大概鲁迅进入弘文学院后,诸事繁杂,也顾不上给二弟写信。周作人日记里的日本来函记录开始变少,有时半个多月也没有一封信到达。周作人五月初四的日记里曾写下"煮茗自啜,怀忆远人,思作日本信,因无鱼雁而止"[15]。或许兄弟之间心有灵犀,就在周作人"怀忆远人"的前一天,鲁迅给他写了信,并附带了自己新照的照片。周作人五月十一日日记里写道:"披图视之,宛然东瀛人也。上缀数语,为录如下:'会稽山下之平民,日出国中之游子。弘文学院之制服,铃木真一之摄影。二十余龄之青年,四月中旬之吉日。走五千余里之邮筒,达星杓仲弟之英盼。兄树人顿首'。"[16]

严格意义上说,这只是通信附带的照片上题录的文字,原信或早已丢失。据马蹄疾先生的研究,鲁迅残简一般都被收信人引录于回忆文章中,引章摘句,首尾残缺,写信时间大多泯没,书信内容难以稽考。[17]本篇残简则是个例外。就题录文字本身来说,是直接引语,而非转录的内容梗概。这些文字就是出自鲁迅之手,自身也较为完整。2005版《鲁迅全集》将此残简收在第八卷《集外集拾遗补编》的附录二,名为"题照赠仲弟",为编者所添。

这封残简的内容本身十分简单,是鲁迅自述其事。主体部分共八个小句,语言俏皮流动,对仗不求工整,虽有打油诗的味道,但含着格外的意趣。前两句交待了鲁迅的出身及出国游学的现状。三四句说的是他身着弘文学院的校服,由铃木真一为他摄影。周作人之所以说鲁迅的照片"宛然东瀛人",或许主要是因为日式校服的原因。五六句写出照片上人物的形象和摄影的时间。七八句点出路途遥遥,送照片给分隔两地的二弟。

末句有两点需要辨析,一是"星杓",一是"英盼"。有的资料介绍"星杓"是周作人的字,有的说是号。实际上,周作人日记里存有一份周氏三兄弟的题名信息,其中明确写其"名櫆寿,字星杓"。所以,鲁迅在信中称其"星杓仲弟"。关于"英盼",汉语辞典一般注释为"奕奕有神的目光",举例是谢朓的诗句"江海既无波,俯仰流英盼";但它在书信中,主要是用作套语,一般用于给亲友小辈的信中。

看似是非常浅显的一封残简,背后却是一段让人感慨的故事。如果能够真正释读好,可以发现其内里承载的是兄弟情深。关于周氏兄弟,孙郁先生在他的《鲁迅与周作人》的首章《初梦》中曾有很好地概括:

> 从鲁迅、周作人的少年时代,直到1923年,近四十年的岁月,兄弟两人的感情一直很好。我翻看着两人早年的日记、文章,常可以看到兄弟二人的"怡怡之情"。有的文字,读后亦颇为感动。显然,青少年时代,鲁迅对周作人影响深远,这位早熟的兄长,对周作人早期生活道路起了重要作用。因为鲁迅是长子,承担的家务自然多于弟弟,且又因兄长接受启蒙略早,故有关花鸟虫鱼、文史掌故,懂得略多一些,弟弟受到一些熏陶,也是自然的。可以说,周作人后来的成长与职业选择,鲁迅是起到很大作用的。他把弟弟带到南京,又携至日本,而后回绍兴,再调至北京任教,其间出力甚多,弟弟亦广为受益。两人一同由小镇走出国门,闯进文坛,又共创五四新文化,其成就相映成辉,颇为后人所赞佩。[18]

确实如此,他们文字背后的"怡怡之情"令人动容,尤其是周作人日记里的记载。鲁迅逝世后,特别是周作人晚年,他撰写了大量关于鲁迅的文章以及自己的回忆录。在写作的过程中,很重要的依凭,正是他早年的这些日记。然而,他的回忆比起这些日记却生冷得多,坚硬得多。周作人在晚年看其早年的日记,会做何感想?他该分明地知道自己在当年对兄长的情愫。拿流行的话讲,"粉丝"的词义已经不敷使用,妥妥地是一位"迷弟"。他会后悔当年的失和吗?会怀疚于逝去的长兄吗?或许会,或许不会。或许心里有波痕,但嘴上决不松口。人性本就复杂,何况文人乎!

四

除了从收信人的方面展开解读之外,这封残简还有另一个可以讨论的维度,即鲁迅与摄影的关联[19]。

1839年,法国人达盖尔轰动了整个欧洲。这一年,他借助药液的化学作用,从感光的金属版上获得了栩栩如生的相片,摄影术诞生。鸦片战争后,随着中外政治、经贸、文化交流的扩大,摄影术也传入中国,最早是在广州、福州、厦门、宁波、上海等通商口岸及附近传播。[20]道光二十六年(1846),湖南进士周寿昌游历广东,为所谓"奇技淫巧"之西洋器物所震惊。他在日记里写道"奇器多而最奇者有二",首先就是摄影术,即"画小照法":

> 坐人平台上,面东置一镜。术人自日光中取影,和药少许,涂四周,用镜嵌之,不令泄气。有顷,须眉、衣服毕见,神情酷肖,善画者不如。镜不破,影可长留也。取影必辰巳时,必天晴有日。[21]

据说,这是中国最早记载摄影的文字。光绪九年(1883),周寿昌重订文稿时,在原文下添加新注"今照相法,中国人皆能之,各省皆有"[22]。此足见新奇西洋物件流布之速。

作为鲁迅故里,绍兴城位于东南沿海,地处钱塘江南岸,属浙北平原;远古时代被称为"古荒服之国",春秋战国时期是越国的国都,汉代置为"会稽郡",南宋始称"绍兴",明清以降,虽不比扬州、苏杭之繁华,但也是人文荟萃之所。晚清时又因毗邻宁波、上海,亦沾得风气之先。拿现在话讲,毕竟是江浙沪包邮的区域。因此,鲁迅很小的时候,就在绍兴城里看到过照相馆。他曾在《论照相之类》里回忆说:

> 当我幼小的时候,——即三十年前,S城却已有照相馆了,大家也不甚疑惧。……这是我每一经过,总须流连赏玩的地方,但一年中也不过经过四五回。大小长短不同颜色不同的玻璃瓶,又光滑又有刺的仙人掌,在我都是珍奇的物事;还有挂在壁上的框子里的照片:曾大人,李大人,左中堂,鲍军门。……但是,S城人却似乎不甚爱照相,因为精神要被照去的,所以运气正好的时候,尤不宜照,而精神则一名"威光":我当时所知道的只有这一点。[23]

对于幼年鲁迅来说,照相馆是新兴的洋玩意,是"流连赏玩的地方"。多年以后,他竟然还清晰地记得绍兴里"运气不好之徒"或者"新党"相片的样子,"半身像是大抵避忌的,因为像腰斩。……所以他们所照的多是全身,旁边一张大茶几,上有帽架,茶碗,水烟袋,花盆,几下一个痰盂,以表明这人的气管枝中有许多痰,总须陆续吐出。人呢,或立或坐,或者手执书卷,或者大襟上挂一个很大的时表"[24]。这些都是一个孩童的眼中看到的事,即便当他成年之后将其形成文字时难免有所加工,但那份认真细致地观察,也透露了他儿时的好奇与兴趣,当时的印象总归不能算差。然而,或许是经济方面的原因,留存至今的一百余张鲁迅相片里,没有一张是童年和少年时代的。是啊,连去南京念一个有奖助金的学堂,还需要母亲费力筹借川资,家里又哪有闲钱给鲁迅照相呢?

鲁迅生前照片的数量已不能确考,但从现存文献里可知,其最早拍摄的就是题字寄给周作人的这张。相片提供的直观的人物形象,是一个人的档案性资料中最重要的部分之一;有鉴于此,2018年,人民文学出版社推出了新版的《鲁迅影集(1881—1936)》,努力确定拍摄日期,梳理来龙去脉,找到最好的相片版本,借助现代技术仔细修片,以大尺幅高清的形式系统地展现了鲁迅一生留给世界的全部影像,谓之"横眉俯首,百代宗师。形容宛在,一世珍藏"。黄乔生先生在该书的前言里精辟地指出:"照片显示的人的神态、身体语言,及其与合影者的关系等等,都是具有参考价值的材料。鲁迅的照片将鲁迅的某些真实呈现给世人,让观者从中体察鲁迅的内心,有利于去除神化或丑化鲁迅形象造成的偏见的迷雾。研究鲁迅,离不开作为第一手的直观资料的照片。"[25]尽管有些遗憾,鲁迅寄给弟弟的相片,仍然下落不明,但好在周作人录下了文字,记在了日记里。时至今日,后人还可以通过鲁迅的这封残简,在遥想中脑补出这位"日出国中之游子"身着"弘文学院之制服"而"宛然东瀛人也"的样子。

本文为国家社科基金青年项目"汉语欧化与'五四'新体白话文学的生成研究"阶段成果(项目编号:18CZW037)

注释

[1][2][3][10][11][12][13][14][15][16]周作人:《周作人日记》(影印本·上),大象出版社1996年版,第2页、第3页、第5页、第276—278页、第278—279页、第309页、第309页、第322—330页、第334页、第335页。

[4]周作人:《自传·知堂回想录》,群众出版社1999年版,第36页。

[5]鲁迅:《忽然想到(五至六)》,《鲁迅全集》第3卷,人民文学出版社2005年版(下同),第44页。

[6]鲁迅:《琐记》,《鲁迅全集》第2卷,第306页。

[7]周启明:《鲁迅的青年时代》,中国青年出版社1957年版,第98页。

[8][9] 鲁迅:《杂忆》,《鲁迅全集》第 1 卷,第 235 页、第 234 页。

[17] 马蹄疾:《鲁迅残简辑考》,《读鲁迅书信札记》,湖南人民出版社 1980 年版,第 123 页。

[18] 孙郁:《鲁迅与周作人》,辽宁人民出版社 2007 年版,第 6 页。

[19] 可详参黄乔生:《"开麦拉"之前的鲁迅——鲁迅照片面面观》,《鲁迅研究月刊》2009 年第 12 期。

[20] 中国早期照相业的相关情况,可详见王天平、蔡继福的《关于上海早期的照相业》(《上海大学学报》(社会科学版),1989 年第 5 期)与《上海最早照相业新证》(《上海大学学报》(社会科学版),2004 年第 6 期),另可参葛涛的《照相与清末民初上海社会生活》(《史林》,2003 年第 4 期)。

[21][22]〔清〕周寿昌撰,许逸民点校:《思益堂日札》,中华书局 1987 年版,第 198 页、第 198 页。

[23][24] 鲁迅:《论照相之类》,《鲁迅全集》第 1 卷,第 192 页、第 193 页。

[25] 黄乔生编著:《鲁迅(1881—1936)影集》,人民文学出版社 2018 年版,第 3—4 页。

《人民日报》中的许广平简编(中)

张学义 张爱荣 王泉珍

说明

一、本《简编》以《人民日报》中有关许广平的记载文字为主要内容；

二、本《简编》以 1946 年至 1968 年《人民日报》中有关许广平的资料为据；

三、每一条文末括号内的日期均为《人民日报》所刊登的日期；

四、为叙述方便,本《简编》在文字表述上作了适当技术处理；

五、为节省篇幅,本《简编》删略了较多辅助性材料；

六、本《简编》为渭南职业技术学院 2019 年校级科研项目研究成果。项目编号为 WZYZ201905。

1956 年

1 月 27 日 晚,刘少奇举行宴会,招待越南民主共和国国民大会常务委员会委员长孙德胜。许广平出席。(1956 年 1 月 28 日)

2 月 2 日 《人民日报》公布出席全国政协第二届全国委员会第二次全体会议委员名单,许广平为委员。(1956 年 2 月 2 日)

2月4日　上午,全国政协第二届全国委员会第二次全体会议继续进行大会讨论。许广平在会上发言。发言刊登在2月6日《人民日报》。(1956年2月5日)

2月5日　下午,宋庆龄在应邀访问印度、缅甸、巴基斯坦等国后,乘专机返回北京。许广平到机场迎接。(1956年2月6日)

2月15日　晚,柬埔寨王国首相诺罗敦·西哈努克亲王殿下和他所率领的柬埔寨王国国家代表团,应邀出席周恩来举行的欢迎宴会。许广平出席。(1956年2月16日)

2月21日　中国民主同盟第二届中央委员会举行第一次全体会议。会议选出沈钧儒为中央委员会主席;章伯钧、罗隆基、马叙伦、史良、高崇民为副主席;许广平为常务委员会委员。(1956年2月23日)

3月7日　首都各界妇女举行纪念"三八"国际妇女节大会。许广平出席。(1956年3月8日)

3月14日　全国人大前往波兰驻中国大使馆吊唁贝鲁特逝世。许广平参加。(1956年3月15日)

3月27日　上午,全国政协常务委员会第二十次会议举行。会议决定增设医药卫生、民族、妇女三个工作组,推举许广平为妇女组组长。(1956年3月28日)

3月29日　下午,全国工商业者家属和女工商业者代表会议开幕。许广平致开幕词。(1956年3月30日)

4月2日　下午,毛泽东和刘少奇、周恩来、彭真、邓小平以及民主党派的负责人何香凝、章伯钧、黄炎培、李烛尘,接见全国工商业者家属和女工商业者代表会议的全体代表,以及港澳工商界妇女观光团全体人员,并合影。许广平参加。(1956年4月3日)

4月6日　晚,周恩来举行宴会,欢迎苏联政府代表团团长、苏联部长会议第一副主席米高扬和代表团团员、乌兹别克共和国最高苏维埃主席团主席拉希多夫以及随行人员。许广平出席。

(1956年4月7日)

  4月24日 晚,全国妇联等团体举行酒会,招待参加国际民主妇女联合会理事会北京会议的各国朋友。许广平出席。(1956年4月25日)

  5月3日 郭沫若设宴招待来北京出席国际民主妇女联合会理事会会议的世界和平理事会副主席法国欧仁尼·戈登夫人、常务委员英国蒙尼卡·费尔顿夫人、理事阿根廷玛格丽塔·德庞赛夫人。许广平作陪。(1956年5月3日)

  6月14日 应刘少奇邀请,前来中国访问的巴西众议院议员热罗尼莫·迪克祖伊特·罗扎多·马伊亚、利库尔戈·勒伊特·菲尔荷、埃斯塔西奥·贡卡尔维斯·索乌托、马约尔和他的夫人、拉希德·萨尔顿哈·德尔集、热图利奥·巴尔博扎·德毛拉等一行六人,乘机抵京。许广平到机场欢迎。晚,刘少奇接见巴西客人,许广平作陪。(1956年6月15日)

  7月5日 中国民主促进会举行座谈会,讨论如何贯彻全国人民代表大会第三次会议决议的精神。许广平参加。(1956年7月7日)

  7月14日 下午,毛泽东和周恩来接见以巴·夏尔马为首的尼泊尔访华文化代表团。许广平参加。(1956年7月15日)

  7月28日 应日本方面邀请参加八月六日到十一日在东京和长崎举行的第二届禁止原子弹和氢弹世界大会,中国代表团于七月二十八日和三十一日先后由北京动身去日本。代表团团长是许广平;团员是王芸生、曹禺、康永和。(1956年8月2日)

  8月4日 下午,出席将于八月六日开幕的第二届禁止原子弹和氢弹世界大会的中国代表团一行五人在团长许广平率领下乘飞机到达东京。许广平在机场致词。接着,中国代表团在机场候机室举行记者招待会。许广平团长在招待会上讲了话。(1956年8月6日)

8月15日　下午,出席第二届禁止原子弹和氢弹世界大会的中国代表分别同日本各界举行座谈会。代表团团长许广平出席了大阪妇女团体联合举行的恳谈会。(1956年8月17日)

8月23日　中国民主促进会第二次全国代表大会闭幕,许广平当选中国民主促进会第四届中央委员会委员。(1956年8月25日)

8月24日　中国民主促进会第四届中央委员会举行全体会议,许广平当选为副主席。(1956年8月25日)

9月5日　参加日本第二届禁止原子弹和氢弹世界大会的中国代表团团长许广平,团员王芸生、曹禺、康永和等回到北京。

代表团在日本期间,和日本各界人士进行了友好而广泛的接触。许广平作为中华全国民主妇女联合会的代表,又参加了在8月27日到29日举行的第二届日本母亲大会。(1956年9月6日)

9月19日　晚,苏丹妇女代表团一行十人乘火车到达北京,许广平到车站欢迎。(1956年9月20日)

9月24日　晚,团中央举办"鲁迅先生诞生七十五周年、逝世二十周年纪念会"。许广平以"鲁迅和青年"为题,向到会青年讲话。(1956年9月25日)

10月14日　鲁迅遗体在上海迁葬。许广平参加迁葬仪式。许广平在讲话中说:我们今后一定会完成和发扬鲁迅的意愿,来建设新中国,团结一切可以团结的力量,为人类友好合作的、和睦的大家庭而坚持奋斗,不断地前进!(1956年10月15日)

10月17日　新华社记者沈鼎的《二十年岁月,三千里行程——许广平和海婴在纪念鲁迅逝世二十周年的日子里》一文发表。(1956年10月17日)

10月20日　鲁迅逝世二十周年纪念大会主席团名单发布,许广平为主席团成员。(1956年10月20日)

10月21日 晚,郭沫若、茅盾、周扬宴请应邀参加鲁迅先生逝世二十周年纪念大会的各国作家。许广平作陪。(1956年10月22日)

10月23日 孙中山先生诞辰九十周年纪念筹备委员会名单发布。许广平为委员。(1956年10月23日)

11月1日 下午,周恩来接见以杜盛布团长为首的缅甸妇女代表团。许广平在座。(1956年11月1日)

11月12日 中国人民支援埃及反抗侵略委员会主席、副主席、常务委员名单发布。许广平为常务委员。(1956年11月12日)

同日 中国人民支援埃及反抗侵略委员会委员名单发布,许广平为委员。(1956年11月12日)

同日 纪念孙中山先生诞辰九十周年中央谒陵代表团在南京晋谒中山陵。许广平参加。(1956年11月13日)

1957年

1月14日 上午,毛泽东接见出席第三次全国妇女儿童福利工作会议的西藏爱国妇女联谊会筹备委员会委员索康夫人德儿拉孜。同时,接见了内蒙古自治区参观团和辽宁省各民族参观团的全体人员。许广平列席。(1957年1月15日)

3月7日 首都各界妇女举行纪念"三八"国际妇女节大会。许广平在会上讲话。(1957年3月8日)

3月8日 晚,全国妇联和北京市妇联举行联欢会,庆祝"三八"国际妇女节。许广平参加。(1957年3月9日)

3月9日 许广平3月7日在首都各界妇女纪念"三八"国际妇女节大会上的讲话全文刊登。题目为《争取做社会主义建设积极分子》。(1957年3月9日)

3月23日 下午,随同缅甸联邦总理吴努到昆明访问的昂山

夫人(都庆枝)和吴努的公子乘飞机到达北京。许广平到机场欢迎。(1957年3月24日)

4月17日 全国人大常务委员会举行第六十五次会议扩大会。许广平在发言中要求司法机关对侮辱妇女、摧残幼女的犯罪分子进行严肃处理,同时要在社会上大力加强道德品质的教育。(1957年4月18日)

4月19日 上午,周恩来接见以久布白落实团长为首的日本妇女访华代表团。许广平在座。(1957年4月20日)

5月2日 上午,许广平和久布白落实在关于中日两国妇女友好交流的协议书上签字。(1957年5月3日)

6月3日 中共中央妇女工作委员会和全国妇联党组,继续邀请全国妇联党外的常委、执委、各民主党派妇女工作的负责人及团体会员的负责人座谈。许广平发言。(1957年6月4日)

6月10日 晚,中国民主促进会召集中央各部负责人和在北京的中央委员、候补中央委员举行座谈会,讨论如何帮助共产党整风。会议由中国民主促进会副主席许广平主持。(1957年6月11日)

6月28日 刘少奇设宴欢迎印度尼西亚制宪议会议长、印度尼西亚国民党第二副主席、前总理韦洛坡议长一行,许广平列席。(1957年6月29日)

7月26日 许广平的发言稿《右派分子的阴谋一定粉碎》刊发。(1957年7月26日)

8月20日 中国作家协会党组扩大会议,继续进行反对丁玲、陈企霞反党集团的斗争。会议从6月6日起,到8月20日止,已先后举行了十九次。第十二次会议后,许广平在会上发言。(1957年8月27日)

8月22日 廖承志设宴欢迎日本禁止原子弹、氢弹国民代表团。许广平作陪。(1957年8月23日)

8月22日 《人民日报》发表艾芜的《灵魂深处的毒瘤》一文,在批判丁玲时提到了丁玲对许广平的劝告。(1957年8月22日)

9月10日 下午,中国妇女第三次全国代表大会开幕。许广平出席。(1957年9月11日)

9月14日 许广平在《人民日报》上发表《关于丁玲、陈企霞反党集团的活动》一文。(1957年9月14日)

9月15日 毛泽东邀集各民主党派、各人民团体的负责人,著名无党派民主人士和文化教育界人士举行会议。许广平参加。(1957年9月16日)

9月22日 上午,全国妇联第三届执行委员会举行第一次会议。会议选举了全国妇联名誉主席、主席、副主席、主席团委员和书记处书记。许广平为副主席。(1957年9月22日)

同日 晚,日本前首相石桥湛山举行告别酒会,许广平出席。(1957年9月23日)

9月27日 由捷克斯洛伐克工会中央理事会书记贝德里赫·科泽尔卡率领的捷克斯洛伐克劳动人民代表团乘机抵京。许广平到机场迎接。(1957年9月28日)

9月28日 中午,全国妇联主席蔡畅设宴欢迎以国际民主妇女联合会副主席玛丽-克洛德·瓦扬-古久里夫人为首的国际民主妇联代表团,同时被邀请参加宴会的有国际民主妇联副主席安德蕾亚·安德琳夫人,以及玛利·普里特夫人。许广平出席。(1957年9月29日)

10月21日 晚,周恩来举行酒会,欢迎日本自由民主党顾问松村谦三及其随行人员。许广平出席。(1957年10月22日)

10月27日 晚,中苏友好协会总会和北京市中苏友好协会举行酒会,迎接十月社会主义革命四十周年和欢送以柯切托夫为首的苏联文化代表团。许广平出席。(1957年10月28日)

1958 年

1月31日　晚,郭沫若宴请新任亚洲及太平洋区域和平联络委员会副秘书长职务的日本著名和平人士西园寺公一及夫人。许广平出席作陪。(1958年2月1日)

2月5日　下午,第一届全国人民代表大会第五次会议继续举行大会讨论。许广平发言赞扬实行文字改革。(1958年2月6日)

2月7日　《人民日报》刊登许广平代表发言赞成实行文字改革全文。(1958年2月7日)

3月8日　晚,全国妇联举行庆祝"三八"国际妇女节联欢晚会。全国妇联副主席李德全、许广平、刘清扬等出席。(1958年3月9日)

3月12日　晚,各民主党派、各人民团体负责人在北京举行联席会议,决定组织中国人民欢迎志愿军归国代表团,前往安东欢迎志愿军归国部队。许广平为代表团成员。(1958年3月13日)

3月13日　上午,程砚秋公祭仪式在北京嘉兴寺殡仪馆举行。许广平参加。(1958年3月14日)

3月29日　晚,中国亚洲团结委员会、中国人民保卫世界和平委员会、中国伊斯兰教协会、中阿友好协会,设宴欢迎阿尔及利亚民族解放阵线代表卜拉欣·加法和阿拉伯人民大会代表阿德夫·达尼尔。许广平出席。(1958年3月30日)

同日　林伯渠接见挪威工党议员,议会外交、宪法委员会主席芬·穆和夫人,并共进午餐。许广平作陪。(1958年3月30日)

3月30日　晚,首都各界人民响应亚非人民团结大会关于"声援阿尔及利亚日"的号召,在政协礼堂举行支援阿尔及利亚人

民争取民族独立斗争大会。许广平出席。(1958年3月31日)

5月20日　首都文艺界组成慰问团,到十三陵水库建筑工地,向建设者进行慰问。许广平参加。(1958年5月21日)

9月7日　百万首都人民在天安门广场集会,同时有二百万人民分别在工厂、郊区、农村、机关、学校集会,拥护周恩来总理的声明,坚决反对美国在台湾海峡地区的军事挑衅和战争威胁。下午三时,首都各界拥护政府声明、反对美国侵略示威游行大会开始举行。许广平参加。(1958年9月8日)

9月7日　楚图南举行宴会欢迎以泰国著名作家古腊·柿巴立为首的泰国促进文化交流团。许广平参加。(1958年9月10日)

9月23日　张奚若举行酒会欢迎马哈茂德所率领的伊拉克人民友好访华团,许广平出席。(1958年9月24日)

10月28日　首都二十多万人欢迎胜利凯旋的中国人民志愿军。许广平参加。(1958年10月29日)

12月16日　下午,全国妇女建设社会主义积极分子代表会议胜利闭幕。许广平致闭幕词。(1958年12月17日)

同日　下午,刘少奇、周恩来、邓小平、陈毅、贺龙、谭震林、康生、黄克诚接见出席全国妇女建设社会主义积极分子代表会议的全体成员。许广平陪同。(1958年12月17日)

1959 年

3月7日　下午,中国人民对外文化协会举行酒会,欢迎全非人民大会筹备委员会秘书长、加纳"泛非世纪"杂志编辑顾问阿麦格倍和加纳"泛非世纪"杂志发行人哥霍霍。许广平出席。(1959年3月8日)

同日　晚,张奚若举行宴会,欢迎浅沼稻次郎为首的日本社会党访华代表团,许广平出席。(1959年3月8日)

3月8日　晚,全国妇联在政协礼堂举行有四千多人参加的联欢晚会,庆祝"三八"国际妇女节。许广平参加。(1959年3月9日)

3月12日　全国人大代表名单公布,许广平为广东省代表。(1959年3月12日)

3月14日　下午,全国政协举行酒会,招待由浅沼稻次郎率领的日本社会党访华代表团。许广平出席。(1959年3月15日)

4月12日　全国政协第三届全国委员会委员名单公布,许广平为委员(属全国妇联)。(1959年4月12日)

4月14日　下午,前来出席第二届全国人大第一次会议的全国人大代表、西藏自治区筹备委员会代理主任委员班禅额尔德尼·却吉坚赞,乘专车由西安到北京。许广平往北京车站欢迎。(1959年4月15日)

4月18日　第二届全国人大第一次会议主席团和秘书长名单公布。许广平为主席团成员。(1959年4月18日)

同日　第二届全国人民代表大会预算委员会主任委员、委员名单公布。许广平为委员。(1959年4月18日)

同日　全国政协第三届全国委员会第一次全体会议提案审查委员会名单公布。许广平为委员。(1959年4月18日)

4月23日　上午,第二届全国人大第一次会议继续进行大会讨论。许广平为大会执行主席。(1959年4月24日)

4月27日　第二届全国人大第一次会议选出第二届全国人大常务委员会委员长、副委员长、秘书长和委员,许广平为委员。(1959年4月28日)

同日　在上午的大会上,许广平为执行主席。(1959年4月28日)

4月29日　全国政协第三届全国委员会名誉主席、主席、副主席、秘书长、常务委员名单公布。许广平为常务委员。(1959年

4月30日)

4月30日　晚,朱德会见德意志民主共和国人民议院主席团主席狄克曼、第一副主席马特恩以及由他们率领的德意志民主共和国人民议院代表团全体团员。许广平在座。(1959年5月1日)

5月2日　中苏友好协会总会第三届会长、副会长、秘书长和理事会理事名单公布。许广平任理事会理事。(1959年5月3日)

5月2日、3日　全国文联第二届全国委员会扩大会议召开。许广平出席。(1959年5月5日)

6月8日　晚,中国人民对外文化协会和日本中国文化交流协会、日本中国友好协会"关于中日两国人民间文化交流的联合声明"签字仪式在北京举行。许广平参加。(1959年6月9日)

同日　晚,楚图南举行酒会,欢送日中文化交流协会理事长中岛健藏和日中友好协会的代表。许广平出席。(1959年6月9日)

6月17日　下午,林伯渠举行酒会,欢迎以团长罗德里格斯和副团长佛朗哥为首的哥伦比亚议会代表团。许广平出席。(1959年6月18日)

9月10日　晚,周恩来举行酒会,招待前来我国访问的日本前首相石桥湛山及夫人和随行人员。许广平出席。(1959年9月11日)

9月22日　晚,周恩来、陈毅应邀出席日本前首相石桥湛山举行的告别酒会。许广平参加。(1959年9月23日)

10月21日　晚,周恩来举行酒会,欢迎日本自由民主党顾问松村谦三及其随行人员。许广平出席。(1959年10月22日)

同日　中国人民保卫世界和平委员会、全国总工会、中国亚非团结委员会、全国妇联、中国人民外交学会、中国人民对外文化协会、中华全国青年联合会同日本各界庆祝我国建国十周年代表团在举行共同声明签字仪式以后,举行酒会。许广平参加。(1959年10月22日)

10月24日　上午,以日本前首相、日中文化交流协会会长、众议院议员片山哲为首的日本各界庆祝中华人民共和国建国十周年代表团,乘机离京经广州回国。许广平到机场欢送。(1959年10月25日)

11月12日　晚,日本松村谦三举行告别宴会。许广平出席。(1959年11月13日)

11月13日　日本松村谦三及随行人员乘机离京,前往昆明参观访问。许广平到机场送行。(1959年11月14日)

1960年

2月9日　全国教育和文化、卫生、体育等方面社会主义建设先进单位和先进工作者代表大会筹备委员会名单公布,许广平为筹备委员。(1960年2月10日)

2月15日　《人民日报》刊登纪念"三八"国际劳动妇女节筹备委员会名单,许广平为委员。(1960年2月15日)

2月22日　首都文化界著名人士举行集会,一致通过对美帝国主义阴谋劫夺我国在台湾珍贵文物的抗议书。许广平在会上发言。(1960年2月23日)

2月22日—23日　全国妇联第三届第二次执行委员会全体会议在北京举行。许广平参加。(1960年2月25日)

2月25日　晚,前进座的艺术家们同中国文艺界著名人士一起,提前庆祝前进座剧团的诞生日。许广平出席。(1960年2月26日)

3月5日　下午,全国妇联等九个团体和中央人民广播电台,联合举行庆功表模迎"三八"、高举红旗齐跃进广播大会。许广平

参加。(1960年3月6日)

3月7日　下午,首都各界妇女举行集会,庆祝"三八"国际劳动妇女节五十周年。许广平出席。(1960年3月8日)

3月8日　晚,纪念"三八"国际劳动妇女节五十周年筹备委员会举行招待会,欢庆"三八"国际劳动妇女节五十周年。许广平出席。(1960年3月9日)

3月29日　下午,第二届全国人大第二次会议在人民大会堂举行预备会议。许广平参加。许广平为主席团成员。(1960年3月30日)

同日　上午,全国政协第三届全国委员会第二次会议在北京政协礼堂开幕。许广平出席。许广平为协助主席、副主席轮流主持会议的常务委员成员、提案审查委员会成员。(1960年3月30日)

4月6日　上午,第三届全国委员会第二次会议在政协礼堂继续进行大会讨论。周恩来、彭真出席大会。主持会议的是：沈钧儒、李维汉、杨尚昆、蔡廷锴、陈正人、史良、李烛尘、季方、陈其尤、许广平、舒舍予、许崇清、林巧稚、王芸生。(1960年4月7日)

6月1日　全国教育和文化、卫生、体育、新闻方面社会主义建设先进单位和先进工作者代表大会主席团和正副秘书长名单发布。许广平为主席团成员。(1960年6月2日)

6月18日　下午,我国各民主党派负责人和无党派民主人士举行集会,对艾森豪威尔的远东之行表示了最强烈的抗议和愤怒的谴责。许广平出席。(1960年6月19日)

同日　首都文艺界举行反对美帝侵略,坚决解放台湾,保卫世界和平座谈会。许广平参加并发言。(1960年6月20日)

7月22日　许广平为中国文学艺术工作者第三次代表大会主席成员。(1960年7月23日)

7月23日　上午,首都各界举行集会,再次表示支持刚果人

民反帝侵略、保卫民族独立的爱国斗争。许广平出席。(1960年7月24日)

8月13日　中国文学艺术工作者第三次代表大会,选出了全国文联第三届全国委员会委员,并由全国委员会推选出主席、副主席。许广平为副主席。(1960年8月14日)

8月14日　首都各界举行集会,庆祝朝鲜解放十五周年。许广平出席。(1960年8月15日)

8月20日　下午,首都各界举行集会,欢迎以米拉茨·谢拉布·阿卜杜勒为首的桑给巴尔民族主义党代表团、以依伯拉欣·卡尔格波为首的塞拉勒窝内代表团、葡属安哥拉人民解放运动代表团、葡属几内亚非洲独立党代表团及西南非洲民族联盟科章吉济主席,坚决支持非洲人民反对帝国主义、殖民主义和争取独立自由的正义斗争。中国非洲人民友好协会会长刘长胜、副会长许广平出席。(1960年8月21日)

同日　中国亚非团结委员会、中国非洲人民友好协会、中国人民外交学会,在人民大会堂举行酒会,欢迎正在我国访问的非洲外宾。许广平出席。(1960年8月21日)

9月1日　上午,首都各界集会,庆祝越南民主共和国成立十五周年。许广平参加。(1960年9月2日)

9月16日　下午,日本话剧团乘火车到达北京,许广平到火车站迎接。(1960年9月17日)

9月17日　晚,中国人民对外文化协会和中国戏剧家协会,设宴欢迎来我国访问演出的日本话剧团的全体艺术家。许广平出席。(1960年9月18日)

9月18日　中国人民对外文化协会和日本中国友好协会在北京发表关于中日两国人民间友好关系和文化交流的共同声明。许广平参加。(1960年9月19日)

同日　中午,阳翰笙举行宴会,欢送日本中国友好协会常任

理事吉田法晴和长谷川敏三。许广平出席。(1960年9月19日)

9月25日　晚,中华全国总工会举行宴会,欢送日本工会总评议会事务局局长岩井章及其秘书上妻美章。许广平出席。(1960年9月26日)

9月26日　中午,陈毅举行宴会,欢迎日本话剧团全体人员。许广平出席。(1960年9月27日)

9月29日　中午,中国人民对外文化协会举行酒会,欢迎来自世界五大洲的文化、教育、艺术、科学、卫生、和平友好、社会名流、新闻、体育等方面的四百多位外宾。这些外宾都是应邀前来参加我国国庆盛典并进行友好访问的。许广平出席。(1960年9月30日)

10月3日　中国人民保卫世界和平委员会等八个中国人民团体与应邀访问中国并参加中华人民共和国成立十一周年庆祝典礼的日本各界十二个访华代表团发表共同声明,并举行签字仪式。许广平参加。(1960年10月4日)

10月4日　下午,首都各界举行集会,欢迎以阿尔巴尼亚劳动党中央委员、部长会议副主席、阿中友协主席阿卜杜勒·凯莱齐为首的阿尔巴尼亚中国友好协会代表团。许广平参加。(1960年10月5日)

10月7日　夜,首都文学艺术界人士同日本话剧团的艺术家们一起联欢。许广平参加。(1960年10月8日)

10月9日　上午,日本话剧团的艺术家们结束了在北京的访问演出以后,乘火车离开北京前往武汉访问。许广平到车站送行。(1960年10月11日)

10月10日　下午,应周恩来邀请,前来我国进行友好访问的日本前通商产业相高碕达之助及随行人员,乘机抵京。许广平到机场欢迎。(1960年10月11日)

10月11日　下午,周恩来接见高碕达之助和他的随行人员,

并且进行了友好的谈话。许广平在座。(1960年10月12日)

10月18日　晚,正在我国进行友好访问的突尼斯新宪政党代表团团长本·阿玛尔·哈西卜举行告别招待会。许广平出席。(1960年10月19日)

10月23日　晚,陈毅举行宴会,欢送前出席万隆会议的日本首席代表高碕达之助和他的随行人员。许广平出席。(1960年10月24日)

10月24日　晚,前出席万隆会议的日本首席代表高碕达之助,举行告别宴会。许广平出席。(1960年10月25日)

12月1日　下午,首都各界妇女集会,庆祝国际民主妇女联合会成立十五周年。许广平出席。(1960年12月2日)

12月19日　傍晚,中国柬埔寨友好协会和全国妇联举行酒会,欢迎柬埔寨国家元首诺罗敦·西哈努克亲王和夫人,庆祝中国柬埔寨友好协会成立。许广平致欢迎辞。(1960年12月20日)

12月26日　下午,首都各界集会,纪念拉丁美洲各国争取民族独立一百五十周年和庆祝古巴革命胜利两周年。许广平参加。(1960年12月27日)

同日　下午,罗瑞卿、习仲勋、林枫、包尔汉会见正在我国访问的拉丁美洲八个国家的外宾。许广平在座。(1960年12月27日)

1961年

1月4日　上午,各党派代表和无党派民主人士举行双周座谈会,听取关于社会主义学院的工作情况报告。许广平出席。(1960年1月5日)

同日　下午,首都各界集会,欢迎日本禁止原子弹氢弹协议会理事长安井郁。许广平参加。(1960年1月5日)

同日　晚,廖承志、刘宁一宴请日本禁止原子弹氢弹协议会理事长安井郁。许广平出席。(1960年1月5日)

1月5日　晚,日本禁止原子弹氢弹协议会理事长安井郁举行告别酒会。许广平出席。(1960年1月6日)

1月20日　下午,首都各界集会欢迎日本社会党顾问黑田寿男。(1961年1月21日)

同日　晚,我国七个人民团体举行酒会,欢迎日本社会党顾问黑田寿男和其他日本朋友。许广平出席。(1961年1月21日)

1月23日　下午,全国妇联举行茶会,欢送喀麦隆妇女代表团。茶会由许广平主持。(1961年1月24日)

1月24日　下午,毛泽东接见正在我国访问的非洲各地的朋友。许广平在座。(1961年1月25日)

1月31日　首都文化界著名人士一百多人,参加全国政协文化教育组召开的扩大座谈会。许广平参加。(1961年2月2日)

2月7日　晚,日本社会党顾问黑田寿男举行告别招待会,许广平参加。(1961年2月8日)

2月9日　下午,刘少奇接见以田中寿美子为首的日本妇女代表团。许广平在座。(1961年2月10日)

2月28日　晚,廖承志举行宴会,欢送由山本熊一率领的日本经济友好访华代表团。即将访问日本的中国妇女代表团团长许广平出席。(1961年3月1日)

3月7日　晚,首都文化界在青年艺术剧场举行世界文化名人、阿根廷作家多明戈·富斯蒂诺·萨米恩托诞生一百五十周年纪念会。许广平出席。(1961年3月8日)

3月8日　下午,全国妇联和北京市妇联举行茶会,邀请在京的三十多个国家的妇女朋友一起欢庆"三八"国际劳动妇女节。许广平出席。(1961年3月9日)

3月12日　应日本欢迎中国妇女代表团实行委员会的邀请,

前往日本进行友好访问的中国妇女访日代表团一行十一人,在团长许广平率领下,乘飞机离开北京赴日本。(1961年3月16日)

3月18日　下午,中国妇女访日代表团全体团员应邀出席了由日本欢迎中国妇女代表团实行委员会举行的欢迎集会。团长许广平讲话,并向日本妇女赠送影片《万紫千红总是春》。(1961年3月20日)

3月26日　日本大阪市民举行大会,欢迎前来访问的中国妇女代表团。许广平在大会上讲话。(1961年3月28日)

3月27—29日　《人民日报》连续三天刊载许广平《鲁迅先生怎样对待写作和编辑工作》一文。(1961年3月27—29日)

4月5日　下午,以许广平为首的中国妇女代表团在日本东北部的仙台市参加了鲁迅纪念碑揭幕式。许广平致词,并把《鲁迅全集》一部和鲁迅的照片一套送给鲁迅纪念碑建设委员会。

揭幕式结束后,中国妇女代表团全体团员在纪念碑旁植树留念。(1961年4月7日)

4月15日　晚,中国妇女代表团在东京举行告别酒会。日本各界人士和团体代表、妇女代表以及旅日华侨和朝侨代表应邀出席。代表团团长许广平在会上讲话。(1961年4月17日)

5月2日　晚上,中国妇女访日代表团在团长许广平、副团长郭建率领下,乘火车回到北京。到车站迎接的有全国妇联副主席刘清扬、书记处书记杨蕴玉等。(1961年5月3日)

5月8日　下午,首都各界集会,热烈支持安哥拉及其他葡属非洲殖民地人民反对帝国主义和争取民族独立的英勇斗争。许广平参加。(1961年5月9日)

5月20日　上午,全国政协举行第十七次扩大会议,听取访问日本的中国妇女代表团团长许广平谈访日观感。(1961年5月21日)

5月27日　下午,首都各界举行集会,欢迎以大谷莹润为首

的日本"中国殉难烈士名单捧持代表团"。许广平出席。(1961年5月28日)

6月3日　晚,中国红十字会等十个人民团体举行招待会,欢送日本"中国殉难烈士名单捧持代表团"全体成员。许广平出席。(1961年6月4日)

6月15日　下午,以日本共产党中央政治局委员志贺义雄为首的日本共产党国会议员访华代表团,乘机抵京。许广平到机场迎接。(1961年6月16日)

6月16日　下午,应全国妇联邀请来我国参观访问的日中友协访华妇女代表团,在团长河崎夏率领下乘机抵京。许广平前往机场欢迎。(1961年6月17日)

同日　晚,张奚若举行宴会,欢迎以志贺义雄为首的日本共产党国会议员访华代表团。许广平出席。(1961年6月17日)

6月17日　中午,中国人民对外文化协会和作家协会举行宴会,欢迎日本作家访华团。许广平出席。(1961年6月18日)

6月18日　晚,尼日利亚经济代表团团长欧科提-埃博赫举行告别酒会。许广平出席。(1961年6月19日)

6月21日　下午,周恩来接见了正在我国访问的以江口涣为首的日本作家访华团,以河崎夏为首的日中友好协会访华妇女代表团,以指川谦三为首的日本经济界友好访华代表团,日本亚非团结委员会理事长冈仓古志郎,日中贸易促进会专务理事铃木一雄,日本妇女团体联合会副主席小笠原贞子,日本企业界人士川濑一贯及日本各友好商社代表等。许广平在座。(1961年6月22日)

同日　晚,彭真举行招待会,欢送以志贺义雄为首的日本共产党国会议员访华代表团。许广平出席。(1961年6月22日)

6月22日　上午,全国人大代表团同日本共产党国会议员访华代表团发表的联合声明,在北京签字。许广平参加。(1961年6

月 23 日)

  同日 晚,全国妇联举行宴会,欢迎以河崎夏为首的日中友好协会访华妇女代表团和日本妇女团体联合会副主席小笠原贞子。全国妇联副主席许广平在宴会上讲话。(1961 年 6 月 23 日)

  6 月 23 日 《人民日报》发表王士菁读许广平《鲁迅回忆录》一书的书评文章——《一本爱憎分明的书》。(1961 年 6 月 23 日)

  6 月 24 日 下午,以日本共产党中央政治局委员志贺义雄为首的日本共产党国会议员访华代表团,乘机离京回国。许广平到机场欢送。(1961 年 6 月 25 日)

  6 月 26 日 上午,郭沫若接见以河崎夏为首的日中友协妇女访华代表团和日本妇女团体联合会副主席小笠原贞子。许广平在座。(1961 年 6 月 27 日)

  6 月 27 日 《鲁迅传》影片摄制组一部分人员最近到北京搜集有关史料。扮演鲁迅的赵丹与扮演许广平的于蓝,访问了许广平、曹靖华等人,得到不少宝贵资料。(1961 年 6 月 28 日)

  7 月 1 日 晚,中国人民对外文化协会和中国作家协会举行酒会,欢送以江口涣为首的日本作家访华团。许广平出席。(1961 年 7 月 2 日)

  7 月 9 日 晚,首都各界举行集会,庆祝蒙古人民革命胜利四十周年。许广平出席。(1961 年 7 月 10 日)

  7 月 20 日 下午,今天是"各国人民支持越南人民争取祖国统一斗争日",首都各界集会,并通过电文,表示坚决支持越南人民的爱国正义斗争。许广平出席。(1961 年 7 月 21 日)

  7 月 25 日 下午,首都各界集会,庆祝古巴 7 月 26 日革命节。许广平出席。(1961 年 7 月 26 日)

  8 月 15 日 上午,首都各界在中山公园中山堂隆重公祭陈嘉庚先生。许广平参加。(1961 年 8 月 16 日)

同日　文化部等单位举行晚会欢迎加纳共和国总统克瓦米·恩克鲁玛和巴西合众国副总统若奥·古拉特。许广平参加。(1961年8月16日)

8月18日　下午,首都各界举行集会,欢迎加纳共和国总统克瓦米·恩克鲁玛,庆祝中国加纳友好条约的签订。许广平出席。(1961年8月19日)

9月13日　下午,首都各界举行集会,欢迎正在我国访问的喀麦隆人民联盟副主席金格·阿贝尔。许广平出席。(1961年9月14日)

9月15日　全国政协常务委员会举行第二十一次会议,决定纪念具有伟大历史意义的辛亥革命五十周年。许广平为筹备委员会委员。(1961年9月16日)

9月19日　晚,中国非洲人民友好协会举行招待会,欢迎由马里内政和新闻部长马德拉·凯塔率领的马里政府经济代表团。许广平出席。(1961年9月20日)

9月25日　晚,首都文学艺术界和其他各界一千四百多人在政协礼堂集会,纪念鲁迅先生八十诞辰。许广平为大会主席团成员。(1961年9月26日)

同日　《人民日报》发布"鲁迅先生诞生八十周年纪念大会"主席团名单。许广平为成员。(1961年9月26日)

9月26日　晚,全国妇联主席蔡畅举行宴会,欢迎比利时伊丽莎白王太后和其他比利时贵宾。许广平参加。(1961年9月27日)

10月16日　下午,蔡畅举行酒会,欢送即将离开北京回国的比利时伊丽莎白王太后和玛丽-若泽公主等比利时贵宾。许广平出席。(1961年10月17日)

10月26日　许广平在《人民日报》上发表《读〈永不磨灭的印象〉》一文。《永不磨灭的印象》是杜力夫1961年10月19日在《人

民日报》发表的纪念鲁迅的文章。（1961 年 10 月 26 日）

  11 月 14 日　下午，首都各界集会，对越南人民最近反对美帝国主义加紧干涉和侵略越南南方的爱国正义斗争，表示最坚决的支持。许广平出席。（1961 年 11 月 15 日）

全家福照片背后的故事

宋燕琳

这张全家福照片我家保存了九十多年,祖父宋紫佩在照片背面用毛笔字写着:"十三年二月即甲子年元宵日同游北京厂甸摄此以作纪念　紫佩记"。虽然,它产生的年代距离我有些遥远,但它仍然使我心里感到亲切,每次都会想起父亲生前与我讲过的他童年时候的故事。

照片上右起第一人宋紫佩（我的祖父），右起第二人宋舒（我的父亲），左起第一人董玉华（我的祖母），左起第二人宋友英（我父亲的堂姐），照片上站在中间的人宋德沅（我父亲的堂哥）。

祖母生我父亲时早产，婆婆大怒，遭到她的痛斥，逼迫我祖父回家修祠堂。鲁迅先生得知后，从医学上来解释早产的原因，这才解决了我家的大矛盾。鲁迅先生给我父亲起名"舒"，号"大展"。即寓"舒展"之意。还说，孩子靠后天调养是可以弥补身体先天的不足。

1924年父亲七岁了，祖父回到绍兴老家接妻儿来北京落户，就在那年的元宵节，全家人一起去逛厂甸，拍摄了这张全家福照片。

父亲在师范附小读书，就是电影《城南旧事》所描述的那所小学。鲁迅先生经常送文具和书籍给我父亲。其中一本爱罗先珂的作品成了我父亲的启蒙书。

我父亲的堂姐（照片上左起第二人），年幼父母双亡，我祖父就接她来京，住在家里，培养她上了大学。我父亲和她像亲姐弟。他们还有个堂哥（照片上他站在中间），也由我祖父培养上学，直至在北京工作，1933年病逝于北京。1923年7月27日鲁迅在日记中记载:"下午紫佩携其子侄来",这里的"侄"就指他。父亲曾回忆:小时候,母亲常带他和堂哥去看望鲁迅的母亲和朱安夫人。有一次,朱安给他俩儿打枣吃。"朱安那矮小的身材,头上蒙着布,手里握着竹竿,用力地敲打着枣树的情景,仿佛就在眼前,她和他们在一起的时候,好像很欢乐……"。

如今,全家福照片上的人都已经离开了我,但老照片背后的故事将永远珍藏在我的心田。是鲁迅先生提倡科学的思想照亮了我父亲的人生之路,是鲁迅先生的亲切关怀给我家带来了幸福和温暖。

2019 年 10 月 10 日

《鲁迅与他的乡人》补遗四

裘士雄

一、合署《绍兴同乡公函》的丁拜尧

20世纪初,有一些先进的绍兴人东渡日本留学,"癸卯正月",在东京的27位绍兴留学生集会后联名发出的《绍兴同乡公函》中,内有丁拜尧。

丁拜尧(生卒年待考),名嘉墀,拜尧则是他的字,浙江山阴马鞍丁家堰(今绍兴市柯桥区马鞍镇所属)人。他当年与经亨颐(子渊)、范高平(运枢)、姚永元(伯和)、陶成章(焕卿)、陈威(公猛)等一起在东京清华学校读书。他是一位热血青年,参加反清革命。在1913年"二次革命"发生时,丁拜尧也奋然响应。笔者偶然看到民国三年七月廿一日《越铎日报》"越州大事"栏有一篇题为《共和会踵政治改进会而来》的报道,云"浙江共和分会,其发起组织者系绍兴丁家堰人丁拜尧,暨余姚长和市人胡阿林。其宗旨则静俟白狼信息,即发给枪械由海道分投响应。其组织法则每十人为一方,设方长一人,每人出入会费三角,开销不敷,由发起者垫发。其分会地址,则设在余姚北城长和市"。此处的"白狼",是对民国初期发动农民起义,反对袁世凯军阀统治的白朗的蔑称。这则报道从反面印证了丁拜尧组织发起反袁斗争。这秘密组织虽被破获,孙春元、张尧臣和王阿友三人被捕获,但丁拜尧幸而脱险。关于丁拜尧此后的生平事迹,我虽走访朱仲华等"老绍兴",努力钩沉,终未遂愿。

二、绍兴府中学堂同事王佐

清宣统三年六月,绍兴府中学堂监督陈潏、前监督王佐颁发给学生王文灏(铎中)的《毕业文凭》(浙江绍兴府中字第壹百零五号)中,周树人与程鹏系博物教员,而王佐与周煌城为修身教员,可见王佐与鲁迅在绍兴府中学堂共事一年。

王佐(1853—1931),字寄颐,浙江上虞丰惠人。他系清光绪十五年(1889)举人。翌年,参修《上虞县志》,任分纂。二十四年春,王佐在丰惠经正书院内创办上虞算学堂。二十九年又在绍属八县学务公所任职。三十一年,他被推选为上虞县商务分会总理。三十三年,王佐当选浙江省保路会副会长,同年十月,出任绍兴府中学堂监督(兼修身教员)。清宣统元年(1909),他当选浙江省咨议局议员、清廷资政院议员。三年,一度任永嘉县教训。不久返回故里,与陈春澜、朱鸿儒等商贾筹集十万元股本,在丰惠创办春泽垦牧股份有限公司。民国元年(1912),王佐当选上虞县首届参议会议长。1919年,他又促成陈春澜捐资二十万元在白马湖畔创办春晖中学,并任该校董事会董事长。1924年,又与胡愈之、吴觉农等创办丰惠义务小学,并任校长。同时,王佐多次主持上虞等地赈灾委员会工作,是一位热心公益慈善事业,兴学图强,口碑甚佳的乡贤。

三、山会师范学生、著名英烈王一飞

王一飞(1898—1928),又名兆鹏,化名阮维鹏、陆崇文,笔名飞、鹏、王亦飞、王伊维等,浙江上虞丰惠人。清宣统二年(1910),王一飞考入山会初级师范学堂(两年制)简易科。翌年11月,鲁迅接受绍兴军政分府任命,出任该校监督(校长),与王一飞系师生关系。1912年毕业后，王一飞回乡任小学教员。1920年，经乡贤胡愈之介绍，他赴上海外国语学社学习俄语，与刘少奇、任弼时、肖劲光、罗亦农等为同学。是年11月，王一飞加入社会主义青年团。翌年，他与任弼时、肖劲光等前往苏俄，入莫斯科东方劳动者共产主义大学中国班学习，瞿秋白时任该校翻译和助教。1922年，王一飞成为中共党员，并任中国社会主义青年团旅莫斯科地方委员会委员长。1924年，他出席少共国际第四次代表大会、共产国际第五次代表大会兼翻译。同年底，王一飞回国，任中共中央军委委员兼秘书。1925年9月，他任中共上海区委书记、宣传部部长。1927年初，中共中央决定举行上海第三次武装起义，王一飞参与其中，系南市区作战指挥。是年4月底，中共召开"五大"，他被选为中央委员，不久任中共中央军委秘书长，还参加了"八一"南昌起义。又以中央军委代表身份参加"八七"紧急会议。10月，王一飞被任命为中共湖南省委书记，12月10日领导发动长沙"灰日暴动"，失败后因叛徒出卖而被捕。翌年1月18日，在长沙英勇就义。

王一飞译有《共产国际党纲草案》《新社会观》《俄国共产党历史》等，对马克思主义在中国的传播作出重大贡献。

四、山会师范等校同事王积文

在清宣统三年六月绍兴府中学堂监督陈濬颁发给学生的《毕业文凭》中，有王积文任"中国文学"教员、周树人任"博物"教员的记载。同年编印的《山会初级师范学堂同学录》，在《教员一览》中有国文教员"王积文"项，记载："（姓名）王积文，（字号）恕常，（籍贯）会稽，（履历）举人，（职任）国文，（住址）孙端里江"。可见他曾是鲁迅在绍兴府中学堂和山会师范的同事。

王积文(1865—1946)，又名煦庄，字恕常，号素藏，浙江会稽（绍兴）孙端后礼江人。年30岁中举并与陶氏结秦晋之好。国体更新，王积文即被东关竺绅延聘为西席，著名科学家、中国科学院副院长竺可桢即其得意门生。师生鱼雁往还，过从较密。不久，他被聘为山会初级师范学堂国文教员。1911年11月，鲁迅出任该校监督（校长），两人成了同事。据其婿陈士豪说，先岳父系饱学之士，擅长古文诗词，鲁迅对他十分敬重。鲁迅离绍北上后，他继续在绍兴省立第五师范学校教授国文。"五四"运动后，王积文应同年娄裕熊（翔青）之招赴江苏督军兼苏浙皖三省巡阅使处任职，时娄氏任秘书主任，王积文则充任秘书，计有6年光景。他酷爱文学和收藏，几乎将历年薪俸悉数购置书画古玩、文房四宝和图书。王氏卸职返籍时，乡邻见他带回四大皮箱，还以为"王老爷"发大财，衣锦还乡，轰动一时。

那时，许多文化人经过自学医书，除教书、著书外，还会当中医。王积文更是如此。回乡后，他一度闭门编著医书，还义务为乡亲治疾，有手到病除之效。许多大家如东昌坊口朱阆仙、上大路平宜生、司狱使前胡雨湖等慕名请他去教读子弟。最后是在昌安门外豆姜村鲍显臣家教读多年，鲍亚白即其得意弟子。抗战期间，他闭门编著医书，不问世事，坚持到抗战胜利，无疾而终。王积文寿终正寝后，因两子均在外地谋生，毕生所积累藏书、字画、碑帖、著述等被人洗劫一空，甚为可惜。

五、山会师范同事何琪

清末民初绍兴的饱学之士何琪也是古城学界的头面人物，鲁迅在绍期间应该有过往还。辛亥革命期间，两人接触机会更多。特别是1911年11月革命党人王金发出任绍兴军政分府都督，任命鲁迅为山会初级师范学堂监督后，与原先已在该校任教的何琪有过三个月左右的同事关系。

何琪（1864—1922），字阆仙，浙江山阴（绍兴）浪头湖村人。清末禀贡生。光绪二十三年（1897）三月，乡贤徐树兰创办绍郡中西学堂,即聘何琪担任这所新式学校的监董(校长)。何琪与蔡元培是旧交故友,蔡氏《游绍兴石佛寺题名记》云:"以懑、显懑、何薛二郎、钟生邀游下方桥石佛寺(在羊石山),并邀许翰伯、陈韵楼,勒题名于壁,曰:光绪二十二年十月,余将北征,同人饯余于是。千年象教,印度忽焉。此子疲于津梁,此中惟宜饮酒。岘首佳客,有如叔子,新亭名士,谁为夷吾,息壤在兹,赤石鉴之。山阴蔡元培识,会稽徐维则书。同集者:江宁许登瀛,山阴胡道南、何琪、薛炳、陈星衍、会稽徐尔穀。"徐以懑名维则,系徐友兰之子、徐树兰之侄;徐显懑,即徐尔穀,系徐树兰之子;他俩为会稽棣凫巨姓望族徐氏堂兄弟。钟生,为胡道南的字,与徐以懑、蔡元培同为光绪十五年浙江乡试中式的举人,他与徐以懑已在拙著《鲁迅与他的乡人二集》中作了介绍。《题名记》中的"何薛二郎",薛即薛炳,字朗仙,早年与蔡元培师事王子庄,系十年私塾寒窗挚友,后为俩连襟。何显然是何琪,他离开绍郡中西学堂后,先后到乡间的宋家溇北乡义塾、斗门辨志义塾执教,曾与同事寿孝天等为这两所学校编写教材。1901年2月,继蔡元培之后接任绍郡中西学堂总理(校长)的何寿章为何琪《少年世界史》写过序,说:"吾宗人阆仙字琪,绩学淬掌,不事浮藻,悯吾华民之愚,而识字读书之人少也,慨然发愤,日孜孜为导蒙计,既在宋家溇偕宋君元安创办北乡义熟,张蹉尹福年设陡亹义塾,复延之董其事,于是广搜约取,编辑教课。"据知情者说,蔡元培、何寿章亦曾多次援手相助,到宋家溇、斗门等地商请乡绅资助和支持。光绪二十七年(1901),陶濬宣顺应时代潮流,以为"强国之道莫亟于开民智,牖民之智莫大于广学堂",改东湖书院为东湖通艺学堂,自任监督(校长),延请中外教习,讲授历史、中外政治、算学、物理和外国语言文学。何琪亦为陶濬宣敦聘为该校教员。清宣统元年(1909),"山会邑尊偕学界诸君子悉心筹措,和衷共济,遂创立山会初级师范学堂"于府城南街(今延安路)。监督杜海生即聘何琪为该校教员。据《山会初级师范学堂同学录·教员一览》记载:"(姓名)何琪,(字号)阆仙,(籍贯)山阴,(履历)廪贡生,(职任)历史、地理、国文、经学,(住处)浪头湖"。1911年11月10日,革命党人王金发率部进驻绍兴,组织绍兴军政分府。12月22日《全浙公报》正式公布"由分府委任俞景朗君为府校监督,周豫才君为师范监督……"。这样,鲁迅与续聘的何琪共事了三个月光景,只是在《鲁迅全集》中只字未曾提及何氏。

关于何琪的晚年等情,幸有其高足冯蕃五在他的《六十自叙》中对恩师亦有忆述:"民国十一年(1922)十一月□□日何师阆仙(名琪)在沪逝世,享年五十八岁。时赵汉卿在上海办公民书局,聘师任编辑。师为吾绍先进人物之一(与杜亚泉、寿孝天同时),办事热诚,任劳任怨,诱掖后进,不遗余力,教育界颇有时誉。余受业三年之久(辛丑在北乡、辨志两义塾,壬寅癸卯在东湖通艺学堂),经学文学,启悟发蒙,得益不少。甲辰以后,余赴沪入南洋公学,遂鲜亲炙之机会(闻师曾创办临浦两等小学堂附设师范班,赵汉卿、陈津门均为班中优秀生;后又任山会师范学堂教课)。不料违教十九年,余正任商务印书馆编辑,师亦在沪,而余适以族妹于归钟氏,羁留绍地,不得与师永诀,惜哉!师有子昊,字东初,少余九年,民国七年七月死于疠疫。后一星期,师母张夫人亦染疫死。孙继长早卒,次年师以无后,续娶杭州黄河桥许氏,亦无出,何人继承,不得而知,唯闻许夫人于解放后尚居杭云。"

六、绍兴府中学堂同事陈子明

清宣统三年上学期刊的《绍兴府中学堂同学录》中的"教职员部",周树人(豫才)与陈邦亮(子明)均列其中。关于陈子明的记载是:"(姓名)陈邦亮,(字号)子明,(年龄)二八,(籍贯)嵊县,(职任)体操教员,(通信处)嵊县薛源和米行转寄大邱宕"。显然,陈子明当系鲁迅在绍兴府中学堂担任教职时的同事。不过,同学录有误植，"陈邦亮"系陈邦达之误，"大邱宕"系大邱岩之误。

陈邦达（1884—1977），字宏赞，号子明，今浙江嵊州里南乡大邱岩村人。陈氏早年进绍兴大通师范学堂接受培训，系光复会会员，东渡日本留学，大森体校毕业。1911年11月初，他追随王金发参加光复杭州之役，不久又随王氏进驻绍兴。陈子明一边在绍兴军政分府襄助王金发军事，一边担任绍兴府中学堂体操教员一职，与鲁迅共事一年。后来，据说他主要在学校教授体育。

七、绍兴府中学堂同事陈燮枢

清宣统三年六月，监督陈濬（子英）颁发给学生王文灏（铎中）的毕业文凭中不仅记载周树人与程鹏同为该校博物教员，而且亦有陈燮枢与朱涧南（幼溪）同为该校法制理财教员的记载，可见陈燮枢与鲁迅至少存有一年左右的同事关系。

陈燮枢（1874—1958），字赞卿，又作赞钦，浙江山阴（绍兴）东浦人。早年考取秀才，曾在东浦坐馆教书。他有感于当时清政府腐败黑暗，东渡日本，毕业于东京早稻田大学政治经济科，并乐与徐锡麟为伍，先后加入光复会和中国同盟会，还协助徐锡麟创办东铺热诚学堂。陈燮枢参与光复绍兴的实际斗争，才能在晚年忆述《辛亥绍兴光复见闻记略》等三亲史料。王金发重组绍兴军政分府后，他在此机构担任统计工作，后出任绍兴龙山法政学校校长。辛亥革命后，陈燮枢先后担任浙江省临时议会议员，第一届国会众议院议员等。他与褚铺成、沈钧儒等组织全浙公会，反对和抵制曹锟不法贿选。后又南下赴粤参加非常国会，与杭辛斋等组织过"研究学社"等。

由于陈燮枢与鲁迅是同校同事，共同参加和组织光复绍兴的实际斗争，两人应该是熟识的，可惜陈氏生前亦似乎未曾忆及。

八、山会师范同事钟寿昌

钟寿昌(生卒年待考),字懋宣,浙江会稽(绍兴)皇甫庄人。清光绪甲午科举人,亦系数学家寿孝天的表弟。钟氏早年受业于表舅寿镜吾。20世纪初期,陶浚宣创办东湖通艺学堂,聘他担任文史教员。宣统元年(1909),杜海生创办山会初级师范学堂,聘钟氏教授国文、历史、地理等课。1911年正月,钟寿昌又继任官立山会高等小学堂堂长(校长,现蕺山中心小学),7月辞职。11月,鲁迅就任山会师范监督,续聘钟寿昌在该校任教。清末,德高望重的钟寿昌还当过会稽劝学所总董(所长)。1933年前后,他在绍兴稽山中学执教。

钟寿昌著有《古今文法会通》,由上海进化书局出版。

九、山会师范同事钱荫乔

清宣统三年编印的《山会初级师范学堂同学录》在《教员一览》中,钱荫乔赫然在列,记载:"(姓名)钱绳武,(字号)荫乔,(籍贯)山阴,(履历)副贡,(职任)经学、国文、历史,(住处)新河弄。"据此记载和知情者回忆,他与鲁迅在山会师范是同事关系,且很可能此前已熟识。

钱绳武(生卒年不详),字荫乔,浙江山阴(绍兴)城内新河弄人。他与徐锡麟一样,系副贡出身。据载,钱荫乔曾任山会商会第一任董事。清光绪二十八年(1902),参与创建山阴县学堂,钱荫乔不负众望,被推举为首任堂长(校长)。钱荫乔亦学亦商,在绍兴府城水澄桥开设悦名茶漆店。因为同在乡里办学、经商,思想认识又较接近,他与革命党人徐锡麟来往较为密切。现存徐锡麟致钱荫乔短简十五件,1985年至1986年,我们编辑绍兴县政协文史委《徐锡麟史料》时均予以编入。据考,徐锡麟时在绍兴府学堂担任教职,并开设天生绸庄、特别书局,钱荫乔则在山阴县学堂任监督职,并一起筹办越郡公学等。这 15 通书简似写于 1903 年前后,是我们研究清末民初绍兴教育和徐锡麟等辛亥革命人物、史迹的极好原始材料。

钱荫乔精通古典文学、历史,工诗词。抗战前,绍兴拟编印《绍兴县志》,钱荫乔参与其事,编辑出版了《绍兴县志资料第一辑》,凡十六册等,编就的《第二辑》近年亦由绍兴图书馆等单位印行。钱荫乔还是绍兴龙山诗巢壬社的中坚骨干,他编有《龙山诗巢集》等存世。

十、山会师范学生董汝舟

1982 年 1 月 27 日,董月楼、董松楼兄弟慷慨捐献其父董汝舟的《毕业证书》给绍兴鲁迅纪念馆,此件十分珍贵,也确认董汝舟系鲁迅在山会初级师范学堂担任教职时的学生。在此笔者不妨记述此毕业证书的征集经过:1981 年 12 月 13 日上午,我有事去朱仲华先生家,陈于德、姚霭庭亦在座,他们告诉我,在张家沥教书的董月楼可能有他父亲山会师范毕业证书,还是鲁迅当校长时发的。当天下午,我给董月楼老师写信。不揣冒昧,启齿请求董氏能割爱捐赠敝馆。1982 年 1 月 3 日我收到他写来回信,全文如下:

士雄同志:欣奉手示,敬悉一是。

对先父山会师范毕业证书,几经战乱,由于珍视,尽力维护,保管较妥,现尚幸存。

同志本征集历史文物之负责精神,一片热忱。有所要求,有所指示,俱出公心。真情实意,不胜钦佩。形势所需,力所能及,一切自当遵命。

由于工作地址与家庭所在,路隔遥远,交通不便。原拟于元旦假期回乡拿取,故迟不作复。现因学期即将结束,业务较繁，未克抽身。任务完成，又将延期。有违关注，殊深愧感。失误之处，务乞见谅。

寒假期内，定将达成使命，请勿念。

此致。

敬礼！并颂

新禧！

董月楼（画押）
1981.12.31

当我看到董先生在来信中说毕业证书"现尚幸存"时，非常高兴，特别是他表示"寒假期内，定将达成使命"，更让我感佩万分，当即去信表示谢忱。

1982年1月23日，黄月楼又给笔者写来第二封信，因为来信内容谈及其父生平等，故亦全文抄录：

士雄同志：

兹由邮挂号寄奉先父的山会师范学校毕业证书一件，至祈查收。

先父受教于鲁迅先生，生前性格爽直，讲求维新，有苏世独立之气魄。诚以待人，反对封建旧礼教，主张自由、平等、博爱。擅长国画、英语，曾任教一、二年，后在上海震和、泰源等茶行任"通事"之职，与外人进行茶叶出口交易。参加上海青年会组织。爱好收藏历史文物（名人书画多幅，精装《大革命写真图》十二卷，古今中外书籍多种以及各种古物多件），所惜者，上述文物以及先父所绘画卷，所写有关校舍、教具等设计图样，均遭洗劫，有被个人据为己有者，亦有被烧毁者。

先父生平之具体事实，家乡老一辈人，当可略知一二。同志如有兴趣，不妨大驾下乡一行，必可了解真情。同时对绍兴山区新面貌亦可亲自观察一番。家乡位于绍兴东南之红山公社,地名董家塔,绍兴汽车站每天6:10、13:00各有一班往汤浦之调头车。横溪下车北向步行二里半即达。另有一班往玄溪过夜之调头车,绍兴15:20开,次日6:00回绍兴,单程时间约一个半小时。时间上花费不大。是否请考虑。如蒙复示,在二月二日前寄董家塔,否则请寄皇甫中学。

  拟于二月二日或三日经绍城返校,准备趋前拜访,面聆教益。专上

  敬颂

春节愉快!

董月楼(画押)
1982.1.23

  事实上,毕业证书并非"由邮挂号寄奉",而是1月28日下午由其弟董松楼先生、外甥小祥面赠我馆的,还捎来一封写于27日的便函(因内容与23日来信雷同,从略)。

  笔者收受毕业证书后,即送交资料室同志收藏,并陪同董松楼等两位同志参观了鲁迅故居、百草园、三味书屋和鲁迅生平事迹陈列厅。我们一边参观,一边向他了解其父生平事迹。董松楼老师时在陶堰中学教政治课,他告诉我:先父喜画画,曾制作一幅"螃蟹画"登载在《申报》(?),上有"汝舟画,周树人题,螃蟹无忌",影射国民党反动派的横行不法。办妥毕业证书捐赠手续后,董月楼先生曾来信致意。

鲁迅纪念馆同志们:

  复示与挂号邮寄物件,均照收悉。

  微小贡献,蒙赐厚礼。深远情意,至深感激!唯有老骥伏扬,图利国益民之业于有生之年,以报贵馆企望之忱。

礼物老实领受,画具等件,当于二月十四日前来具领。
　　谨此复谢,并颂
新禧!

董月楼(画押、盖章)
1982.2.9

　　2月14日是星期天,上午我在单位恭候,董月楼先生践约来馆,两人欢快地叙谈了一阵,经过同董氏兄弟交谈,对董汝舟先生也有大概了解:

　　董汝舟(1894—1934),字仲帆,浙江会稽(绍兴)董家塔人。他考入山会初级师范学堂简易科第二班,与孙越崎、孙伯康、李士铭、李肇唐等为同班同学。毕业后,董汝舟回乡任教一、二年。董家塔地处会稽山区,盛产茶叶,他又精通英语,旋赴上海震和、泰源等茶行任"通事"即翻译多年。可惜董汝舟1934年就英年早逝了。

新版《鲁迅全集》误注补正二十一则

吴作桥　王　羽

又发现新版《鲁迅全集》(以下简称《全集》)若干误注,现补正如下,不当之处,乞方家读者教正。

一、关于羽太芳子的卒年。关于周建人的前妻,鲁迅的三弟媳羽太芳子,《全集》共有两个注,即第 11 卷第 390 页注[1],第 17 卷第 78 页。前者称芳子卒年为 1964,后者称芳子卒年为 1965。《全集》之注又撞车了。裘士雄的《鲁迅与他的乡人》一书中云:"1965 年 2 月 12 日,羽太芳子在北京病逝。"[1]裘先生之说是可信的。因为这一说具体至月日,大约是来自芳子的亲人之口。第 11 卷之注为误注。《全集》书信部分错注较多,不知何故。

二、关于寿镜吾的卒年。关于鲁迅在三味书屋读书时的老师寿镜吾,《全集》只有两个注,即第 2 卷第 292 页注[7],第 17 卷第 84 页,此二注注寿之卒年,前者为 1930,后者为 1929。寿镜吾孙媳王孟华曾说:"太爷爷(指寿镜吾)是闰六月二十四日病逝的。……由于年年做忌日,我不会记错。"[2]王女士只是说"闰六月",而未说是哪一年的"闰六月"。"闰六月"应指 1930 年,因为 1929 年无闰月。[3]《鲁迅生平史料汇编》亦称:"寿镜吾是一九三零年八月十八日病逝的。"[4]第 17 卷之注为误注。

三、关于寿洙邻的谱名,又字,号与化名。《全集》关于寿镜吾的次子,周作人的塾师寿洙邻有三个注,即第 8 卷第 173 页注[2],第 11 卷第 522 页注[1],第 17 卷第 84 页。此三个注均称寿洙邻名鹏飞,字洙邻,无其谱名,又字,号与化名。裘士雄在其《鲁迅与他的乡人三集》称寿洙邻"谱名祖泗,改名鹏飞,字洙邻,一字圣源,号潜庐,化名钝拙……"[5]。这些信息应补入《全集》此三个注中。裘先生是研究鲁迅乡人的专家,他提供的信息,至为可信。

四、关于周庆蕃的生年与号。关于鲁迅呼之为"十八叔祖"的周庆蕃,《全集》只有两个注,即第2卷第311页注[37],第11卷第405页注[2],此二注均注其生年为1845,未注其号。裘士雄在《鲁迅与他的乡人》一书中称周庆蕃,"生道光癸卯年四月十九日亥时"。[6]道光癸卯年应为公元1843年,即道光二十三年。[7]裘先生还称其"号杏林,又号虞臣"。[8]《全集》此二注为误注,应予订正。

五、关于徐树铮的字。《全集》有关徐树铮的注只有两个,即第三卷307页注[6],第13卷第380页注[3],此二注均未涉徐之字。《民国人物传》云:"徐树铮字又铮。"[9]此信息可补入《全集》此二注中。

六、关于张宗昌的字,绰号与死因。关于奉系军阀头目张宗昌,《全集》只有两个注,即第5卷第401页注[7],第6卷第332页注[23]。此二注均未涉及张之字,绰号,死因。《民国人物传》云:"张宗昌字效坤,绰号'狗肉将军'。"1932年9月3日,被人在济南火车站刺死[10]。

七、关于朱执信的原名、字、生地。《全集》关于朱执信只有一个注,即第11卷第134页注[3],此注无朱执信的字,又云其为"浙江萧山人"。《民国人物传》云,朱执信原名大符,字执信……广东番禺县人。……出生于广州。[11]此二信息可供此注编写者参考。

八、关于秋瑾的生年。关于秋瑾,《全集》共五个注,即第1卷第295页注[11],第2卷第329页注[6],第3卷第470页注[5],第6卷第82页注[24],第11卷第39页注[4],这五个注,秋瑾生年均为"1877",《民国人物传·秋瑾》云:"1875年11月8日(清光绪元年十一月十一日)生于福建厦门。"[12]此书连秋瑾农历生日都有具体年月日。称秋瑾生于1875年之信息当是可信的。

九、关于赛金花生年、生地。《全集》关于清末民初名妓赛金花只有一个注,即第6卷第626页注[4],此注赛金花生年为约1872,生地为江苏盐城,此注有误。据刘半农等著《赛金花本事》一书,赛氏关于自己的生年也说法不一,在与刘半农等人谈话时,她说:"生我那年是同治末年……这时候,我家住在苏州城内周家巷。"[13]在此书《赛金花系年小录》她又说:"而我是生于苏州虎门附近的萧家巷,那时是同治十一年"[14]。同治末年是同治十三年,这次说是同治十一年。在此书的《赛金花外传》又称:"但我却是生于苏州虎门附近的萧家巷。那时是光绪元年。"[15]死前,她对女仆顾妈说:"我今年已经六十五岁了,是属猴的,我从小长大,一直是瞒着三岁呢。"[16]生于同治十一年、十三年,光绪元年,哪一种说法是对的呢,应是同治十一年(1872年)为对。她死于1936年,瞒了三岁,这时她确是六十五岁;她说是属猴的,1872年恰是猴年(壬申年)。[17]所以,《全集》此注1872之前之"约"字应删。不是约1872年,就是1872年。她生于苏州,是苏州人,不是盐城人。

十、关于吴承恩的生卒年。关于《西游记》作者吴承恩,《全集》有四个注,即第9卷第174页注[7]、[8],第175页注[11],第11卷430页注[9],这四个注均未标示吴承恩的生卒年。《吴承恩传》云吴之生卒年为1506—1582。[18]此信息似可补入《全集》这四个注中。

十一、关于屈原的生年。关于屈原,《全集》共八个注,即第1卷第19页注[17]、第106页注[37],第2卷第3页注[1],第3卷第216页注[6],第5卷第123页注[3],第6卷第357页注[3],第9卷第389页注[1],第12卷第319页注[4]。这八个注,注屈原生年均为约前340年。

可以肯定地说,此生年之注为误。关于自己的生辰,屈原自己就有说法,这个说法自然是权威的,即《离骚》的第3、4句:"摄提贞于孟陬兮,惟庚寅吾以降。"

钱穆先生在《先秦诸子系年》一书中引王逸《楚辞章句》云:"太岁在寅曰摄提格。孟,始也。贞,正也。于,於也。正月为陬。庚寅,日也。言己以太岁在寅、正月始春、庚寅之日,下母体而生。"[19]这就是说屈原自己讲自己生于寅年寅月(正月为寅)寅日。姜亮夫先生将此二句诗译为:属寅的那年当着正月的时候呵,我在庚寅的那天降生[20]。

钱穆先生也同意他人推定:"屈子生年在楚宣王二十七年。"[21]又云:"屈子生年在周显王二十六年。"[22]而楚宣王二十七年或周显王二十六年是公元前343年,其干支为戊寅,恰是寅年,[23]与屈原自说相合,而定约前340年为其生年,此年干支为辛巳,[24]与屈原自说不合。

十二、关于墨子的姓。《全集》关于墨子共十三个注,其中大多数称墨子名翟。意谓墨子姓墨名翟。说墨子姓墨这是错的,墨子无姓。墨家同情受过墨刑的刑徒、奴隶、平民。钱穆先生在《先秦诸子系年》中称:"人以墨致讥,而彼转以墨自夸焉。然则名,墨翟者,犹后世有黥布。黥布不姓黥,人知之,墨翟非姓墨,则不知也。墨为刑名,人知之。而墨者之称,犹谓黥徒,则不知也。故当时所谓儒墨,易言之则士与民之分也,君子与刑徒之等也。谓余不信,请熟翻之于先秦诸子之古籍。凡所记儒者之衣服饮食起居动作言论,岂不俨然一所谓士君子者之衣服饮食起居动作言论乎?至于墨则不然。其衣服,奴隶之衣服也,缺食,奴隶之饮食也,起居动作言论,奴隶之起居动作言论也。"[25]"贵者始有氏,贱者则不必有氏。"[26]《辞海》亦云:"氏所以别贵贱,贵者有氏,贱者有名无氏。"[27]墨家学派同情刑徒、奴隶、平民,则一切模仿贱者,所以墨子无姓。这一点,《全集》此十三个注应予补充说明。否则墨子便姓墨了。

十三、关于老子的字。《全集》关于老子共十个注,只有第 6 卷第 311 页注[12]称老子姓李名耳,字伯阳,外字(号)聃,其他各注均称老子名耳字聃,《全集》之注又撞车了。崔仲平、崔为在《老子译注》一书中称"河上公说老子字伯阳,后世传开了。其实这是误会,大约是把老子跟西周末论地震的那位伯阳父弄混了"。[28] 此一信息可供第 6 卷此注编写者参考。

十四、关于密德罗辛的生卒年。《全集》关于苏联木刻家密德罗辛有两个注,即第 6 卷第 502 页注[11],第 14 卷第 79 页注[1],此二注均未标示此人之生卒年。戈宝权先生在《苏联木刻画家传略》一文中称密氏生卒年为 1883—1973。[29] 此信息,《全集》可采用。

十五、关于保夫理诺夫的卒年。关于保夫理诺夫,《全集》共四个注,即第 7 卷第 365 页注[16],第 12 卷第 315 页注[7]、第 507 页注[1]、第 507 页注[2]。前两个注,其生卒年为 1881—?,意思是卒年不详,后两个注没有生卒年之标示。著名翻译家,前苏联文艺专家戈宝权先生在《苏联木刻画家传略》一文中称其卒年为 1966 年。[30] 戈先生提供的信息是可信的。此信息可补入《全集》此四个注中。

十六、关于希仁斯基的生年。关于前苏联木刻家希仁斯基,《全集》只有两个注,即第 6 卷第 502 页注[11],第 14 卷第 415 页注[1],此二注均无希仁斯基生卒年。戈宝权在《苏联木刻画家传略》一文中标示希仁斯基生卒年为 1896—?,[31] 生年准确,卒年不详,此生卒信息《全集》此二注可采用。

十七、关于冈察罗夫的卒年。关于前苏联木刻家冈察罗夫,《全集》共九个注,即第 6 卷第 501 页注[6],第 7 卷第 441 页注[3],第 12 卷第 507 页注[1],第 13 卷第 229 页注[4]、第 227 页注[1],第 321 页注[5],第 14 卷第 53 页注[5]、第 415 页注[1],第 17 卷第 29 页。这九个注中第 1、2、8、9 四个注冈氏生卒年为

1903—?,其余之注未注其生卒年。同是戈宝权先生《苏联木刻画家传略》中注冈氏卒年为1979,[32]此信息《全集》可采用。

十八、关于毕珂夫的生卒年。关于前苏联木刻家毕珂夫,《全集》只有一个注即第7卷第441页注[6],此注连毕珂夫的俄文原名都有,就是无其生卒年。戈宝权先生在《苏联木刻画家传略》中称毕珂夫生卒年为1903—1973[33]。此信息《全集》此注可采用。

十九、关于莫恰洛夫的生年。关于前苏联木刻家莫恰洛夫,《全集》只有一个注,即第6卷第502页注[1],此注无莫恰洛夫生年。戈宝权先生在《苏联木刻画家传略》中称其生年为1902—?[34],生年有,卒年不详。

二十、关于杜勃罗留波夫的生卒年。关于俄国著名文艺批评家杜勃罗留波夫,《全集》只有一个注,即第13卷第416页注[1],此注无杜勃罗留波夫的生卒年,经查,杜勃罗留波夫的生卒年为1836—1861,[35]此信息可补入《全集》此注中。

二十一、一个放错了位置的注释。关于前苏联木刻家克拉甫兼珂,《全集》共八个注,这八个注中,只有第七个注,即第14卷第416页注[2],不是注克拉甫兼珂的,而是注西文字母V的,此注文云:"V指苏联对外文化协会。"这一个注放错了位置,应将此注释从"人物类"中抽出,编入"外语词语"西文V中,这才是较为妥当的。

注释

[1][5][6][8]裘士雄:《鲁迅和他的乡人》,西泠印社出版社2014年版,第145页、第87页、第151页、第150页。

[2][4]薛绥之主编:《鲁迅生平史料汇编》第1辑第294页。

[3][7]荣孟源编:《中国近代史历表》生活·读书·新知三联书店1953年版,第101页、第14页。

[9][10][11][12]李新,孙思白主编:《民国人物传》,中华书局1978年

版第 1 卷第 204 页、第 236 页、第 62 页、第 52 页。

[13] [14] [15] [16] 刘半农等著：《赛金花本事》，岳麓书社 1985 年版，第 3 页、第 170 页、第 67 页、第 198 页。

[17] [23] [24] [27] 《辞海》，上海辞书出版社 1980 年版，第 2136 页、第 208 页、第 208 页、第 1100 页。

[18] 浦玉生：《吴承恩传》，全城出版社 2019 年版，第 3 页。

[19] [21] [22] [25] [26] 钱穆：《先秦诸子系年》，商务印书馆 2001 年版，第 308 页、第 308 页、第 309 页、第 108 页、第 111 页。

[20] 姜亮夫：《屈原赋今译》，云南人民出版社 1999 年版，第 2 页。

[28] 崔仲平、崔为：《老子译注》，吉林文史出版社 1996 年版，第 1 页。

[29] [30] [31] [32] [33] [34] 戈宝权：《苏联木刻画家传略》，《鲁迅研究资料汇编》第 18 辑，中国文联出版公司 1987 年版，第 130 页、第 129 页、第 132 页、第 133 页、第 135 页、第 137 页。

[35] 《世界近代史人物传》上册，吉林文史出版社 1981 年版，第 111 页。

域外折枝

悖论性的启蒙战略
——《孔乙己》论

[日]代田智明著　李明军译

一、石蕊试纸

　　在鲁迅的小说中，具有好像"石蕊试纸"一样的作品，根据其读法，会显露出读者的人生观或世界观，第二篇小说《孔乙己》虽然是非常短的文本，大概却是其中之一。不过，就作品的艺术水准来说，在研究者之间并没有异议。竹内好根据现代小说的技术标准衡量，对于鲁迅的小说，其观点大多都很苛刻。这一点，如果据实说的话，是因为他有这样的议论：在鲁迅小说写得不好的地方、在没能写出伟大的小说的地方，却具有作为鲁迅的独特之处的"伟大"。所以说，其观点苛刻是理所当然的。但这并不是说竹内好鲁迅论的议论合适与否，而是从竹内好的现代的文学观来看的话，鲁迅的小说确实看起来好像比较稚拙。具有这样眼光的竹内好，对这部作品是这样评价的："作为短篇小说，其结构的巧妙和描写的绵密，即使在鲁迅的作品中也是第一流的，几乎没有什么废话。"作为短篇小说的完成度之高，其他论者也都一样有所承认[1]，好像大家有目共睹、一致公认，但是关于其内容的解释，却有相当大的差异。

　　这部作品不但是"石蕊试纸"，而且一般读者对其误解甚多。

最近的年轻读者，对于滑稽可笑的、提供幽默的作品，似乎大部分都怀有全面的信仰，对他们来说，带来笑声的人物，就更加非常令人喜欢。若是这样的话，那这个故事的悲剧性就被大大地降低了，孔乙己和周围人们的关系也就很容易被理解为肯定性的东西。恐怕正是作品完成度之高以及在模模糊糊的没有流动性的世界中的轻盈笔法，反而才招致了这样的误解吧。而且，在这里，我要解读这类作品的特性就是作者相当周到地用心于"构造"的结果，而不能将这篇作品解读为通常的写实的现实主义。鲁迅的作品，最常见的是，尽管乍一看一般都认为是写实的，但实际上它是通过特定的描述和读法的策略而加以精密地构思的作品。能否抓住这一点，也是最终影响读法差异的关键。

那么就请进入作品吧。作品开头介绍了一个叫鲁镇的村子里某小酒馆的风情。临街有一个曲尺形的大柜台，柜台里面，预备着热水，可以随时在这里温酒。竹内好曾指出，鲁迅以农村为背景的作品非常出色。在人与人互相拖后腿、被疏远的状况中，他再三描写了弱者的悲剧，但与都市相比，以农村为题材的作品，富有抒情性、现实感。恐怕少年时代因家庭没落衰败而受伤的经验和对出生的故乡绍兴城及其周边村落的感伤，是伴随着爱憎而被铭刻于作者心海的涟漪吧。不过，因为鲁迅对将小说与特定的场所和人物结合在一起的做法特别小心谨慎，所以鲁镇始终是作为作者的想象的产物的，在助其想象的意义上，据说有少年时代的记忆。在小酒馆的柜台外侧，做工的人们站着喝烫热了的酒；而只有阔绰的人，才会一盘二盘地要酒要菜。于是，人们就将穿着短小工作服的人，称为"短衣帮"。他们是通过体力劳动来获得粮食的人，一般都很贫穷。与之相反，穿着长衫的人们，都是经济上富裕的知识阶层，被称为"穿长衫的"。他们不在外面饮酒，而是不慌不忙地踱进酒店里面的房间，坐下来慢慢地吃喝。在传统中国，有称为"士大夫""读书人"之类的阶层，他们既是作诗、做学问的知识分子,同时又是拥有田地等家产的地主,科举考试合格,还会由于地方或场合的不同而成为中央的官僚。似乎发迹了的人,一引退就作为地方社会的头面人物而旁若无人、为所欲为的情况也很多。这样的配角性的反面角色,虽然在描写上也并没有那么精彩,但却在鲁迅的小说中频繁登场。

总之,"短衣"和"长衫"这两者,是通过服装从外表上被明确加以区别、分开的。明显被区分开的两个阶层的构图,作为故事的前提,是以穿着和在小酒馆里所占位置不同的形式来加以提示的。因为鲁迅在20世纪20年代后半期涉猎了马克思主义文献,所以此后也许已经稍加细致地思考了"阶级"的观念。但是对于这个时候的作者来说,中国社会的基本性构图,恐怕根据这篇作品已经相当充分了吧。庆幸同伴的灾难只要没有降临在自己身上就好的"短衣帮",企图从他们身上尽全力榨取的"长衫"阶层,"长衫"和"短衣"的两个明显的区分和不能破坏这种关系的循环构造,这些都是被作者抽取出来的中国的黑暗。故事从开头就缩影式地明示着这一切。

其中,要注意"这是二十多年前的事"这一补充性的叙述。这是因为这部小说是创作于1918年,所以其场面并不是指示19世纪末期——清朝末期这一时代设定[2],因为这与接下来的"我从十二岁起,便在镇口的咸亨酒店里当伙计"的讲述有关。此外,前文稍加论及了,但成为背景的这个村子的称呼——鲁镇、小酒馆咸亨酒店,也是在鲁迅的小说中屡屡登场的人们所熟悉的虚构的固有名词。随后创作的《明天》的登场人物——单四嫂子,住在鲁镇咸亨酒店的隔壁,《风波》也是鲁镇的话题,皇帝复位的传闻满天飞的地方也是咸亨酒店。也就是说,鲁镇是作者所得意的场面设定。

二、叙述的位相

这个少年的"我",作为第一人称叙述人,成为演出这个故事的重要角色,这个"我"的本来面目是一个相当令人难解的谜,而且在文本中起着重要的作用。在故事的开头,一边移动视点一边从入口到内部描写小酒馆的构造,在讲完了前述两个阶层的"分栖共存状态"之后,叙述人露脸登场。从刚才的计算来看的话,虽然"我"的年龄在讲述的时间点上,等于是三十五岁左右的中年了,但是"现在"是什么样的人呢? 直到故事的最后也没有特别提及的记述。这都是接连不断的空白、不明。

接着,小说特定描写部分的叙述,向读者传达着咸亨酒店的掌柜怎么判断、怎么处置少年;对少年来说,这个职场又是什么样的。因为"我""样子太傻",所以不能胜任"长衫"老爷的接待。作为"短衣"客人的侍候者,必须会巧妙地往酒壶里羼水以增加酒的分量。但是因为"短衣"主顾们爱发牢骚、爱提意见,他们会以鱼鹰之眼、苍鹰之眼注视着将酒从酒坛盛到酒壶,又看到将酒壶放在热水里,所以笨拙的"我"是不可能做好的。这样的"傻"本来是应该辞退的,但因为介绍者来头强大,所以被安排在只做单纯的温酒工作上。"掌柜是一副凶脸孔,主顾也没有好声气,教人活泼不得"。工作很无聊,整个酒店也被沉重的气氛支配着。即使在这里,也同样以若无其事的笔触描绘出了社会的黑暗。往酒壶里羼水、点心盒子悬空底儿之类的,恐怕是在哪个社会里也都有的事情吧。但正是围绕这些琐碎的欺骗手段,酒店与客人之间必须的攻防战得以展开,"必须蒙骗"和"必须怀疑"就碰撞在一起了。"我"既不能偏袒蒙骗的酒店一方,也不能偏袒怀疑的客人一方。若是机灵精明的店员,那大概就能够做到既恪守主人的意图又白送东西给喜欢的常客之类的对应。而"样子太傻"的少年,就不会那么善于钻营地顺应这个社会的成规。所以按照这个社会来衡量的话,超出社会这种相应的成规的"我"就是"无能",但从另外的立场来看的话,甚至反而可以说是在愚直的意义上的诚实。

最初的小说特定描写部分的这种(不偏袒)状态,带来了略显客观而中立的叙述,因此,造成了向读者敞开、易于被读者接受的状态。不过,既然是"超出者",那么通常情况下,就应该是被这类小酒馆的世界放逐的存在,但也要注意小伙计是通过关系才勉强留下来的事情。这是另一种黑暗的力量,并且因为是在黑暗中生存的,所以即使企图从中超出,也只能通过黑暗来支撑。这样的构造,恐怕会令人联想起《狂人日记》吧。虽然造成重复,但对作者鲁迅来说,这正是他难以忍受的、无能为力的黑暗构造。

接下来,是主人公孔乙己的登场。"只有孔乙己到店,才可以笑几声,所以至今还记得。"所谓"可以笑",恐怕并不是说哪个人"许可",而是在这样的"蒙骗""怀疑"的人际关系之中,即在必然造成的冷漠、冷淡的气氛中,笑也依然成为可能的意思吧。这样的叙述,从开头一直读下去时,虽然不大引人注意,但在探查叙述人的本来面目的场合,却都觉得是重要的台词。后面讲到的"至今还记得"是关键的一句话。"孔乙己是站着喝酒而穿长衫的唯一的人",身材高大,但满是伤痕的青白脸色,乱蓬蓬的胡子,虽说穿的是"长衫",但又脏又破,似乎没有洗过。一开口就"之乎者也",也就是古老的文言体。为什么这样的人物还穿着"长衫"呢?叙述人的叙述会逐渐使之清晰起来。

"短衣"和"长衫"按理应该是被截然区分开的,而孔乙己属于例外,更进一步说的话是属于异类。或许他本人是无意识的、非本意的,但说起来就是完全超越了分界限的人,即成为了所谓的"越境者":"孔乙己一切都与这个社会的构成(人间)无关"[3]"是被读书人和民众这两个阶层的双方所疏远的孤独、懒惰的多余人"[4]。这样的不属于任何一方的"越境者",一般就是嘲弄和嘲笑的对象。在故事里他的正式的名字也是不明的。虽然"孔"是生来就有的姓(理所当然令人联想到孔子),但是"乙己"是从儿童摹写毛笔字时的字帖开头"上大人孔乙己"而来的绰号,是笔画少而简的文字,而且在"上大人"也可以解读为了不起之人的地方,还能够窥见这个绰号所包含的轻妙的侮蔑。叙述人的叙述如同某种风景似地、好像素描似地、淡淡而又若无其事地描写着这种嘲笑。

看到孔乙己脸上新伤疤的"短衣"顾客,故意地高声嘲弄:"你一定又偷了人家的东西了!"孔乙己睁大眼睛反驳道:"你怎么这样凭空污人清白""什么清白,我前天亲眼见你偷了何家的书,吊着打。"尽管如此,孔乙己还是涨红了脸,额上的青筋条条绽出,争辩道:"窃书不能算偷……窃书!……读书人的事,能算偷么?"这么说了之后,又接着说些"之乎者也"的话,于是在场的众人都哄笑起来,沉闷的空气为之一变,而"店内外充满了快活的空气"。因叙述人的叙述仍然是中立的,所以读者也许和小酒馆的顾客们一起发笑。当然,一般认为叙述人的叙述是有策略的,读者的反应也是十分清楚的,但这一点要在后面阐述。绝对地认可滑稽可笑和"快活的空气"的年轻读者,完全肯定性地理解这个场面的也是附和赞同的。就连作者,似乎也没有估计到这样的读者,不过,这样的误读或许也可以说是由于叙述人的叙述的中立性姿态而产生的。叙述人的叙述只是传达孔乙己落后这一信息,或者认为他是无聊的家伙而嘲笑他,或者认为他是温和而有幽默感的,这恐怕是读者的文化个性的问题。但是,叙述人的叙述的态度却尚未表明。

然后,叙述人的叙述通过人们的"背地里谈论"介绍孔乙己这一人物形象。这里的叙述,目的无疑是主要描写孔乙己这个人物,但它始终是通过人们的谈论来进行的,所以严格说来,其中伸入着鲁镇的人们对待孔乙己的视线。虽说孔乙己是知识分子阶层出身,但科举考试未考中,又不会经商,结果就成了和乞丐一样的人了。不过因写得一手好字,被人雇佣抄写,而勉强能够生活。可是又因他本性懒惰,常常把人家的文具和书籍拿出去卖掉,因而有被殴打的遭遇,脸上的伤疤也是因此而来的。

域外折枝

对于传统中国的知识阶层,也就是"长衫"阶层来说,科举是决定他们人生的一件大事。科举的进步性在于它与资格或门第无关而又是谁都可以应试的,但实际上能够应试的,只是一些富裕的人。因为就整个人口来说,甚至连识字也只是少数人的特权,更何况能够参加必须熟记大量古籍的科举考试的人是极其有限的。为了熟记大量古籍,必须从小上私塾,跟着家庭教师学习。考试的内容也是以四书五经这类传统中国的古籍为对象的,所以这样的时代已经是一个完全落后的时代。鲁迅本人也是在这样的家庭里长大的,科举被终止前也参加过考试。祖父的贿赂事件也好,父亲的落魄也好,科举这一人才录用制度的缺陷,应该都因与他本人的家庭问题密切相关而铭刻于心。在这里,成为问题的也是他科举失败之事,他是整个人生都失败的那种男人。"人的正常发展和个性如何在这个秩序中不由自主地扭曲以至毁灭。"[5]。这是将孔乙己当作"异类"的事情原委,也确实是构成文本基础的一个主题。

关于孔乙己,叙述人的叙述无意中还添加了这样的记述:"他在我们的店里,品行却比别人都好,就是从不拖欠。"若有拖欠的话,店主人就记在小黑板上,但孔乙己的名字则总是过不了多久就会从小黑板上拭去。这表示着孔乙己的某种忠实。这并不是背地里谈论,而是作为事实来讲述的,这样的讲述恐怕也应需注意吧。同时还需指出,孔乙己本来并不是那种游手好闲的人,在"愚直"这一点上,也是和"我"略有相似的。汪晖讲道:"人们(读者)还发现了落魄知识者长衫下隐藏着的善良和真诚。"[6]

场面再次回到孔乙己与"短衣"顾客们的对话。因为只有孔乙己到来时才有笑声,所以顾客们吃着满心以为合适的下酒菜,纠缠着孔乙己进行嘲弄:"你当真认识字么?"对此,孔乙己虽不予理睬,但却显出一种傲慢的态度,而顾客接下来的质问是挫其傲慢的企图:"你怎的连半个秀才也捞不到呢?"所谓秀才,指的是通

183

过科举最初难关的人。在广泛的意义上,还指一般的读书人、知识分子,所以还有类似在说最低级的考试也没合格、连知识分子的边也沾不到这样的含义。这样的质问给予了孔乙己致命性的伤害。"在孔乙己的思想意识里,未能进学实在比干了偷窃的勾当还要丢脸的!"[7]小酒馆里的人们是深知孔乙己的弱点的。

一听这样的质问,孔乙己就颓丧起来而无力开口辩驳,只是反复咕哝"之乎者也"。于是,"在这个时候,众人也都哄笑起来,店内外充满了快活的空气。"前头刚说过的"店内外充满了快活的空气"一句被重复,就是强调围绕孔乙己的关系。"在这里,非常生动地描绘着一种与孔乙己的悲伤心灵毫不相通的民众仿佛颇为愉快的姿态。"[8]

需关注的是接着的短文:"在这些时候,我也附和着笑,掌柜是决不责备的。"在这里出现第一次的态度表明。这个时候,即只有嘲笑孔乙己的时候,"我"才被允许可以一起与掌柜、"短衣帮"站在同一边。平日里的少年,恐怕就只是一个作为傻子而被掌柜责备、若不机灵不精明就被顾客们不断抱怨的存在吧。这样的少年的"我"唯一在感觉上与他们能够一体化的就是这个时候。而孔乙己就是这样的存在。

当然正如前文已经讲过的,在小酒馆也有等级制度。若按顺序列举的话,即是"长衫"阶层、掌柜、"短衣帮"。虽然"我"的出身很快就清楚了,但我们马上就会察觉到,作为少年的叙述人的地位在这个小酒馆里是最低微的。"短衣帮"、"我"都是贫穷而没有地位的人。这样的人们嘲笑、轻视的对象正是"越过"了阶层界限的"异类",也就是孔乙己。明明你与我们不一样,却在柜台外站着喝酒;明明是"长衫",却比我们还悲惨的男人,这才是我们能够毫不客气、无忧无虑地加以讽刺、揶揄的对象。我想要指出的问题是,这里的叙述具有面向那种社会低阶层的存在方式的眼光。在与《孔乙己》这篇作品同一时间前后,鲁迅在《随感录》中曾讲过:"暴君治下的臣民,大抵比暴君更暴。"[9]鲁迅曾多次愤慨地指出,社会的被统治阶层比统治阶层残忍得多。这样的意识也被反映在这部作品里了。在文本中,这点无疑也是另一个重要的主题。不过,叙述人的叙述并不意味着仅此而已。

到这里,如上所述,叙述人的叙述几乎是中立性地围绕孔乙己描写了鲁镇这一社会地域的人际关系。在这里,第一次表明"我"是站在嘲笑孔乙己这一边的人。"我"是与掌柜、"短衣帮"位于同样视点的人。恐怕可以将它看作第一视点吧。于是到这里,嘲笑孔乙己的愚蠢或者愤慨于孔乙己可悲的读者,恐怕都被"我"这种几乎中立的叙述所驯服,所以自然都被欺骗,都跟随"我"而注视事态的发展吧。文本的这种机制在这里所发挥的作用,对于这样的理解来说应该是非常重要的问题。

如果再回到故事当中,我们就会看到,被当作笑料的孔乙己感到将"短衣"的成人们作为对手的情形不太好,于是他试图跟孩子们搭话。"我"也是孩子中的一员。有一次,他向"我"搭话,问道:"你读过书么?","我"略略点一点头,他便说:"读过书,……我便考你一考。""我"想:"讨饭一样的人,也配考我么?"于是转过脸去,不予理睬。在这里清楚、明显地表露了"我"蔑视孔乙己的姿态。我们可以将这一点看作第二个视点。"我"并不是作为小酒馆里的一个无名之辈,而是从独自的立场瞧不起孔乙己。那么,所谓独自的立场会是什么呢? 所谓"读书"在这个时代的中国首先是识字。因此,孔乙己所问的是自己所点的下酒菜"茴香豆"的"茴"字的写法。孔乙己说:"这些字应该记着。将来做掌柜的时候,写账要用。"对此,"我"认为自己"和掌柜的等级还很远呢",而且即便是自己的掌柜也从不把"茴香豆"之类的记在账上,因此觉得孔乙己好笑、讨厌,于是"我"回答道:"谁要你教,不是草头底下一个来回的回字么?"孔乙己这次很高兴,向"我"问起"回"字的四种写法,但因"我"对此不予理睬,所以孔乙己叹口气,显出很惋惜的样子。这个场面特别意味深长,显示着孔乙己办事认真、爱管闲事的性格。当然,在孔乙己的办事认真上,能够看出他炫耀"回"字四种写法这类无用知识的迂腐的侧面。但是,如果在善意的层面上看,那么在爱管闲事里面,恐怕可以说隐藏着他的孤寂和热情吧。另外,新岛淳良将这里的孔乙己的态度看作是一种企图以识字这点占优势的、与阿Q同样的一种"精神胜利法"[10],但我认为这种说法恐怕有点儿想多了吧。

不过,更为重要的是"我"的出身和境遇。"我"的出身和境遇构造着独自的立场。"我"这一人物是个谜,虽然前面已讲过,但在这里还应略有了解。这是新岛淳良已经指出的[11],从"我"识字这件事来看,即"我"出生于"长衫"阶层之家的可能性很大,的确,应该与"短衣"顾客"合不来"吧。但是因为在故事的时点上"我"正当着小酒馆的伙计,自知也没有能够当上掌柜的将来,所以是一个没落的人吧。从这里可以产生两个联想:一个是,尽管出生于"长衫"阶层,但在同样被"短衣帮"轻视这点上,实际上"我"和孔乙己是近似的。当然,尽管"我"在这里将孔乙己蔑视为"讨饭一样的人",但也不是不能说反而正是这种好像不自觉的"近似性",才掀动起了蔑视孔乙己的"我"的感情,只是与"短衣帮"若无其事的嘲笑,倾向上稍有不同罢了。在某种意义上,恐怕也可以说是作为自己的将来可能有的姿态而嫌恶的吧。在这个意义上,"我"身上也是充溢着某种越境者的感觉的。

另一个联想是与鲁迅的传记性事实有关的。鲁迅本人是出生于绍兴屈指可数的"长衫"阶层的大少爷。但是,这样的家庭却由于祖父的入狱和父亲的病而迅速没落,全家经济陷入困窘,鲁迅"几乎是每天,出入于质铺和药店里"[12];"我从一倍高的柜台外送上衣服或首饰去,在侮蔑里接了钱,再到一样高的柜台上给我久病的父亲去买药。"[13]这些恐怕都是印象性的叙述吧。这种体验,是多么伤害少年的心灵啊!"有谁从小康人家而坠入困顿的么,我以为在这途路中,大概可以看见世人的真面目"[14]。这么说来,关于叙述人的"我",令人想起作者的少年时代,恐怕并不是多么离奇的事情吧。新岛淳良就说:"孔乙己或许就是不死父亲的形象,酒馆的小伙计或许就是类似的自我形象。"[15]我觉得这种说法也有一番道理。

那么,孔乙己把孩子们作为对象,不用说,正因为被"短衣帮"所轻视,恐怕才没有将孩子仅仅作为舒心轻松的对象来选择吧。"将仅有的一点点茴香豆分给聚集在自己身边的孩子们,说明他待人慈祥。"[16]围绕对待孩子的感情,新岛淳良论及得很详细,所以这里略去不讲。[17]我只想注目下一个场景。孔乙己给聚集的邻舍的孩子们每人一颗茴香豆,但是他读出了孩子们进一步缠磨的视线,答复道:"不多不多!多乎哉?不多也。"[18]于是孩子们哄堂大笑散去了。新岛淳良相对应地捕捉到这个场面与《孤独者》的主人公魏连殳想要给孩子们花生米而遭嫌恶的场面。对此我没有异议。但如果真是那样的话,那接下来的设想不就成为可能了吗?若是预先理解魏连殳就是年轻鲁迅向往的英雄像前途落魄的下场这一前提,那么实际上孔乙己虽然被进行了相当漫画似地加工,但不也就是他的英雄像的后裔吗?

作品中,除孔乙己以外的所有登场人物,包括叙述的"我"在内,都是靠嘲笑侮蔑某个人而活着。但是,唯一只有孔乙己,尽管自尊心很强,他却既没有嘲笑谁,也没有侮蔑谁。而且,既然孔乙己与叙述人的"我"具有近似性,那么,与其像新岛淳良所说的是作者的父亲,不如就认为他就是作者自身的一部分的投影更恰当吧。当然,虽然最初提出的控诉科举弊害这一主题并没有消失,但将孔乙己作为一个承担科举弊害的人格丧失者来批判的解释,跟新岛淳良一样,是怎么也不能接受的。

可是,在孔乙己和邻舍孩子们的片段最后,叙述人附加了一句:"孔乙己是这样的使人快活,可是没有他,别人也便这么过。"

这句总结性的叙述，令人感到是对于事态试图设置某种距离的叙述。叙述的时间不是故事进行的当时，而是可以看作正在讲述故事的"现在"吧，而这些又构成了第三个视点。在这里，叙述好像并没有偏袒于侮蔑孔乙己的一方，而是再次占据中立的位置，但并没有返回到开头的位置。通过蔑视孔乙己的第一、第二的视点之后，反而间接地显露出"别人"冷漠的构造。与此同时，给人留下好像当时的少年——实际上就是现在的叙述人——冷静地注视着孩子们一边哄笑一边走散时的场面的印象。

但是，对当时的少年来说，又用接下来的叙述告白着："可是没有他，别人也便这么过。"这虽是不露声色的，但实际上是一种"告白"。一年三次结账的时候，小酒馆的掌柜，按照惯例取下黑板才注意到："孔乙己长久没有来了。"不用说，黑板上被记下的十九个钱的赊账、负债还没有清算的事是引起掌柜注意的诱因。掌柜这么一说，"我才也觉得他的确长久没有来了"。"才"这个汉语副词，暗示着叙述人的叙述是现在的事情，明确清楚地表示着当时的"我"对于孔乙己"没有他，别人也便这么过"这一意识，而且进一步指示着的是，在叙述人"我"这方面，当时与叙述的现在，在意识上也是有差距的。这虽是不露声色的形式，但可表述为"告白"。

不积欠赊账是孔乙己的癖性，这无疑有什么原因。当时在场的一个男子说道："他怎么会来？"据这个男子说，孔乙己真是岂有此理，竟然偷到丁举人老爷的家里去了。他所说的丁举人，就是一个考中了比秀才高一级的考试——"乡试"的人，也就是地域社会的头面人物。大概是说不管怎么偷，也应该选择对象吧。结果被人抓住，逼着写了认罪书之后，挨打并被打折了腿，所以不可能来了。掌柜问道："打折了怎样呢？"男子答道："怎样？……谁晓得？许是死了。"虽然这里也仅仅是对话的记述，但却恐怕如实地显示了小酒馆周围对待孔乙己是多么残酷啊！

在这里,我赞同新岛淳良的解释:"'掌柜也不再问,仍然慢慢的算他的账'一句,包含着注视这一切的小伙计'我'的感情。在'我'的心里已经没有了对孔乙己的排斥。"[19]不过这个视线,与直到刚才还"没有觉得"孔乙己不在的叙述人变化过大,所以将这点考虑为来自叙述人讲述的现在的事情就容易理解了。因为当时的"我"偏袒于孔乙己这一方是接下来的段落,所以在这里恐怕只能看到那样的萌芽吧。少年的"我",是在听到关于孔乙己的传闻时,才对四周的违和感越来越强烈的。

从那时候起,过了不久,初冬的一天,在寒冷中,"我"正在取暖而昏昏欲睡时,突然间听到一个"温一碗酒"的声音。有声音却看不见身影。站起来向外一看,孔乙己正面对柜台下的门槛坐着,脸黑且瘦,坐在破烂布缠绕的蒲包上。恐怕应该注目于"这声音虽然极低,却很耳熟"这一描述。这与其说是"我"能够识别孔乙己的声音,倒不如说是挂念着的人物的声音为好吧。掌柜说道:"孔乙己么?你还欠十九个钱呢!"并且"仍然同平常一样"嘲笑他:"孔乙己,你又偷了东西了!""取笑?要是不偷,怎么会打断腿?"掌柜对孔乙己感兴趣的,依然是为了金钱和为了嘲笑。说"这一回是现钱,酒要好",以及辩解"跌断,跌,跌……"的孔乙己,既没有了像以前那样的自尊心,也没有了强烈的反驳。"他的眼色,很像恳求掌柜,不要再提。"这样的描述,显然可以判断为是当时的"我"的视线,若准确地说的话,也可以说是现在的"我"和当时"我"在这里一体化了。这个时候,"我"是偏袒于孔乙己的,或者至少是站在怜悯的位置上的。我想将这一点作为第四个视点。

叙述人的目光虽然在变化着,但四周却"此时已经聚集了几个人,便和掌柜都笑了"。通过这两者的态度的对比,在强化悲剧性的同时,也更加清楚地突出人们的薄情。"我"接下来的行动,恐怕是显露"我"同情于孔乙己的少年的姿态吧。"我温了酒,端出去,放在门槛上。"他摸出四文大钱,交给了"我",但"他满手是泥,原来他便用这手走来的"。这样的叙述也无疑说明叙述人的描述是从新的视点来讲的。与此相对应,通过"他喝完酒,便又在旁人的说笑声中,坐着用这手慢慢走去了"这样的描述,周围人的大声嘲笑和悲惨的孔乙己的身影,以及注视这一切的叙述人"我"的视线,都是被读者印象深刻地感觉到的构造。

在当时,有端午、中秋和年末的三次结账的日期,在这三个日期结完欠款是常态。接着的结账日期,小酒馆的掌柜似乎想起就说道:"孔乙己还欠十九个钱呢!"再接着的日期就不再说了,也就是作为"无所谓"的存在,终于被彻底遗忘了。并且即使到了下一个结账日期,也看不到孔乙己的身影。最后以"我到现在终于没有见——大约孔乙己的确死了"。这样的描述结束故事。

三、不透明的"我"

故事的整体的解释,即使对多数的研究者来说,也并不是简单的。在文本中,对象征科举制度的传统的批判主题和对敲诈异类或越境者的冷酷民众的批判主题,是不能消除的前提。山口守一面在"视点或时间、空间的多层性"上寻找故事的造型力,一面强调前一个主题:"从根本上批判读书人这一存在的形态和意义是转型期知识分子鲁迅的思想,而这一思想就内在于将类似孔乙己的旧式读书人加以变形以及从后景转移到前景的小说透视法之中。"[20]

但是,所谓文本适当交叉着上述两个主题的,我认为是特别一般的解释。例如,卢今就非难孔乙己是"不识时务、迂腐麻木已经到了无以复加的地步了","的的确确已成为一个毫无用处的废物"[21]。我对这样的说法,不能够心悦诚服接受已经讲过了。加之,卢今还认为文本"深刻揭露了科举制度对知识分子的毒害。

深刻地揭露了封建社会吃人的罪恶本质"[22]。不用说,两项"揭露"对应着前文所述的两个主题。另外,关于这个文本,丸尾常喜这样讲道:"鲁迅以充满幽默的深刻悲哀述说了这些问题:历时千余年支撑着中国的政治体制的科举制度,是怎样将纯洁的人生畸形化的啊!读书人的文化和教养,对民众的生活来说,是多么无用、无关啊!蔑视体力劳动的知识分子与没有文化的劳动民众的隔绝,又是怎样扩大了彼此的不幸啊!"并且概括说,文本创造了一个"对惨败的读书人同情与批判浑然一体的作品世界"。[23]

可是,正如山口守那略显抽象的强调一样,在这个文本中"视点或时间的多层性"是非常重要的,而掌握着这种多层性的关键之人,正是叙述人的"我"。关于"我"详细论及的解释并没有那么多,但有几个是颇有意思的。汪晖说:"不仅狂人、吕纬甫、魏连殳,而且包括鲁迅小说中几乎所有的第一人称叙述者(《孔乙己》中的'我'是唯一的例外)和其他觉醒知识分子,无不以内省的眼光观察自己和外在的生活。"[24]如果按照这里面的注意事项来看的话,那就是说只有《孔乙己》中的"我"是不一样的。确实,《孔乙己》中的"我"与鲁迅的其他文本相比,无疑有其风格独异之处。但"我"可能"不以内省的眼光观察自己和外在的生活"吗?还有一个,是李欧梵的总括性记述:"他(叙述人的'我')作为成人回忆往事时,逝去的岁月在有意味的形式上并没有改变他的态度(即鄙视孔乙己)。通过这种间接的叙述层次,鲁迅力图诉诸三重批判:对主人公,对那一群嘲弄主人公的看客,也对那毫无感受力的叙述人。他们乍一看都显得同样可怜,但都同样缺乏良心这一真正的尺度。鲁迅就是以这样的声音在讲述着。"[25]这些记述都弄错了吧?至少有不准确之处。

可是,没有必要为了这个故事的成立,谁都必须记住这样的假设。这样身份不怎么清楚的叙述人,是没有必须存在的必然性的。例如,若是使叙述的现在与故事的现在一致,相去甚远地设定客观的、写实的叙述的话，那么上述所讲的两个主题的问题可能就很充分了吧。如果只从叙述这一功能来考虑的话，那么"我"就是多余的。而这种多余的秘密就在于二重的"我"，即存在着叙述的现在之"我"和故事的时点之"我"这一复数的叙述。已经讲过了一些，尽管叙述的现在之"我"是什么人并不透明，但也可以确认，叙述的现在之"我"与故事的时点之"我"在对待孔乙己的意识上是有差距的，其态度并不是"没有改变"。这是因为，对鲁镇的人们来说，孔乙己就是"没有他，别人也便这么过"的存在，即使身影消失了也没谁挂虑他，在叙述的现在也早就被人彻底遗忘了吧。但是，对叙述人的"我"来说，虽然孔乙己曾经好像是"没有他，别人也便这么过"的存在，但在叙述的时点上，却已变为"至今还记得"。

在这里，虽然有点叠床架屋，但我还是要提示一下文本使用二重的"我"以及巧妙的故事设计。的确，开头的叙述处于回忆的位置，因而是从叙述的现在开始讲述的。这是通过抑制感情的、淡漠的叙述来构成中立的讲述。为此，读者恐怕就毫不抵触地接纳了凝视鲁镇这个乡村小酒馆世界的场所。在接下来的第一个视点上，"我"——在这里是故事的时点之"我"——与小酒馆的掌柜、顾客们一体化地嘲笑孔乙己。在第二个视点上，从原本是"长衫"阶层出身人的"我"的独自立场轻蔑孔乙己。因为在故事的流程中没有曲折，所以读者就自然地顺应它吧。多数解释者将孔乙己作为落伍者来责难的原因之一就是因为忠实于此的视点。

第三个视点，叙述的现在之"我"再次登场，构成凝神注视小酒馆所有人的薄情、冷酷的目光。虽然叙述是中立性的，但通过与前两个视点的对比，却向读者暗示嘲笑孔乙己的立场并不是稳定的。在最后的第四个视点上，两个"我"一致与蔑视孔乙己的周围人划清界限，获得同情孔乙己的命运的视线。在这里面，暗示性地在说，讲述故事的"我"曾经是少年的"我"，对待孔乙己是多么残酷无情啊！而且"只有孔乙己到店，才可以笑几声，所以至今还记得"这一记述，虽然在故事开头的文脉中几乎一笔带过，但它却暗示了孔乙己这一存在的记忆与轻蔑的"笑"的紧密联系。这还不是从"没有改变"嘲笑孔乙己的立场来讲述的，因此，"我"几乎是一个近于懊悔着的人。

这个不透明的、暗示性的、谜一样的叙述人"我"的状态，也是忠实于始自《狂人日记》这一反省精神内部、导致悔恨的鲁迅小说之原型的。但是，对这种潜在性的、没有明示的叙述，能不令人感到另有一种别的意图吗？如果说得玄妙的话，那就是骗读者上圈套，就是叙述人"我"为此而设想的构造。越是拥有突出的自我意识、强烈正义感的读者，恐怕就越对类似孔乙己的存在而感到气愤或蔑视吧。而越是这样的读者就越应该易于共有第一、第二个视点的眼光。但是，这两种眼光，作为冷酷的感情，最终会随着置身于叙述人而被弃置一旁，读者也会因当了上屋抽梯的角色而只好反躬自省。关于这一点，并不只是笔者的独断，汪晖在论述鲁迅小说的叙事形式的地方，关于《孔乙己》是这样表述的：

> 叙述者以与己无关的、近乎冷漠的态度叙述故事，叙述过程有意识地对读者进行"误导"：利用第一人称叙述者在叙述过程中的权威性，让读者伴随叙述人以一种调侃的、冷漠的、与己无关的态度对待叙述对象，这样叙述人与读者都在毫不自觉的状态中参与"一般社会对于苦人的凉薄"。但叙述过程最终显示出的恰恰是由主人公的悲剧而激发起的对于这种冷漠态度的强烈谴责与批判。于是，在叙述人的态度、语调与故事的发展、叙事过程的整体效果之间存在着无法消解的矛盾，虽然故事人对此仍无自觉，但读者却从叙事的"误导"中走出，不得不以内省的态度思考自身与"与己无

关"的悲剧故事的关系,思考自身对于悲剧应负的道德责任。[26]

汪晖认为,这样的叙事形式是"读者与小说所叙之事之间形成了对话与交流关系",并将它称为"开放的叙事结构"。[27]关于这个问题,虽然我相信如汪晖所说的,但关于叙述人的解释,似乎与笔者相反。矛盾是作为"我"自身的反省来认识到的,是被时间隔开的两个叙述人经由悔恨被统一起来的。可以设想,之所以没有明示,因为这些是作者巧妙设置的针对读者的圈套或者由"误导"而来的"欺骗"。像这样解读文本时,孔乙己是给人以诙谐的幽默家的解释是不言而喻的事,但这也明确了无论是将之痛骂为毫无用处的多余的知识分子,还是将之解读为蔑视异端者的民众批判,都只不过是截取文本的一部分的眼光而进行解释的偏见。称这个文本起到了石蕊试纸的作用就是这样的意思。也就是说,文本采用二重的"我"这一叙述人的构造,就是向"你"、向读者重新询问着你们有没有无情、刻薄、薄情的心态呢？这就是我在标题里表述为"战略"的理由,而这个战略又是充满悖论的。

当然,这篇作品从发表至今近九十年,其"构造"未必成功的问题,有关《孔乙己》的数量庞大的作品介绍、解释,很遗憾地为我们证实了。之所以如此,这恐怕是因为多数场合,读者看不破作者所设置的圈套或"误导"的欺骗性,而最终掉入了陷阱的缘故吧。不过,在最后我希望思考一下尝试了这种"构造"的鲁迅的姿态。

正如前文所述,共有故事中间阶段的眼光而蔑视孔乙己的读者,或者共有故事后半段的眼光而愤慨于蔑视孔乙己的民众的读者(混合这两者的恐怕是最普遍的),无疑是力图启蒙民众的知识分子。鲁迅应该是向这类启蒙者们发出着警告:在启蒙的姿态中,有没有隐藏着蔑视别人的心理呢？有没有因为自己也可能成为落伍者的恐怖而偏移目光呢？所谓启蒙,原本就是让处于黑暗中的对象重见天日,或将其引向光明之所。但是,现在人们的启蒙,是不是会将被启蒙者再次带入黑暗之中呢?这可能是一种担心,甚至最好说是一种关心过头。不用说,文学革命开始之初,鲁迅自身的应有状态就反映在他自身心怀的这种像故意将冷水浇在文学革命之上似的忧虑担心上。这就是他自身背负着的挫折和黑暗。如果是这样的话,那么他就不能不发出警告。

对于从事启蒙的人,因为那种启蒙应有的状态,其结果就像插科打诨,所以它实在是多余的,或许看起来还像是令人啼笑皆非的举动。但是,另一方面与之相反,恐怕也可以说是为(作为启蒙者的)读者做了多管闲事的工作吧。在这个意义上,当时鲁迅的精神状况,即使是冷嘲热讽的,也可以窥见他尚未陷入到虚无主义之中。在这时,鲁迅是一个极具战略性的启蒙者,是一个为了启蒙者的启蒙者,即是一个具有战略性的、悖论性的启蒙者。

在最后,我想讲另一个有点多余的问题,即虽然反复触及,但因文本一点也没有述说,所以仍是一个空白不明的、持续不断的谜。也就是叙述人"我"做了小酒馆的伙计之后会怎么样呢?"现在"他会干什么呢?如今就只能以故事为前提驰骋一下想象了,但所谓在书斋里悠然自在地翻阅书籍的说法,与这里的解释不相宜,是不是果然活得像孔乙己似地,正一边打发落魄的、流浪的人生,一边被人们所蔑视呢?

本文为2012年度内蒙古自治区高等学校科学研究项目《日本代田智明的鲁迅研究》(项目编号:NJSY12036)后期成果。

注释

[1] 竹内好的评价见[日]竹内好:《鲁迅入门》,《竹内好全集》第2卷,筑摩书房1981年版,第125页。其他论者评价,例如"在作品完成度方面,即使在鲁迅的第一部短篇小说集《呐喊》中也是屈指可数的作品"(《シ

ニカ》1996 年第 11 月号第 24 页);"作为小说家的鲁迅正式完成的作品……应该要等到《孔乙己》的出现"《鲁迅——阿 Q 中国的革命》,第 132 页)等。

[2] 虽然丸山昇曾讲道:"继《狂人日记》之后,在小说的开头所写的这些情景,显现了鲁迅不得不将问题拉回到辛亥革命、五四运动这些历史事件之前来思考的心境"(丸山昇:《鲁迅——他的文学与革命》第 151—152 页,平凡社东洋文库 1965 年版),但这种说法有点不恰当。创作《孔乙己》的时候,五四运动还没有发生。另外,"故事"的时间与"现在"的时间的距离,也难以认为是产生需要思考清末中国的动机。

[3] 李欧梵: *Voices from the Iron House A study LUXUN*, Indiana University Press, 1987, p. 61.

[4] 山口守:《〈孔乙己〉——寂寞的哀歌、孤独的漫画》,《シニカ》1996 年第 11 月号第 26 页,大修馆书店。

[5][6] 汪晖:《反抗绝望》,久大文化股份有限公司 1990 年版,第 173 页。

[7] 卢今:《〈呐喊〉论》,山西人民出版社 1996 年版,第 37 页。

[8][日]片山智行:《鲁迅——阿 Q 中国的革命》,中公新书 1996 年版,第 134 页。

[9] 鲁迅:《暴君的臣民》,《鲁迅全集》第 1 卷,人民文学出版社 2005 年版(下同),第 366 页。

[10][日]新岛淳良:《读鲁迅》,晶文社 1979 年版,第 120 页。

[11][日]新岛淳良:《读鲁迅》,第 116 页。

[12][13][14] 鲁迅:《〈呐喊〉自序》,《鲁迅全集》第 1 卷,第 415 页。

[15][日]新岛淳良:《读鲁迅》,第 119 页。

[16]《シニカ》1996 年第 11 月号第 26 页。

[17][日]新岛淳良:《读鲁迅》,第 120—123 页。

[18] 丸尾常喜将孔乙己所说的话与《论语·子罕篇》所说的话结合起来,认为孔乙己重叠着孔子的形象(丸尾常喜:《鲁迅——"人"与"鬼"的纠葛》,岩波书店 1993 年版,第 77—78 页)。

[19][日]新岛淳良:《读鲁迅》,第 124 页。

[20]《シニカ》1996 年第 11 月号第 27 页。

[21] 卢今:《〈呐喊〉论》,第 34 页。
[22] 卢今:《〈呐喊〉论》,第 36—37 页。
[23] 丸尾常喜:《鲁迅——为了花而甘当腐草》,集英社 1985 年版,第 148 页。
[24] 汪辉:《反抗绝望》,第 169 页。
[25] 李欧梵：Voices from the Iron House A study LUXUN, p. 62。
[26] 汪辉:《反抗绝望》,第 351 页。
[27] 汪辉:《反抗绝望》,第 352 页。

周树人《中国地质略论》（上）
——关于李希霍芬等的煤田的言论

[日]丸尾　胜

一、序言

1902 年，周树人在南京的矿务铁路学堂毕业，上了在东京的弘文学院，1908 年著作了《中国地质略论》，发表在《浙江潮》第八卷上。周树人写作这篇《中国地质略论》的主旨是，对由于列国侵略、抢夺煤炭而渐渐衰退的中国的现状，抱有危机感，同时对国人大概没有反抗列国的侵略而且卖国贼都出现了的现象，觉得焦躁。他对这些现状，提出了以下一些措施：讲述了中国的地质学与地史学，列出了很多的煤田的所在，认为应该推进自立地开发煤田，用这些煤炭可以振兴很多的产业，而且防止列国抢夺中国的煤炭。

《中国地质略论》问世以来，一直没有得到足够的重视。唐弢 1952 年将这篇文章编入《鲁迅全集补遗续编》[1]，然后，1981 年版的《鲁迅全集》第八卷《集外集拾遗补编》将这篇文章收入。

在中国关于这篇文章的论文只有三、四篇，在日本管见所及没有，这篇文章好像不值得注目。但是，从这篇文章中可以看出以下四点很值得关注的事情。第一，周树人认为列国瓜分支配中国，清政府没有任何能力与有效的措施予以对抗、大部分的中国人对列国的侵略没有反抗、一部分人卖国的现状,认识到由于自然淘汰的进行中国濒于衰亡的危机,将救国救民当作紧急的课题加以考虑。由此,周树人定下了救国救民的基本态度。第二,早期表示了很多的炭田的所在,早期讲述了中国地质学与地史学,这些活动成为时代的先驱。第三,自立地开发炭田,用其石炭谋求振兴很多的产业,这样提示了在中国的石炭不被抢夺的指针。第四,直视现实、率直认为现状、敏锐地洞察状况的本质、然后进行明确应对,从这篇文章中可以看到周树人的这样的态度。

《中国地质略论》的材源对象分成三部分,一部分是中国的炭田的所在、炭田的分布、石炭的储量等,一部分是列国的侵略事件、卖国事件以及对侵略、卖国的斗争,一部分是中国与东亚的地质、地层、地史等。其中,侵略事件、卖国事件以及对侵略、卖国的斗争,这些的材源大概就在《中国地质略论》《《鲁迅全集》》里的《注释》,或在《学习研究社》(日本)出版的《中国地质略论》里的《译注》看到。在拙论,将探求在《中国地质略论》里的炭田的所在的材源。这些炭田的所在等的材源大概据于矢津昌永著的资料与李希霍芬著的资料。那矢津昌永著的资料的材源大概据于李希霍芬的资料。在中国有一些论述李希霍芬与中国的炭田的关系的论文,在那篇论文,李希霍芬的关于炭田的言论的材源据于很多的有关的书籍与一些论文,就是说转引[2],原来的材源不太清楚。在拙论中,试探《中国地质略论》中关于炭田等的言论的材源,并且探寻上述几件很重要的事情。

《中国地质略论》的文本,用1981年版人民文学出版社发行的《鲁迅全集》第八卷《集外集拾遗补编》里的作品,以下《中国地质略论》简称为《略论》。另外,在原题或原文之中写着《支那》,就照原样用。

二、关于《中国地质略论》

（一）关于 1903 年执笔《略论》时期前后的周树人

从 1894 年中日战争，到 1903 年执笔《略论》期间这一时间段，将周树人的学习、语学学习、读书、翻译活动、出版活动、给周树人影响的事件等、在历史性的事件以及列国对中国的侵略等，将其从《鲁迅年谱》中一一列出[3]。在历史性的事件与列国对中国的侵略动态，添写了"[ ]"的符号。

1894 年[7 月中日战争开战了]。1895 年[4 月清政府由于战败缔结了《马关条约》，列国对中国进行了分治。]。1987 年[11 月德国占领了胶州。]。1898 年[2、3、4 月清政府一个一个地承认了列国的要求。]2 月周树人知道了诸暨事件，3 月知道了五国瓜治中国的现状。5 月进了江南水师学堂，改名为周树人，上了英语与德语的课。[6 月百日维新发生了。][9 月戊戌政变发生了]。10 月进了江南陆师学堂附设矿务铁路学堂。从 1899 年以学堂的本来的任务矿业为主，上了矿物、地质学、化学、熔炼学、格致学（物理学）、测算学、绘图学（制图学）、学堂指定的德语等的课。这所学堂采用的课本是赖耶尔（Lyell）著《地质学纲要》的译本《地质浅说》、代那（Dana）选玛高温口译华衡芳笔述的《金石识别》、《全体新论》、《化学卫生论》等。1900 年[8 月八国联军占领了北京]。[10 月孙中山发动惠州起义]。1901 年据周建人说，周树人回乡时带来了矿石标本。[9 月清政府跟十一个国家缔结了不平等的辛丑条约。][9 月清政府令"各省选派学生出洋留学，如学有所成即予奖励"。]11 月为实习去了青龙山[4]。好读赫胥黎著严复译述的《天演论》、《时务报》、《译学汇编》、加藤弘之著《物竞论》等。1902 年 1 月在矿务铁路学堂毕了业。[4 月章太炎等因为阻扰，不得已变更原举办地点，在横滨召开了"支那亡国二百四十二年纪念会"。章太炎与蔡元培等在上海组织了"中国教育会"。]3月跟张协和与芮石臣(顾琅)等一起赴日本留学。4月进了在东京的弘文学院。顾琅是周树人的同学。[11月"浙江同乡会"成立,决议发行《浙江潮》。][12月孙中山在日本设立了兴中会分会。]1903年[4月俄国提出占领中国东北部的要求,占领了奉天,留日学生决议结成"拒俄义勇队"。]6月在《浙江潮》第五、九期上发表了《斯巴达之魂》,在《浙江潮》第五期上发表了《哀尘》。[7月由于《苏报》案件邹容与章太炎被逮捕了。]10月在《浙江潮》第八期上发表了《说鈤》与《中国地质略论》。10月发行了《月界旅行》。12月在《浙江潮》第十期上发表了《地底旅行》第一、二回。1904年4月在弘文学院毕业,9月进了仙台医学专门学校。

周树人如上忧虑列国正在侵略着中国,对列国抱有反感。他对矿业感兴趣,学了矿物学与地质学等。他在矿务铁路学堂初步接触了德语,其后对德语进行了进一步学习,因而他能看懂德文。关于他的学习德语并且阅览或购入德语书籍,周作人著的《鲁迅的故家》中,对这件事有很详细的说明[5]。

(二)《中国地质略论》的内容

周树人将《略论》以笔名"索子"发表在《浙江潮》第八期上。如上述的(一),1903年6月发表了《斯巴达之魂》与《哀尘》,10月发表了《说鈤》与《略论》,同月出版了《月界旅行》,12月发表了《地底旅行》第一、二回,虽然非常忙碌。并且,写《略论》,要找德语等的资料,并进行阅览、研究、构思,然后执笔等,这都需要花费很多的时间。因此,看见他早期有执笔《略论》的热情,进行好执笔的预备。沈瓞民在弘文学院时与周树人住在同一个房间。沈瓞民在《回忆鲁迅早年在弘文学院的片断》中提到:"《中国矿产志》缩本,已在《浙江潮》上发表,可证此书确在弘文时所作。"[6]《中国矿产志》缩本就是《中国地质略论》。

《略论》的内容在第一节已经记述,所以在这里省略,不再重复。周树人在《略论》里说,清政府处罚了反抗外国人的中国人,并且没能抵抗列国的侵略,招来了中国衰亡的事态,从中可以看出他是批判了清政府的。

并且,顾琅在南京的矿务铁路学堂、在东京的弘文学院时期,都是周树人的同学。周树人跟顾琅著了《中国矿产志》,1906年出版了。那本书的主旨跟《略论》一样,但是,在这本书中看不到有对清政府的批判的内容。

三、关于李希霍芬

在《略论》的《第二　外国人的地质调查》,介绍了李希霍芬,说明了他在中国旅行了几次,依靠这些实地勘察,写了三册的报告书。在《中国矿产志》的《例言》云:"中国地质,中国未尝自为。其检索最详者,首推德人聂诃芬 Richthofen 氏"[7],承认了李希霍芬是在中国地质方面首屈一指的。他以后的地质学者必定重视他的学说。周树人与顾琅都一样,他们将李希霍芬的言论各处引用。以下是关于李希霍芬的为人、其旅行行程以及他的著作叙述。

(一) 李希霍芬

据《李希霍芬传》,李希霍芬1833年出生在德国。他是地质学者、地理学者。他曾在斯里兰卡、日本、中国台湾、菲律宾等亚洲地区旅行。他1861年作为地质学者参加了东亚州使节团,顺路去了中国。他到1868年在美国从事地质调查,然后,开头接受了加利宁福尼亚银行的援助,其后接受了在上海的欧美商会的援助,从1868年到1872年在中国旅行了七次[8]。他将英语的报告书送到了在上海的欧美商会,这就是在下述(三)的D《李希霍芬男爵的报告书 1870—1872》。

他1872年回国后,著作了在下述的 A1《中国》第一卷、A2《中国》第二卷、A4《中国》第四卷、B1《中国地图》第一卷以及C《山东与其进口胶州》。《中国》第四卷实际上是各专家们著的。他1905年逝世了,以后,A3《中国》第三卷、A5《中国》第五卷、B2《中国地图》第二卷以及E《李希霍芬中国旅行日记》这些书籍,是他的爱人、朋友、门生等出版的。

(二)七次的中国旅行

李希霍芬在中国旅行了七次,勘查各所炭田,调查地质,各地见闻。周树人在《略论》的《第二 外国人的地质调查》中,介绍了李希霍芬等,说明了七次的中国旅行的行程的概略。但是,其行程的顺序等有错误。关于七次的旅行行程在《中国》第一卷的《在中国著者的旅行的梗概》中有记述[9]。关于这七次的旅行的概略,用李希霍芬著的《中国旅行日记》进行补充说明。

李希霍芬1868年7月出了旧金山港,8月到了日本横滨港,9月到了上海港。他先去了北京,蒙德国公使的照顾在总理衙门取得了旅行证明书。在很有困难的旅行中,大概这叫"李"的旅行证明书会想起李鸿章关系者吧,因此提示这件证明书就会避过难。

第一回是从1968年11月2号到同年12月25号的。浙江省、江苏省。在上海坐船到宁波,经由舟山列岛、绍兴、钱塘江、杭州府、太湖、苏州、丹阳、镇江、南京等,回上海。

第二回是从1869年1月8号到同年2月21号的。扬子江下流地带。在上海坐船到汉口溯长江而上,经由鄱阳湖、南京、镇江等,回上海。雇了一位比利时人保罗·施普林格特(Paul Splingaert)当译员与交涉员等,对旅途很有帮助[10]。

第三回是从1869年3月13号到同年7月19号的。山东省、辽宁省。在上海坐船,通过大运河,经由沂州、济南、博山等,在芝罘乘英国军舰到营口,经由辽东半岛、沈阳、锦州、山海关等,到北京。然后,在天津乘船,回上海。

第四回是从 1869 年 9 月 24 号到同年 10 月 31 号的。江西省、浙江省。在上海坐船,经由九江、鄱阳湖、乐平、景德镇、祁门县等,回上海。

第五回是从 1869 年 12 月下旬到 1870 年 5 月 30 号的。广东、湖南、湖北、河南、山西、直隶的各省。在上海乘船到广东,经由北江、韶州、衡州、长沙、洞庭湖、汉口、樊城、鲁山、汝城、河南府、怀庆府、平阳府、太原府、获鹿县等,到北京。他为了治安不好放弃了从广东走访云南、北中国、西北中国的计划。并且,因为由于天津虐杀案件发生,外国人恐怕被杀,又,对外国的战争恐怕发生,所以他放弃了去北京、陕西、甘肃、四川、云南、广西、广东的计划。他离开北京,从上海去了横滨。他在西日本去旅行后,回上海。他这时开始了递送《旅行报告书》。

第六回是从 1871 年 6 月 12 号到 1871 年 8 月 8 号的。浙江省、安徽省。在上海坐船到宁波,经由东阳县、钱塘江、桐庐县、宣城、芜湖县、镇江等,回上海。

第七回是从 1871 年 10 月 25 号到 1872 年 5 月 21 号的。直隶、蒙古、山西、陕西、四川、湖北的各省。从北京,经由宣化、张家口、大同、五台山、太原府、潼关、西安府等,由于回教徒的反乱放弃去甘肃省,越过秦岭山脉,经由汉中府、成都府、雅州,由于治安不好放弃去云南,然后经由叙州、汉口等,回上海。

(三) 主要著书等

如下举出李希霍芬的主要书籍等。他 1905 年逝世了,以后的出版工作是由他的爱人、朋友、门生等完成的。在这些书籍中,写上○的符号的,是到周树人著作了《略论》的 1903 年已经出版的。

○ A1 《China Vol. 1(中国第一卷)》(《China: Ergebnisse eigener Reisen und darauf gegründeter Studien》, Berlin: D. Reimer, 1877 年)

- A2 《China Vol. 2(中国第二卷——关于北中国的记录)》(南满洲、东北中国、西北中国,1882年)

  A3 《China Vol. 3(中国第三卷——关于南中国的记录)》(西南中国、西藏、东南中国,由Tiessen发刊,1912年)

- A4 《China Vol. 4(中国第四卷——史前时代)》(由于Dames的关于辽东产寒武纪三叶虫的说明、由于各专家的关于动物与植物的化石的说明等,1883年)

  A5 《China Vol. 5(中国第五卷—地层学的记录)》(由Frech发刊,1911年)

- B1 《Atlas von China Vol. 1(中国地图第一卷——北中国)》(《Atlas von China: Orographische und geologische Karten》,1885年)

  B2《Atlas von China Vol. 2(中国地图第二卷——南中国)》(1912年)

- C 《Schantung und seine Eingangspforte Kiautschou(山东与其进口胶州)》(Berlin;D. Reimer,1898年)

- D 《Baron Richthofen's Letters, 1870——1872 Second Edition(李希霍芬男爵的旅行报告书第二卷)》(North-China Herald Office,Shanghai,1872年、1900年、1903年、1941年,各报告从1870年到1872年每次发表,然后,汇集为一本书出刊[11]。)

  E 《Ferdinand von Richthofen's Tagebücher aus China(李希霍芬的中国旅行日记)》(E. Tiessen编著,Berlin;D. Reimer,1907年)(《上卷》是第一回、第二回、第三回旅行的日记。《中卷》是《北京附近见闻》、第四回、第五回旅行的日记。预定发刊《下卷》(第六回、第七回旅行日记),未刊。)

  F 《支那旅行日记上、中》(海老原正雄译,慶應书房,1943年),《李希霍芬中国旅行日记》(E. 蒂森选等编,李岩、王彦会译,商务印书馆2016年)。

○ G　各论文等。

本论文是将原来在日本佛教大学《中国言语文化研究第19号》(2019年8月)上发表的论文缩减之后翻译成中文的。(2020.1.3)

注释

［1］周树人:《中国地质略论》,唐弢编《鲁迅全集补遗续编》,上海出版公司1952年,第22—41页。

［2］薛毅:《李希霍芬与中国煤田地质勘探略论》,《河南理工大学学报(社会科学版)》2014年第15卷第1期。张梅静:《德国地质学家李希霍芬在华勘矿活动及其影响》,中国矿业大学,硕士论文,2014年5月。

［3］李何林主编,鲁迅博物馆鲁迅研究室编:《鲁迅年谱(增订本)》,人民文学出版社2000年,第34—146页。

［4］周树人、顾琅共著:《中国矿产志》,陈漱渝编《鲁迅科学论著集》,人民文学出版社2012年,第41页。青龙山煤矿有井二,产煤较多,今废。

［5］周遐寿:《鲁迅的故家》《第三分三一南江堂,三二德文书》,人民文学出版社1981年,第190—192页。

［6］沈瓞民:《回忆鲁迅早年在弘文学院的片断》,《鲁迅生平史料汇编》第二辑,天津人民出版社1982年,第44页。

［7］周树人、顾琅共著:《中国矿产志》,陈漱渝编《鲁迅科学论著集》,人民文学出版社2012年,第59页。

［8］E. Drigarsky著、高山洋吉译:《第一篇　被遗留的伟大的足迹》,第5—17页,《李希霍芬传》,日本慶應書房1941年。

［9］Richthofen:《UEBERSICHT DER REISEN DES VERFASSERS IN CHINA(在中国著者的旅行梗概)》,第XXVII—XLII页,《China Vol. 1(中国第一卷)》,Berlin;D. Reimer 1877年。

［10］Ausgewählt und herausgegeben von E. Tiessen：《FERDINAND FREIHEAR VON RICHTHOFEN TAGEBÜCHER AUS CHINA

BAND Ⅰ》,第 76、77 页,Berlin 1907 年,Dietrich Reimer。李希霍芬著,蒂森选编,李岩、王彦会译:《李希霍芬旅行日记》上卷,第 61、62 页,商务印书馆 2016 年。E. Tiessen 编著、海老原正雄译:《李希霍芬支那旅行日记》上卷,第 112—114 页,慶應書房 1943 年。按照《李希霍芬中国旅行日记》,Paul Splingaert 是个比利时人,参加了由于教皇的命令创设在蒙古的传导团,然后,当德国公使馆的警卫员,工作时由于正当防卫杀害了一个俄国人,接受审判后,被李希霍芬雇佣了。他当译员与交涉员等,在其后所有的旅行中跟随着李希霍芬,成为李希霍芬旅行途中的支柱。

[11] 李希霍芬著的《中国旅行报告》第一卷没发行。关于李希霍芬的第五回、第六回、第七回的旅行,从第一次报告到第六次报告每次发表,从第七次报告到第十一次报告 1872 年汇集为一本书,然后,这十一份的报告 1900 年汇集为《中国旅行报告书》第二卷。

书评

鲁迅遗泽谈屑
—— 读乐融新著《鲁迅面面观》想到的

王锡荣

我的旧同事乐融送来他的新著《鲁迅面面观》,嘱写书评。我翻开一看,其中不少篇什都是我感兴趣的,不仅保存了大量史料,还爬梳剔抉,解开了不少历史的谜。特别是,有些事还跟我有关,对有些细节,我也可以做些补充。这里挑几件说说。

关于"七十年前鲁迅亲笔信"

此书开首第一篇,查考鲁迅1935年1月18日致木刻家张影那封信,他查了半天,发现这封信居然在同一家媒体上相隔二十四年先后两次被"发现",也是让人无语了。若说不同媒体,那还情有可原,现在信息爆炸,人们目不暇给。二十多年前的资料、观点,被人重新当作新发现,也不足怪,现在这种情况实际上经常在发生。就说乐融这篇文章,说的就是十六年前的事,现在读来也还是不乏新鲜感。但在同一家媒体上,就不应该了。这种事,在今天大数据的条件下,就不难避免了。其实1980年9月26日《广州日报》刊登这封信后,同年10月19日北京鲁迅博物馆主办的《鲁迅研究动态》第5期上,也刊登了这封信,当时经手此事的是广东鲁迅研究小组,他们与《鲁迅全集》编委会是很熟的,所以1981年版《鲁迅全集》收进去就不奇怪了。

其实,这件事我还是亲身参与过一点的。2004年《广州日报》

刊登了报道,当时乐融刚从虹口的左联纪念馆调来上海鲁迅纪念馆工作不久,在文物保管部任专职征集员。他看到报道,就来报告。我们看到是张影的儿子亲自出镜,手持信件,知道肯定是真实的。我们就商量前往征集。我们了解到,张影的长子张竞能先生现住广州,但是藏品放在开平老家,当时他人适在开平。事不宜迟,我迅即和保管部主任秦海琦两个人一同前往开平(乐融当时因事没去)。我们在一个下午,从广州坐长途车到了开平,辗转找到张影老家,这是一栋两层不新不旧的自建楼房。张影的儿子张竞能热情接待了我们。他小心翼翼拿出原件来给我们看。虽然保存得不算好,但是东西当然是"对"的。当时收入《鲁迅全集》,他只是借给有关方面用了一下,后来又拿回去了,因为这是父亲给他的传家宝,他是舍不得送掉的。我们说明来意后,张竞能先生表示,他们打算在当地建设一座张影纪念馆,原本想把这封信作为馆里的镇馆之宝。当地政府也支持这件事,如果我们能给予资金支持,并协助设计,他们愿意考虑捐赠。与他相约继续就此事沟通后,我们就回来了。但此后情况发生了一些变化,事情就耽搁下来了。后来听说那个馆已经建成了,可是我因种种原因,至今还没有去看过。实际上这封信至今还在张竞能手上,因这是他父亲生前有嘱咐,又历经磨难保存下来的珍贵传家宝,不忍割爱的宝物,是可以理解的。

关于《鲁迅收藏关注过的儿童版画》

乐融在这篇文章里,介绍了 1934 年 7 月 21 日友人内山嘉吉寄给鲁迅的 43 幅儿童版画,并列出了目录,这也引起了我的回忆。2011 年,日本东京内山书店社长内山篱先生介绍日本和光学园来访,我们聊起了鲁迅先生与和光学园的往事。那是 1931 年,鲁迅举办木刻讲习班,请当时在日本成城学园任教的内山篱先生的父亲内山嘉吉给学生讲课,鲁迅亲自当翻译。1933 年,内山嘉吉把他的一个学生的作品寄给鲁迅,鲁迅很高兴,回报给内山一批精美的版画信笺纸。1934年7月21日,内山嘉吉寄来他任教的和光学园小学生作品43幅。鲁迅很高兴,又寄给嘉吉一批信笺纸,让他分赠给那些小艺术家。日本方面一直记着这事情。我觉得,这是大好事啊!我们知道上海有不少学校开展儿童版画教学,其中松江区的民办三新学校在这方面开展得比较好。我亲自找了几个人一起去该校看了一回,真的很有特色,因此就联系让他们双方结对。日方看到三新学校条件非常好,而且学生作品质量相当好,非常满意,两所学校就开展交流。在这过程中,日方问起当年内山嘉吉寄给鲁迅的儿童版画。我们告诉他们,这批版画,鲁迅先生是珍藏起来的,1950年被运到北京,现在收藏在北京鲁迅博物馆。2014年,我馆与北京鲁迅博物馆合编,湖南美术出版社出版的《鲁迅藏外国版画全集》第五卷收入了这批作品。

这年11月,和光学园为纪念成立八十周年,举办了三方版画联展,除了和光学园、上海三新学校的学生作品,经我馆协调,北京鲁迅博物馆也把他们收藏的这批作品送到日本去参展,各方皆大欢喜,这也是中日文化交流的一个佳话。现在乐融把这批儿童版画作品介绍出来,供大家研究,也是很有意义的。

关于《偶见鲁迅所摄照片》

这也是我感兴趣的话题。之前我已经看到乐融发表在《上海鲁迅研究》上关于这事的文章,迄今好像没有什么人来讨论这件事。不过我对这张照片,是一直有些疑惑的。有几个疑点。一是按照照片主人、谢旦如先生的长子谢庆国的说法,这是在鲁迅家里拍的,但看这照片,不太像鲁迅家里,无论拉摩斯公寓还是大陆新村,从现有资料中,都无法找到这样的场景(看照片上,孩子应该在5岁左右,也就是1933年左右,就是说两处都有可能);另外,正如乐融所判断的,在紫霞路68号拍的可能性也不大,连谢庆国的母亲的亲笔记录，也排除了紫霞路谢家。二是我们从未看到鲁迅家里有这么大的花坛（不是一个"盆"了，差不多是"坛"或"缸"），要摆弄这么大的花坛，不仅鲁迅和许广平体力上不可能，鲁迅也没有这么的闲心思和闲工夫，这不比一小盆文竹之类；若说是公共部位的公共绿化，当时鲁迅所住拉摩斯公寓或者大陆新村那两个地方，要摆放这样大型的公共绿化，也是很难想象的。三是既然谢庆国来鲁迅家玩，鲁迅给他拍照片，按说应该同时也给海婴也拍一张才合理（1933年海婴已经4岁了）。可是我们从没看到海婴或别的人还有同时同地的照片。

　　这样说来，这照片是否鲁迅所摄，还是有点问题的。但是乐融告诉我，近日经这照片的收藏人、谢庆国的儿子谢宗楠先生确认：照片原件尺寸是 32×52 mm，应该就是当时常用的135胶卷略有放大（135胶卷的尺寸是 24×36 mm。但不太可能是120照相机，因为120照片基本是方形的，不可能拍了120的再裁剪成这样），乐融书上那张照片下方有"上海王开照相"，是出版过程中，错贴了翻拍的那张。原件更清晰，可以更清楚看到背景中墙地面的细节。而乐融经过调查，发现大陆新村鲁迅家门口弄堂里，当初的地面也正是照片上这种小方块地面砖，跟照片中的墙地面也更加吻合。

　　但或许最有力的证据，就是谢庆国母亲、谢旦如夫人钱云锦在照片后面的亲笔记录："于鲁迅家　鲁迅给照的相"。当然，她没有说得更具体，也没有留下更多的证据，我们甚至不知道她是什么时候写下的。但是她作为亲历者，也是照片的持有者和收藏者，她写下这个记录，并没有打算公之于众，她自然也没有义务提供证据。她也不是学者或者收藏家，她没有做资料证据的习惯和意识。她做这个记录，纯粹只是为了留个纪念。但正因为如此，她的记录也更具真实性和权威性：因为她没有必要造假，除非她记忆错误。

但还是留下了0.01%的不确定性：记忆错误，这是凡人都会有的。而这件事又只有她和儿子两个人说的，也就是乐融说的"一个方面的孤证"。当然，作为史实考证，我们要求100%的确定性，乐融这样说，是够谨慎的。迄今，为谨慎起见，我们还只能这样表述："这张照片，据照片中人谢庆国及其母亲记述，是1932年左右在鲁迅家，由鲁迅拍摄的。"但还要加上一句："但还有一些细节有待确定。"

关于《二心集》版税收据

乐融记载的事，是他亲身经历的，也是我亲身经历的。当时无锡有位周先生联系我馆，说在家里发现这件东西，不知道是否鲁迅的亲笔？我们看了照片，觉得很有可能，但是光看照片自然难以确认，所以我们决定上门去看个究竟。于是我和乐融等几个人一起去无锡，在硕放机场附近一个乡村，找到了周先生家。这是个大家庭，三开间的楼房，经济条件看上去不错。聊起来，知道他父亲周企鲁原来在上海合众书店当账房先生。因为书店老板方东亮也是无锡人。当时各地在上海创业的很多人，都喜欢用家乡亲友做职员，觉着知根知底可靠。其实无锡周家祖上跟鲁迅的绍兴周家是有渊源关系的。当时周企鲁为合众书店管账，从书店来说，有钱杏村的收据，也足以销账了，所以周企鲁敢于把这件东西悄悄收藏起来。

合众书店老板方东亮当时家里有点钱，就来上海福州路太和坊545号开了个合众书店，这书店只有一开间，后来搬到麦家圈（山东路143弄）。但并不是有人说的皮包公司，他还是出了一些好书的，包括不少左翼的书。其实他并不懂文学，只是看到左翼的书好卖，就多少有些冒失地踏进了这个圈子，差不多属于"玩票"的。但后来也就认真起来，虽然并不是很成功，但也支撑到了1949年。他买下鲁迅的《二心集》版权，是看好鲁迅的名望和销路,但并不了解其风险。《二心集》1932年10月出版,11月就出了第二版,但很快就被查禁,使他限于被动。后来国民党加强审查,合众书店不得已按照当局要求送审,被当局删得只剩下16篇文章,1934年10月改出了《拾零集》。后来也有再版,我看到过1937年1月的第三版。不过,合众书店并没有因此倒闭,《二心集》也照样出版。我们看到,一直到1949年,方东亮的儿子方家龙主持的合众书店还出了《二心集》第七版。后来周企鲁让大儿子顶替,自己回无锡老家,这件东西也舍不得扔。他是真心敬重鲁迅,一直收藏着这件东西。由于他的其他子女都一直在无锡务农,所以这件东西就藏在深闺无人识了。但周企鲁生前曾经告诉儿子这件东西的来历。但大儿子去世了,小儿子当时也因为不留心文学,所以没在意。现在周先生自己年纪也大了,要是真的鲁迅手迹,他怕自己再这样收藏下去,说不定哪天就弄丢了或毁坏了,所以想还是拿出来,让国家单位去收藏了。这就是他找我们的缘由。

当时他拿出这件东西来,我们仔细看了,从各方面判断,是真实的。后来与他谈妥,转让给了我馆。

关于周用山水

《鲁迅面面观》谈到我馆收藏的鲁迅先祖周用的山水画,这我也是亲身参与的。有些情况可以补充一点。记得是2006年秋天,乐融拿到保利拍卖公司在杭州黄龙大酒店设秋拍的拍卖图录,里面就有这件拍品。说实在的,看到周用这名字,我心里一动。因为之前研究过鲁迅家的族谱,见着这名字好眼熟。再看图上的钤印,一枚是"周用之印",一枚是"百川",是周用的号,还有一枚是"子京所藏"。看到"子京"这名字,我不禁心中暗喜:这不正是鲁迅的叔祖周子京吗?就是鲁迅小说《白光》的主人公原型。因为周用是周家明代先祖中的翘楚,子京肯定知道他,所以他收藏这几幅画是很自然的。

我就和乐融等几个同事一起前往杭州,因为毕竟还要看看实物,根据情况才能作决定。我们到现场后,看了拍品,虽然不是什么特别精品,但东西是对的,因此决定参拍。但我们很低调,因为要是有人知道我们馆去参拍,很可能故意跟我们抬价。所以我们不多看,不多谈。等到开拍时,我们负责举牌的是没人认识的人。大约这组画的确很不起眼,第一遍报价没人举牌,我们也不吭气,第二遍报价还是没人举牌,我们还是不吭气。到第三遍报价后,还是没人举牌,眼看要流拍了,我们才从容举起了牌,没别人在意,这样我们就以底价 2 000 元拍下了这一组明画斗方,每幅只有 500 元人民币,简直就跟捡到一样便宜了:毕竟是 500 年前的啊!对我们馆来说又多一层意义:这是鲁迅的明代祖先的作品啊!

关于井关淳治捐赠书籍

乐融在书中介绍了日方井关淳治先生捐赠珍贵图书给我馆的事,这也是值得一说的。井关先生是我馆员工张嵩平的朋友,平时两人过从甚密。从他的藏书看,他对中国的左翼文学与日本的无产阶级文学运动有相当深度的了解,对鲁迅也是十分崇敬,所以他的收藏是一种专题收藏,从乐融所列井关捐赠的这 176 种书刊可以看出,基本上全是日本左翼和日本共产党的出版物,而且都是这方面的经典书刊,质量相当高,在中国是难得见到的。特别是鲁迅《阿 Q 正传》1930 年、1931 年的两个日文版,他竟然也都有。其中还有不少是鲁迅藏书品种。由于鲁迅生前在上海收藏的日文藏书,后来绝大部分都运到北京鲁迅博物馆去了,我馆没留下多少,现在井关先生捐赠这批书刊,可以填补我馆不少空白。

关于增井经夫后代捐赠鲁迅诗轴

乐融记载的这件事,是上海鲁迅纪念馆收藏史上的一段佳话。我也是亲身经历者，在这里，我再补充一些细节。2008年我第一次接待田中庆太郎的孙女婿山口力先生夫妇来访的时候，并不知道他们已经来馆里参观过，并且买了我馆周国伟先生的那本《鲁迅与日本友人》，回国跟诗轴的持有者古西旸子说了，也已达成共识要捐赠给上海收藏单位的经过。其实他们在来我馆之前已经到上海其他几个收藏单位考察过了，但是还没有决定究竟捐给哪家。当他开口谈到这件诗轴的时候，由于我对这件诗轴的历史渊源，是一清二楚的，所以我就告诉他们，鲁迅这个条幅是在什么时候，什么情况下，给谁写的，后来又是怎样收入我馆编辑的《鲁迅诗稿》，并解释了诗的内容。山口力听了就说："原来如此啊！你们对这件事情的来龙去脉这么清楚，那就是交给你们最放心了！"他了解到我馆还收有很多别的鲁迅手稿，呵呵笑着说："你们有这么多鲁迅手稿，那这件手稿保存在你们这里，也不会寂寞了！"其实，对于捐赠给哪家，古西旸子是很尊重山口先生意见的。所以，后来的捐赠过程就异常顺利了。

乐融是我多年的同事，他2002年从虹口左联纪念馆调来我馆后，很长时间在保管部担任征集员工作，从那时开始，就一直醉心于征集藏品。他经常与文物捐赠者保持联络，每年春秋两季去看望文物捐赠者。还紧盯文物市场，多次受单位指派前往拍卖市场参加拍卖，为馆里征集了不少好东西。后来当了副馆长，工作面宽了，也关注鲁迅的各方面。所以，他不仅对藏品可以说了如指掌，对鲁迅的生平也越来越熟稔。集合在这里的三十多篇文章，就是他多年工作的积累，也是他沉下心来做学问的结晶。其实他最初不是学现代文学的，也不是学博物馆学的，但是通过刻苦钻研，又善于在工作中做有心人，结合工作深入挖掘，能得到今天的成绩，可说功到自然成。这些文章，写得既娓娓道来，又有学术含量，行云流水，清新可读。虽然也有几个地方的史实细节，存在一些误差或有争议。例如说大众语讨论时,准备在黎烈文编辑的《自由谈》上发文,其实当时黎已经辞职;说徐懋庸担任过左联党团书记,不确;把第一次文代会称为"新中国第一次文艺盛会",也不准确,因为当时新中国还没有成立。还有,鲁迅和许广平在广州与何春才、廖立峨的合影,把何春才和廖立峨标反了。但这些技术性的小失误不损其总体上的价值,我是喜欢这本书的。

2020 年 4 月 15 日

《野草》研究的"实"与"虚"

代廷杰

《野草》"现实的与哲学的"(孙玉石语)性质，决定了《野草》研究必然存在一个"实"与"虚"的方法论问题。特别是《野草》表现方式的独特新异、情感传达的隐晦曲折、意象创造呈现的方式与意象背后隐藏的内涵存在较大阐释和猜想的空间，更使得这一"实"与"虚"的方法论问题变得异常突出。不"实"不足以揭示《野草》中时代的、思想的和人生的真实，但太"实"又反而容易"失实"。不"虚"不足以穿透现实，抵达哲学的深邃与存在的澄明；但太"虚"又反而容易陷入脱离文本的"自说自话"式的呓语。长期以来，《野草》研究之所以常常陷入"课虚坐实"与"避实就虚"两个极端，盖因为对此"实"与"虚"的方法论还缺乏一个综合的考量和辩证的综合。如果一个根本的方法论困惑没有得到解决，我们可能会面临一系列有关阐释效度的严重问题。带着这一问题意识阅读崔绍怀博士的《多维视野中的〈野草〉研究概论》，颇为期待的是，他会怎样处理这个问题？又能给我们什么新的启发，抑或反思呢？

显然，作者是明确地意识到这一问题的。针对政治学、社会学、伦理学等"实"的研究受到的质疑，作者既肯定了其质疑的合理性——"看到了社会学研究方法的不足之处"，又中肯地指出其矫枉过正——"这种抨击过分夸大了社会学研究方法的弊端。实际上，《野草》文本有社会学思想的成分，因而用社会学研究方法解读无不可"。[1]长期以来,从《野草》研究鲁迅的爱情和婚姻,在更多的时候都备受质疑,但《野草》中的《我的失恋》和《腊叶》确实是反映爱情主题的散文诗,因而研究者将《我的失恋》与《腊叶》中完全相反的恋爱态度进行对比,从而突出了鲁迅高尚的爱情观,是有其深刻道理的,而且通过对比,反而更容易表现鲁迅的人性和人情色彩。在此意义上,作者充分肯定了李天明《难以直说的苦衷——鲁迅〈野草〉探秘》、胡尹强《鲁迅:为爱情作证》、余放成《"难于直说"的爱情》等论著对《野草》的"探秘":虽不赞成他们"太过坐实"地把《野草》当作纯粹的爱情散文诗,但不能由此而忽视其开启的研究视角及其意义——这些研究"丰富的资料和严谨的论述,不得不让笔者审慎和深入地反复思考《野草》文本的多义内涵。……朱安是《野草》诞生的必然前提,……朱安与许广平的影子一定与《野草》有关系。究竟有怎样的关系,又有多大程度的影响,这应该是《野草》多义内涵研究的一个方面"。[2]

值得特别注意的是作者对李天明"先实后虚的方法"的评论和引申。面对"太过坐实"的批评,李天明认为"厚积而薄发,先坐实了,或可才能虚起来"。这听起来,似乎强词夺理,但作者认为"思维活跃的读者未必止于此,很可能由此产生新的联想或想象,进而引发读者的新思考。"[3]近年来,"实"的研究颇受质疑,甚至被讥讽为"索隐派"研究。有研究者从孙玉石、李何林、王瑶,一路追溯到冯雪峰,认为开了"课虚坐实"的滥觞、"生拉硬拽"的先河[4]。虽然任何一种"实"的研究都有其弊端,但关键是怎么"看"。所以,在作者看来,问题的关键不在研究者的"实"的狭隘,而在读者的"实"的僵化。

这其实已经是为"虚"的研究张目了。作者甚至认为:"如果就文学研究而言,孙玉石、钱谷融等提倡的模糊研究法乃是正途。"[5]书中对"模糊研究法"的肯定比比皆是。但何为"模糊研究法"?作者虽没有介绍,但联系他对"坐实式研究"的批评,却也并不给人模糊的感觉。"就分析《野草》而言,更多研究者支持模糊的研究方式,反对坐实式研究。但在论文写作中,论者选择论据,进行论证分析,应该力求精确和明晰,不应该含糊其词。"[6]所以,"模糊研究法"实乃"避实就虚"的研究方法。在论述《野草》研究方法究竟虚一点好还是实一点好,抑或虚实结合为好等争论问题,面对"避实就虚"的责难,作者充分肯定了王乾坤"只有'避实就虚'才能进入《野草》的形上语境"的观点。

但"避实就虚"的研究方法在实践中确实也暴露了一些值得反思的问题。对此,作者引用汪卫东的观点进行了批评:"常常随意将《野草》拆散开来,随机地撒入漫无涯际的中西文化、思想及鲁迅思想与文学世界,以相互参证、相互说明来言说对《野草》的想象,而无视《野草》作为研究对象的整体存在"。[7]这种观点,一针见血地指出:那种脱离文本的"自说自话"式的梦呓或比附,并不可取。看似新颖,实则牵强,以至"在这样宏观而自由的阐释中,我们看到的是研究者的块垒与才情,却看不到《野草》"。[8]

"实"与"虚"是《野草》研究的两条基本途径和方法向导。各有各的价值,也各有各的局限。不必、也不能"求全责备",更不能"因噎废食"。关键是尊重文本和鲁迅而能有新的或深的发现。这是阅读崔绍怀博士的新著带来的最大启发。当然,在"实"与"虚"要不要结合、如何结合等问题上,该著还可以在理论的探讨上再明晰些,毕竟"虚实结合"才是理想的研究境界。

本文系广东省教育厅青年创新人才类项目"鲁迅罪感意识与信仰研究"(2015WQNCX141)、广东省普通高校特色创新类项目"改革开放四十年《野草》研究史"(2018WTSCX149)的阶段性成果。

注释

[1][2][3][5][6][7]崔绍怀:《多维视野中的〈野草〉研究概

论》,中国社会科学出版社 2018 年版,第 8 页、第 177 页、第 176 页、第 176 页、第 199 页、第 22 页。

[4] 李有智:《〈野草〉研究中的"课虚坐实"问题——试以张洁宇〈独醒者与他的灯〉为例》,《中国图书评论》2014 年第 12 期。

[8] 汪卫东:《探寻"诗心":〈野草〉整体研究》,北京大学出版社 2014 年版,代前言第 5 页。

当代鲁迅传播的一个剪影

李 浩

以我个人之见,谢明可称得上是一位鲁迅精神文化遗产的传播者。

虽然认识谢明有二十多年,但并不十分了解他与鲁迅结缘之历史,近日,读了汇集他三十多年里所撰的鲁迅相关文章的《寻踪与呐喊》才知道一二。在回顾性文章《做宣传鲁迅精神的播种者》中,他自述道:他青少年时期就成为了鲁迅的崇拜者,在学校读书期间,在"1986年10月19日,在鲁迅逝世五十周年之晚,我出面组织了广东教育学院中文系纪念晚会,通过歌唱、朗诵和小品等形式,向学生们宣传鲁迅精神"。之后,在1989年,他恢复了广东教育学院中文系鲁迅研究小组的活动,在"领导的支持,老师的热心辅导,更主要的是有省鲁研的专家郑心伶、王祚庆等的关怀"下,发表了调查报告《中学鲁迅作品教学探索》,编写了《中学生学鲁迅入门》。离开学校后,在1991年,他又在阳江市推动成立了"包括有市委、报社、教委、纪委、一中、师范、宣传部等单位人员参加的鲁迅研究小组",并定期举办各类活动。

谢明积极于实干,不仅在于组织不同类型的传播鲁迅精神文化遗产的活动,也在于对鲁迅精神文化遗产的思考。

在《寻踪与呐喊》中,我们可以看到,谢明对一些问题进行了系列性思考。如关于鲁迅的婚姻问题,他早年发表《鲁迅先生与朱安结婚的原因及其影响》一文后,又继续撰写了《朱安谈片》《走下神坛的鲁迅——评李允经的《鲁迅的婚姻与家庭》》两文,进一步深化对这一问题的思考,并获得了独有的见解。《鲁迅——中国现代美术教育的拓荒者》是一篇鲁迅美术事迹小传,文章从1913年发表《拟播布美术意见书》谈起,直到二十世纪30年代鲁迅所提倡的中国新兴木刻运动,梳理了鲁迅在不同年龄段的美术思想和推动中国美术发展的实绩。就谢明个人而论,这篇文章是他考察鲁迅与美术(广义)的先导,在此基础之上,他的两文《鲁迅与肖像艺术》和《鲁迅——伟大的民间文艺学者》在论述和梳理方面获得了更为广阔的视野。也许是谢明的教育学背景,他长期关注中学鲁迅作品的教与学的课题。在他早年的《广东省中学鲁迅作品教学调查报告》中,我们可以看到当年中学鲁迅作品教学的实际状况。这个报告主要关注点,是中学老师怎样进行鲁迅作品的教学的问题。虽然经过了二十年,中学教材中鲁迅作品的选用也发生了很大的变化,但这篇调查报告对于今天的中学鲁迅作品教学仍具有现实意义。在这个报告中,没有关注学生对鲁迅作品的观感,但这并不是这篇调查报告的遗憾之处。学校就是要将那些学生不懂、学生难理解,甚至学生不愿学的知识传授给他们。过分关注学生的感受,反而会遮蔽教学的目的,将中学教育引向歧途。我认为在谢明这个调查报告发表之后,曾经在一段时间内常见于各种媒体的所谓"一怕文言文,二怕写作文,三怕周树人"之类的,都是某些人为某种目的制造的谣言。难道现在的中学生都衷心热爱英语(外文),都忘情于数学定理、物理定律、化学方程么?! 难道中学生们一上英语(外文)、数学、物理、化学等课就乐不思蜀,一听就懂,一做就会么? 仅仅对语文课才有"三怕"么? 此外,学生怕就不教,就改教材,这种本末倒置的做法是完全否认了现代教育的目的,若此,学校这个机构还有存在的必要么? 实际上,中学语文教学,包括鲁迅作品的教学,不在于学生,而在于教学机构对教育目的的坚守,在于老师的教学态度——老师是否愿意想方设法去教（钱理群先生曾在中学讲鲁迅，讲课内容集为《钱理群中学讲鲁迅》）。谢明的《鲁研界须大力介入中学鲁迅作品的"教"与"学"》《大侠为何赶走了阿Q》《中学鲁迅小说的说书式教学浅探》《论中学鲁迅杂文的几何证式教学》等文章，正是从不同角度论述如何教学鲁迅作品的思考结晶，很具有参考借鉴价值。对鲁迅精神文化遗产中的某个问题进行系列性的思考，有助于对加深鲁迅精神文化遗产的理解，更有助于对鲁迅精神文化遗产进行深入浅出地传播，谢明以他的思考和工作实绩证明了这一点。

谢明对鲁迅的文化思考体现了他的个性，尤其他对鲁迅"立人"思想与当今中国社会对接的思考，很具有社会学价值，如《也谈"立人"问题》《从"中国人"到"世界人"之路——关于当前几个热点问题的思考》两文所体现的；《四谒鲁迅墓》虽未及"立人"这个词，但也明显地体现了"立人"这个主题，文中所引用的"一名下岗工人"的留言，不正反映了这位工人的"人"的自我意识么？将鲁迅和现实连接起来，让鲁迅精神文化遗产照耀当今人们的社会生活，正是谢明业余研究鲁迅、传播鲁迅精神文化遗产的基点。诚如他在《普及鲁迅、宣传鲁迅》中所言："鲁迅是苦难深重的中国给中国人民的伟大馈赠。作为中华民族的伟大魂灵，鲁迅用一生的文学、文化实践与实绩，凝聚了20世纪初期历史的精华，昭示了具有现代意识的中国知识分子反对封建专制传统，反对国内外压迫，争取人的解放和民族的解放的历史方向，为中国和世界留下了一份丰厚的具有永久魅力与价值的精神遗产……作为一个中国人，一个中国的学生，应该去了解鲁迅，读好鲁迅，亲近鲁迅，走进鲁迅，普及和宣传鲁迅的伟大精神和品格，倍加爱戴自己的民族英雄。"

2019年10月，趁在三亚小住的机会，去文昌拜访多年未见的郑心伶先生。郑先生精神矍铄,话声洪亮,握手有力、步伐矫健,让我欣喜不已。郑先生特意带我去参观了航天发射场、宋氏祖居……。是郑先生介绍我和谢明认识的,在闲谈间很自然地谈到谢明。郑先生称赞谢明在传播鲁迅精神文化遗产方面的工作,也期望他能够推动广东鲁迅研究会的工作。就我内心而言,我很赞同郑先生的意见的。也知道,在现实中去落实这些工作并非是容易的事,这需要各种有利因素的集合才行。不过,无论怎样,我坚信谢明兄会坚守他的文化理念,会继续业余鲁迅研究、开展鲁迅精神文化遗产的传播者的事业的。

2020 年初春

执着·挚爱
——读《鲁迅与绍兴》有感

何宝康

日前,裘士雄先生赠我他的新书《鲁迅与绍兴》。因为都是退休老人,加上都是公交出行的人,所以是经过转辗之后书才到我手上的,因此,虽然我现今看书的热情和速度都不能和早年相提并论,但裘士雄先生赠送的书,我还是比较认真地花了几天时间翻看了,因而,也更加感动于他的认真执着和对鲁迅先生的挚爱。

裘士雄先生早过了古稀之年,但这几年依然坚持着认真写作,保持着每年不少于出一本书的速度,这是很让我这个懒人感佩的。他曾告诉我,因为不会打字,所以他写东西都是手写后送到打印店请人打印后才可用,这恐怕是不少现在的年轻人无法想象的,很麻烦,也很费精力和时间,还要花钱。但因为一份执着、一种挚爱,裘士雄先生一直坚持着。因为长期在鲁迅纪念馆工作,加上对鲁迅先生的挚爱,他写的基本上都是与鲁迅、与绍兴相关的事儿,而这本《鲁迅与绍兴》更完全就是与鲁迅有关的绍兴人、事、地、物和风俗等史料梳理、分析和研究。而这其中,又有着裘士雄先生自己的思考和发现。譬如,关于鲁迅与绍兴地方志、与绍兴黄酒、与越社、与《越铎日报》等,他都有自己的分析和见解,很值得我们思考和借鉴。社会的发展和时代的变迁,使得这一切更加显得珍贵。而这里,也可见到裘士雄先生对鲁迅的挚爱、对鲁迅研究和绍兴文化的执着。

在《鲁迅与绍兴》一书中,有裘士雄先生对自己在鲁迅纪念馆工作三十二年的总结,有他对自己走上鲁迅研究之路的回顾。在这里,我们更加可以感受到他对鲁迅先生的挚爱,对鲁迅研究和绍兴文化的执着。一个工科生,在那个非常年代进入鲁迅纪念馆,此后一发不可收,全身投入,终于成为一个颇有影响的鲁迅研究者,出版过多部鲁迅研究的著作,编印过大量的鲁迅研究资料书刊,并和著名的鲁迅研究专家一起参与《鲁迅全集》的修订出版,真的非常不容易。看似平常,其实不一般,这是我对裘士雄先生研究鲁迅和绍兴文化的感受和评价。

《鲁迅与绍兴》中还收有作者对那些鲁迅研究前贤的回忆文章,其中的谢德铣和黄中海,都是我曾熟悉的师长,读来尤感亲切。匆匆岁月,很多前辈已经过世,我也已经是过重阳节的老人了。比我年长的裘士雄先生依然勤奋、执着地在努力写作,确实是很让我感动的。执着与挚爱自然是令人起敬的。在此,谨祝老先生们健康长寿。

海派视域·史料钩沉·包罗万象
——读李浩《鲁迅研究杂集》

苏 冉 卓光平

鲁迅研究迄今虽已有百年历史,但其无疑仍是研究者们关注的热门话题之一。在从事鲁迅研究的二十余年间,上海鲁迅纪念馆的李浩先生已出版过多部鲁迅研究著作。2019 年他又出版了四十余万字的《鲁迅研究杂集》一书,该书包罗万象,涉及鲁迅文化、鲁迅著译、时代同仁和文史偶得等方方面面的内容,是著者对自己多年来鲁迅研究的一次回顾。正如著者在后记中所说:"收在这个册子里的文字不成什么体系也非全部,大致可以看作是以文本形式记录了自己这些年在上海鲁迅纪念馆鲁迅研究相关工作的轨迹。"[1]纵览全书,著者的海派视域、史料钩沉以及内容上的包罗万象是该书最鲜明的特色。

一、聚焦上海:彰显海派视域

上海时期无疑是鲁迅生命历程中的一个重要阶段。从 1927 年 10 月 3 日起,鲁迅开始了他长达十年的上海定居生活。在这十年间,鲁迅迎来了他文学创作的辉煌时期,除翻译大量外国文学作品外,还出版了《三闲集》《二心集》《南腔北调集》《伪自由书》《准风月谈》《且介亭杂集》等多部杂文集以及小说集《故事新编》。《鲁迅研究杂集》一书的成型则是源于李浩先生在上海鲁迅纪念馆鲁迅研究相关工作的轨迹,是对"那些因工作而起的,可探索研究的问题"[2]的探索。因此,该书海派视域下的鲁迅及其时代同仁研究无疑是值得注意的一个特色。

梳理全书可以发现,《鲁迅研究杂集》一书共 49 篇文章,其中至少有 15 篇论文直接聚焦于上海时期的鲁迅及其时代同仁,约占全书总量的三分之一。这些文章又大致可分为三个方面:鲁迅与上海、鲁迅的时代同仁与上海、鲁迅与上海鲁迅纪念馆。其中,关于上海鲁迅纪念馆的文章最多,也最具有史料价值。

关于鲁迅与上海的文章有五篇,大致可分为两个部分。其一是海派文化影响下鲁迅 20 世纪 30 年代的文艺活动。海派文化最主要的特点就是其城市的多元性与宽容的文化环境,但是上海文化的丰富与繁杂却也使得鲁迅文艺活动的开展有了新的挑战。在当时,鲁迅一方面利用杂文纠正海派文化的弊病,另一方面则积极创办杂志,提倡新兴木刻来扩展自己的言说空间,表达文化理想,体现了他对现代都市文化与乡村传统文化二者间内在张力的自觉承担。其二是鲁迅与电影。这部分除对鲁迅观影地点,喜好等的探究外,著者还分析了鲁迅文章与电影明星胡蝶在大众那里"看"与"被看"的位置,探究了鲁迅对新兴电影的态度,以及鲁迅对中国文化的透视。

关于上海鲁迅纪念馆的文章有八篇,占比最大,内容也比较丰富。《关于馆藏浮世绘三幅》与《上海鲁迅纪念馆藏明信片》两篇文章详细分析了上海鲁迅纪念馆珍藏鲁迅浮世绘与明信片的情况,为鲁迅艺术活动研究提供了重要的资料。《"凡我所知,愿努力以赴"》一文是著者阅读许广平致上海鲁迅纪念馆的信而有感而发,从中我们能看到许先生对鲁迅精神的继承、守护与捍卫,看到她为上海鲁迅纪念馆的成立作出了重要贡献。除此之外,著者还对上海鲁迅纪念馆馆刊——《上海鲁迅研究》从历史渊源、办刊特色、学术前景等方面做出了自己的阐释,对《上海鲁迅研究》的发展提出了新的期望。

该书涉及鲁迅在上海的时代同仁主要有楼适夷、吴朗西、曹聚仁与赵家璧等几位。他们都是成长于上海的青年，都曾为上海文学界、报刊出版界的发展做出不可磨灭的贡献。这些文章最初发表在他们的纪念集中，本次收入《鲁迅研究杂集》中，是对鲁迅时代同仁研究的集中呈现。

二、立足手稿：注重史料钩沉

对研究者来说，史料的钩沉和整理是研究继续和深入的基础，是从事鲁迅研究必不可少的一环。《鲁迅研究杂集》一书注重史料钩沉，著者通过对鲁迅著作与译作的大量手稿版本及其修改情况的分析，提出自己独到的见解。

在《鲁迅〈奔月〉溯源》一文中，著者根据《奔月》手稿注释对相关历史文献和高长虹事件都做了细致地梳理和分析。现存《奔月》手稿有上海鲁迅纪念馆藏铅印校对稿与北京鲁迅博物馆藏宣纸手稿，而北京鲁迅博物馆藏手稿似为初稿，有多处鲁迅边写边改的痕迹。著者通过对《奔月》初稿修改痕迹的揣摩，发现"鲁迅创作《奔月》时固然想表达一种或数种心情"[3]，但"鲁迅更重视将《奔月》作为人性理念的传达以及其艺术趣味的表达的一个载体"[4]。在《从〈眉间尺〉到〈铸剑〉》中，著者通过对《眉间尺》的副标题及其手稿行文的相关分析，解决了《眉间尺》写作时间地点问题——"《眉间尺》应先于《奔月》撰写，且完稿于厦门期间。"[5] 同时，著者还在对《眉间尺》手稿修改部分进行整体分析的基础上结合鲁迅当时的写作状态，进一步佐证了"《眉间尺》完稿于厦门"[6]这一结论。另外，关于《眉间尺》为何改名为《铸剑》的问题，著者则通过结合《眉间尺》的"复仇"母题及其相关史料，提出了自己的看法——剑是绝望，是希望，是虚无，是实有，是"死火"的延续，眉间尺和黑色人"既在用这'剑'，也在继续铸就这'剑'。"[7] 这些无不显示出著者扎实的史料功底和严密的逻辑推理思维。

关于鲁迅译稿的研究，该著收录有四篇文章。除《〈毁灭〉译稿与〈溃灭〉及其他》是对现存两个不同译本的对比分析外，其他三篇均是通过对《国家图书馆藏鲁迅未刊翻译手稿》的分析，对手稿的修改情况进行考察。虽然"鲁迅译文手稿可供研究的资源并不很多"[8]，但是著者仍从细微处提出了自己的见解并为鲁迅译文研究提供了一些切实可行的方向，为后续鲁迅手稿及其译文研究奠定了坚实的学术基础。

总之，在收集大量一手资料的基础上，著者以严谨的研究态度和求实的科学精神对鲁迅手稿进行细致对比与分析，从而解答了一些在鲁迅研究学界饱受争议的话题，不仅带我们进一步走进鲁迅，了解鲁迅，而且填补了鲁迅手稿研究中的一些空白。

三、包罗万象：海纳鲁迅遗产

在《鲁迅研究杂集》后记中，著者坦言收在这个册子里的文字并不成什么体系，册子内容也十分繁"杂"，究其原因，"是缘于鲁迅精神文化遗产之磅礴——鲁迅的精神文化遗产实在可谓包罗万象"[9]。《鲁迅研究杂集》共六个章节，涉及鲁迅思想、艺术、小说、生平、译著及其时代同仁等方方面面，不仅有严谨的学术论文，也有论文集中的会议发言，甚至还有收录方志中的珍贵文史资料等，可谓是一部包罗万象的鲁迅研究著作。

该著第一章鲁迅文化部分，共有 11 篇论文探讨了鲁迅的文学及其文艺活动，涉及电影、报刊、剪报、书籍装帧、汉画等多个方面。值得注意的是在《天物·思想·美化：鲁迅与书籍装帧艺术》一文中，著者从鲁迅的美术观、封面设计以及版式选择三个方面来揭示鲁迅的美术思想。他指出："在书籍装帧设计上，鲁迅无论是对自己还是对其他设计者，都强调书籍装帧的独立性，将它视为艺术品，这在今天的书籍装帧理论中仍是具有很强的指导意义的。"[10]第二章鲁迅著译部分,顾名思义主要研究鲁迅的著作和译作,著者在收集大量一手资料的基础上,对鲁迅手稿进行细致的对比分析,对一些学界存在争议的话题提出了自己的阐释。第三章时代同仁部分,记述鲁迅同时代人的文化活动及相关思想,有许寿裳、胡风、郭沫若、楼适夷、杜宣、钱君匋、赵家璧、汪静之、吴朗西、曹聚仁、杨可扬、邵克萍和费孝通等人。从人物关系方面,有受鲁迅影响而形成自己独特创作风格的晚辈,也有鲁迅相交甚密的好友,还有左翼作家同盟中的中流砥柱。从人物范围来看,涉及戏剧、报刊、木刻版画、书籍装帧以及书籍出版等多个方面,通过著者对鲁迅时代同仁的研究,不仅从多角度勾勒出了这些大师们的真实人生,同时也从侧面反映出了一个时代的整体面貌。这不仅是对鲁迅时代同仁们的致敬,更是对他们所处的这一特殊时代的献礼。第四章文史偶得部分的 12 篇文章是著者在做鲁迅相关研究工作时的部分"工作成果"。该章中既有对上海鲁迅纪念馆馆藏的研究,也有对后辈眼中鲁迅的探讨;有对鲁迅改编作品的讲述,也有对鲁迅传记的评说;有对鲁学界同仁的怀念,同时还有对许广平先生的感谢……整个章节不仅极具史料价值同时又饱含着真挚的情感。第五章是史志回顾部分,与其他章节相比,更偏重于"史"的研究。该章共三篇论文。《鲁迅与 20 世纪 30 年代左翼文化运动纪念地》细数了鲁迅和 20 世纪 30 年代左翼文化运动参与者们在虹口区留下的斗争足迹。《史料钩沉·海派视阈·符码转换》一文是从历史渊源、办刊特色、学术前景等方面对上海鲁迅纪念馆馆刊——《上海鲁迅研究》(原《纪念与研究》)这25 年办刊历程的总结与回顾。《上海鲁迅纪念馆、纪念地与鲁迅文化研究》一文承接了《鲁迅与 20 世纪 30 年代左翼文化运动纪念地》的写作风格,同样以史料记载为主,值得注意的是文章中关于鲁迅文化研究的梳理,条理清晰,言之有据。

"和其他一些纯学术性的学科不同,'鲁迅学'不是从书本到书本,从理念到理念关在研究室里形成和发展的,它始终保持着和现实的紧密联系,从现实中汲取营养,在现实中寻求灵感激发灵感"[11]。《鲁迅研究杂集》正是李浩先生立足现实,对那些"因工作而起的、可探索研究的问题"[12]的探讨,是一部既有深刻的文学内涵,又极具丰富史料价值的"百科全书"式著作,体现了著者从事鲁迅研究二十多年来的探索精神与时代沉淀。

注释

[1][2][3][4][5][6][7][9][10][12] 李浩:《鲁迅研究杂集》,上海社会科学院出版社 2019 年版,第 364 页、第 364 页、第 103 页、第 103 页、第 107 页、第 111 页、第 114 页、第 364 页、第 59 页、第 364 页。

[8] 陈漱渝:《鲁迅手稿,研究些什么?》,《上海鲁迅研究 2014 年秋》,上海社会科学院出版社 2014 年版。

[11] 张恩和:《新世纪的鲁迅研究》,《学术研究》2001 年第 9 期,第 84 页。

鲁迅研究之研究

"回心"与"抵抗":"竹内鲁迅"的逻辑建构及其意义

蔡洞峰

竹内好在 20 世纪日本战败之际对鲁迅的研究,其主旨乃是通过鲁迅来反思日本自身的问题,即以鲁迅为精神标杆来反思日本的文化,通过塑造"永远革命"的"竹内鲁迅"来批判日本战败后非主体的近代化过程。《鲁迅》自 20 世纪 80 年代在中国大陆出版以来,一直吸引着学界诸多关注。丸山升在谈到竹内好的《鲁迅》时,认为"是一本时至今日仍被称为'竹内鲁迅'的对其后的鲁迅研究起着决定性影响的著作。他以后的所有鲁迅研究者,都从这本书继承了很多东西。即便能够提出在各个方面异于竹内的鲁迅形象,也是通过坚持自己对'竹内鲁迅'的不同意见、深入发掘差异之处才产生的自己的鲁迅形象,在这个意义上,依然处在竹内的强烈影响之下。"[1]在日本的鲁迅研究中,竹内凭借良好的学术直觉和精准的文本解读,提出了一些令人耳目一新甚至至今依然左右着鲁迅研究界的观点,这些讨论后来在日本重要的鲁迅研究专家如丸山升、伊藤虎丸、木山英雄那里都被反复提及。如何理解竹内好以鲁迅为方法来解决战后日本现实的问题,从鲁迅思想中汲取精神资源,通过文学的视角超克"西洋的现代"。"明治时代以来的日本不得不一直装扮的就是西洋的'现代'。由阐述超克那种'现代'的反语暗示出来的并非假象、真正的自我,大概就是日本与亚洲的、从其历史与民族的深处发掘出的某种东西。"[2]"竹内鲁迅"的形成与"日本的近代"历史语境相关联,因此只有追溯到日本"超克近代"的历史中,我们才能理解如何通过文学的"回心"与"抵抗"来建构"竹内鲁迅"及其现实的意旨。

一

竹内好是通过鲁迅为方法,将自身难以克服的现实危机,通过回心转化为一个文学问题。由此竹内好在《鲁迅》的《思想的形成》一章里,为鲁迅设立了一生中有一个确立其成为文学家的回心之轴的契机:"任何人在他的一生当中,都会以某种方式遇到某个决定性时机,这个时机形成在他终生都绕不出去的一根回归轴上,各种要素不再以作为要素的形式发挥机能,而且一般来说,也总有对别人讲不清的地方。"在竹内好看来,鲁迅的决定性时机是"S会馆时期"成为形成"文学的自觉"的最关键时期,并且鲁迅的精神内部存在着一个不变的根本,即所谓"回心"机制,至于"S会馆时期"为何能成为鲁迅生命中的"回心之轴",竹内好没有提出实质性的依据。

竹内好形塑的"竹内鲁迅"核心概念是"回心",在《鲁迅》中,其视角的独特性在于突破了以往在鲁迅研究中的历史进化论叙述模式,而是将鲁迅作为进入历史的向导,借助鲁迅用自己的方式阐释日本的现代性问题。所谓"回心"在竹内好的阐述中,是个体通过内在的自我反省、自我否定,从而最终达到自我自觉或觉醒的内部精神机制。"回心"乃是通过对"无"的把握:"鲁迅的文学,在其根源上是应该称作'无'的某种东西。因为是获得了根本上的自觉,才使他成为文学者的,所以如果没有了这根柢上的东西,民族主义者鲁迅,爱国主义者鲁迅,也就都成了空话。"[3]"无"是竹内好阐释"文学鲁迅"形成的轴心,围绕着"无"的"回心之轴",竹内好通过一系列的玄解来阐释"文学鲁迅"的形成:回心、挣扎、抵抗、永远革命、赎罪的文学、舞蹈的骷髅等等,皆以这个"无"作为根柢。1943年竹内好通过建构"文学鲁迅"来观照自身,以此来解决对自身所处困境的抵抗:

> 对我来说,鲁迅是一个强烈的生活者,是一个彻底到骨髓的文学者。鲁迅文学的严峻打动了我。尤其是最近,当我反省自己,环顾周围时,多能发现以前所未见的一面,并为此怦然心动。我想知道这种严峻是怎么来的。我想拿我自身来比较,并想学他是怎样才成为文学者的。我所关心的不是鲁迅怎样变,而是怎样地不变。[4]

可以说,鲁迅成为竹内好彷徨中的精神支点,在对其文学作品进行思想性解读中作为现实的参照,作为精神资源解决自身和日本的近代危机。竹内好以"回心"来阐释"文学鲁迅"产生的问题,按照竹内好的看法,鲁迅的"回心"发生在1912年至1918年的沉默期,确实在鲁迅的一生中,"S会馆"时期是其生命中的低潮和空白,很难想象这一时期独自躲在S会馆"抄古碑"的教育部小官僚周树人与日后的鲁迅有什么内在关联。但是竹内好却有着自己独特的发现,认为这一"黑洞"时期对鲁迅的形成是至关重要的时期,是文学鲁迅得以诞生的关键:

> 我想象不出鲁迅的骨骼会在别的时期里形成。他此后的思想倾向,都是有迹可循的,但成为其根干的鲁迅本身,一种生命的、原理的鲁迅,却只能认为是形成在这个时期的黑暗里。所谓黑暗,意思是我解释不了。这个时期不像其他时期那么了然。任何人在他的一生当中,都会以某种方式遇到某个决定性时机,这个时机形成在他终生都绕不出去的一个回归轴上,各种要素不再以作为要素的形式发挥机能,而且

一般来说,也总有对别人讲不清的地方。[5]

竹内好并没有提供什么切实的依据说明鲁迅的形成在 S 会馆时期,只能用"影子般的东西""骷髅舞动在华丽的舞场"等来填充这段"鲁迅"形成的"回心之轴"。说到底,竹内好是想用"无"建构一个"回心"时期。

鲁迅之前的所有经历都成为"回心"熔炉的铁片,"一个人,到了获得对他的一生来说都具有决定意义的时机为止,恐怕会有无数个堆积起来的要素,但在他一旦获得自觉之后,那些要素反过来又要任他选择。"[6]竹内好将鲁迅形成前的各种明确事件,融入"回心之炉"成为鲁迅获得文学自觉的关键因素,而这段时间的"无"的状态,是其构成回心之轴的核心部分。

竹内好用其天才般的想象和热情对"文学鲁迅"的形成及其文学自觉进行超越的解释,但被赋予与政治对决的"文学",竹内似乎难以解释清楚,并且更有意味的是竹内将鲁迅生平中"不明了的时期"与五四"文学革命"前的静默时期联系起来。在竹内的解释下,这个时间上"黑暗的断层"即"无"是鲁迅和中国现代文学得以诞生的前提。"竹内鲁迅"建构突出的是"无",这个"无"不能用任何方式加以定义,它的存在是各种"有"赖以产生的"终极性场所"。这样的叙述使得竹内好式的模糊、幽深、本质上几乎难以用语言进行表达。

竹内好以"回心""无"作为鲁迅得以诞生的前提,是"罪的文学""文学的自觉"得以出场的黑暗背景和作为文学家鲁迅形成的回心之轴的决定性契机,是鲁迅通过抵抗和挣扎获得了文学的自觉——正觉,由此确立了一种主体性的文学自觉意识。竹内好所关注的不是鲁迅一生发生了如何转变,而是刻意探寻鲁迅形成一生中不变的东西。这种不变的部分,他用"回心"一词所表达,即人一生中发生质变的决定性契机,诚如有学者认为:"鲁迅的'回心'从某种意义上说难道不正是'黑暗'与'无'吗？它也是影子般无法实体化的,我们所能看到的,只是由那个黑暗的中心产生的光明,而那个难以企及的黑暗才是真正的本源性的存在,它远远比由它产生的光明更广大……它在鲁迅的一生中是一种终极性与本原性。"[7]竹内好将鲁迅文学描述为"本源性的文学""作为态度的文学""赎罪的文学""行动的文学",等等。

二

竹内好在对鲁迅文学作品的评价中,有意对鲁迅的小说进行否定,竹内好认为鲁迅的小说写得并不漂亮。鲁迅作为文学者,其小说《狂人日记》在竹内好看来其价值不是"为白话争得了自由"以及"使作品世界成为可能",而在于"通过它把握到了某种根柢上的态度"。[8]否定鲁迅小说对于竹内好来说或许是一种策略,是为了建构"竹内鲁迅"从而解决自身和日本的近代危机问题。作为现实主义作家,鲁迅的小说作为一种行动的文学,直接介入了中国现实的历史和当下的时代。因此"否定鲁迅小说的根本原因或者在于,鲁迅小说基本上是现实主义的,虚构了一个几乎同构于近代中国现实的文本世界。而且,鲁迅小说惯常的回忆性结构、第一人称叙事所带来的现实感,以及鲁迅与这个'小说中国'的主体性贴近,实际上让竹内好失去了以鲁迅小说作为方法的诠释空间"。[9]为了突出作为"文学鲁迅"的诞生,竹内好强调其从"无"中生出,现实主义的小说并不能为其建构"无"鲁迅提供切实的依据,而充满晦涩、暧昧的超现实的《野草》则充当了竹内好与鲁迅沟通的桥梁。谈到《野草》,竹内好认为,"作为解释鲁迅的参考资料,再没有比《野草》更恰当的了。它集约地表现着鲁迅,而且充当着作品与杂文之间的桥梁,也就是说,它在说明着作家与作品之间的关系"。[10]

在竹内好看来,文学家鲁迅的诞生与其"绝望"有关,在对"绝

望之为虚妄,正与希望相同"中:

> 对绝望感到绝望的人,只能成为文学者。不靠天不靠地,不以任何东西来支撑自己,因此也就不得不把一切归于自己一身。于是,文学者鲁迅在现时性意义上诞生了。致使启蒙者鲁迅得以色彩纷呈地显现出来的那个要素,也因此成为可能。我所称之为他的回心,他的文学的正觉,就像影子产生光那样被产生出来。[11]

竹内好称鲁迅为文学家不仅是由于他产生绝望,并且是"对绝望感到绝望",但鲁迅并没有将自己陷入绝望止步不前,而是背弃了绝望,"不仅走向杨朱、老子和安特莱夫,也从杨朱、老子和安特莱夫走向墨子,孔子和尼采"。[12]并且竹内好将鲁迅与屈原相提并论,当判断鲁迅"有着一种除了称作文学者以外无可称呼的根本态度"时,其指向的不仅鲁迅文学,而是文学鲁迅的生存方式,通过作品作为生存的表达方式,也即是说通过文学的作品表达与其生存方式的高度统一,这是作为文学家鲁迅的根本态度。正如郜元宝认为"他在文学性的表达中生存,文学性表达一直组建着他的生存,他的生存的内在结构一直渴望着文学性表达。文学和生存,或者说'诗'与'战斗',在鲁迅这里取得了高度统一"[13]。

鲁迅作为第一义的文学者是将文学作为行动的生存方式,竹内好用"论争"和"反抗"概括了文学家鲁迅独特的生存状态和行动:

> 鲁迅是文学者。首先是个文学者。他是启蒙者,是学者,是政治家,但正因为他是文学者,即正因为丢掉了这些,这些才会作为表象显现出来。
> 他为表白痛苦而寻求论争的对手。写小说是出于痛苦,

论争也是出于痛苦。

但他所抗争的,其实却并非对手,而是冲着他自身当中无论如何都无可排遣的痛苦而来的。他把那痛苦从自己身上取出,放在对手身上,从而再对这被对象化了的痛苦施加打击。他的论争就是这样展开的。可以说,他是在和自己孕育的"阿Q"搏斗。因此,论争在本质上是文学的。[14]

在竹内好看来,鲁迅作为文学家得以诞生的社会一定是以激烈的抵抗为条件。鲁迅通过"论争"和"反抗"的"回心之轴"使"文学者鲁迅"和"启蒙者鲁迅"统一起来。竹内好将鲁迅式论争概括为让内心痛苦"对象化",其论争的对手不是外在的,而是作家与自我的肉搏,是一种"抉心自食"式的自戕,目的是反抗"绝望"与"虚无",最终认识到"绝望之为虚妄,正与希望相同"。竹内好将抵抗和论争的对象化作鲁迅自身内心的搏斗,外在的对象化作"无物之阵",所有的努力都是竹内好为建构一个"无鲁迅"的"竹内鲁迅","无"促使了"文学家鲁迅"的诞生。

文学家鲁迅绕不开作品而存在。在《作品》一章中,为了突出"无"而将鲁迅的小说创作加以否定,而认为《野草》是极为重要的作品,将其看作解释鲁迅的参考资料,成为作品(小说)与杂文之间的桥梁,《野草》中的短文与《呐喊》《彷徨》中的小说形成对应的关系。"它们彼此之间是极端独立的,但这独立又反过来以非存在的形式暗示着一个空间的存在。就像一块'磁石',集约性地指向一点……只能说是'无'。"[15]竹内好为了建构《野草》作为"无"这个回心之轴,将《呐喊》《彷徨》《故事新编》等作品作为碎片投入到回心的熔炉中,并围绕着《野草》这个回心之轴不断旋转,进而希望通过《野草》塑造出"孤独者""超人"的遗骸,也即是鲁迅的"自画像"。[16]实际上,由于《野草》文本的晦涩和复杂的意象契合了竹内好用来建构自己的鲁迅观,在竹内好看来,《野草》是鲁迅文学的原型和总体概括,是鲁迅的遗骸,"几乎囊括了鲁迅文学的所有要素",最突出的是通过"诗"进行"无"和"死"的生命解读,显示了鲁迅文学的自觉,有此自觉意识之后,才会有注定消逝的"有"与"生"的发生。竹内好著作《鲁迅》中的一些核心概念——无、黑暗、影子等,都可以在《野草》中寻找到对应物,《野草》成为竹内好建构"竹内鲁迅"的桥梁。在论证"文学者鲁迅无限地生成出启蒙者的终极之场"中,竹内好始终以无限复归的回心逻辑,将"无""黑暗""绝望""希望"落实为绝对的"实有"。但鲁迅却无法对绝望与希望、黑暗的"实有"加以肯定,"忽而这些都空虚了,但有时故意地填以没奈何的自欺的希望。希望,希望,用这希望的盾,抗拒那空虚中的暗夜的袭来,虽然盾后面也依然是空虚中的暗夜"。[17]在《野草·希望》中,鲁迅对实有化的"暗夜"和"空虚"充满疑虑,既不能证明其实有,也不能证明其实无。在完成《希望》创作不久,1925年3月18日,鲁迅在给许广平的信中谈到:"这些空想,也无法证明一定是空想,所以也可以算是人生的一种慰安……但我的作品,太黑暗了,因为我常觉得惟'黑暗与虚无'乃是'实有'……也许未必一定的确的,因为我终于不能证实;惟黑暗与虚无乃是实有。"[18]

三

竹内好在《鲁迅》的开篇《序章》中,谈到了鲁迅的生与死的问题意味。在竹内好看来,鲁迅的价值在于其"文学家"的立场,"文学鲁迅"形成了作为思想家鲁迅和启蒙者鲁迅的独特的个体存在,甚至塑造了20世纪中国现代思想和现代文学的现实品格。竹内好认为,因为鲁迅的存在,中国文坛在鲁迅活着的时候是分裂的,论争不休。在《鲁迅》序章中,竹内好首先是从鲁迅的死开始谈起,并指出:"人们明确地把他认作文坛的中心,却是在他死后……与其说因他的死而变得毫无意义,倒不如说是他的死拯救了毫无意义的对立,并由此而在他死后实现了他生前作为启蒙主义者最想实现、而他的文学者气质又与之相悖的文坛的统一。"[19]中国文坛的分裂和论争,因为由于鲁迅的存在,"论争是鲁迅文学支撑自身的食粮"[20]。

事实上,鲁迅生前的确处于文坛论争的中心,竹内好清楚地指出当时中国文坛的客观现实,并将鲁迅与各种对象的论争看作现代中国文坛的主要特征,而鲁迅的死制造了没有论争的文坛,也即是说鲁迅死后出现的中国文坛的统一是以片面肯定鲁迅的思想,鲁迅思想至于中国文坛一尊地位,而取消了鲁迅的"为人生"的文学价值。鲁迅的诞生是作为文学鲁迅而存在的,鲁迅的死也意味着文坛消失了"鲁迅文学"。由此出发,竹内好认为鲁迅的文学是一种"回心"和"挣扎"(抵抗)的文学,也是一种召唤主体性自由的文学。鲁迅文学与政治的关系也是竹内好关注的重点,"鲁迅的文学,就其体现的内容来讲,显然是很政治化的,他被称为现代中国的有代表性的文学者,也是就政治意义而言的,然而,其政治性却是因拒绝政治而被赋予的政治性"。[21]对文学鲁迅的形成来自对"绝望"的绝望,竹内好对此阐释道:"对绝望感到绝望的人,只能成为文学者。"[22]只有在绝望中并且反抗绝望,通过文学进行论争和抵抗,文学鲁迅得以诞生。而使鲁迅成为文学者鲁迅在竹内好看来是"无"的某种东西获得了根本上的自觉,作为第一义的文学者,文学在鲁迅那里既抵制又统一于革命、启蒙等行动,"文学是行动,不是观念。但这种行动,是通过对行动的异化才能成立的行动。文学不在行动之外,而在行动之中,就像一个旋转的球的轴心,是集动于一身的极致的静。没有行动,便没有文学的产生,但行动本身却没有文学"。[23]竹内好所谓鲁迅的回心之轴即是鲁迅称为"无用之用"的文学,所谓无用,是指文学对政治的无力问题。竹内好认为文学对政治的无力是文学自身异化了政治,与政治无涉的就不是文学。竹内好在分析《战士与苍蝇》

《中山先生逝世后一周年》以及《黄花节的杂感》中,发现了鲁迅对革命的态度和看法,即赞赏孙文是真的"革命者",真正的革命是"永远革命","鲁迅在孙文身上看到了'永远的革命者',而又在'永远的革命者'那里看到了他自己"。[24]对鲁迅而言,真正的文学与同真正的革命一样,永远不满足现状,永远革命,文学与政治只有基于这种理想的统一中,文学才是有用的,才能对现实政治产生影响,"文学的自觉"就是文学作为一种行动介入历史和改造现实,是一种真正的革命性,在这个层面上,竹内好认为第一义的文学者鲁迅与同孙文一样,是真正的革命者。真正的文学与理想的政治本质上是同一的,文学在本质上是最高的政治。《革命时代的文学》针对当时"文学有益于革命"的论调,鲁迅基于历史的现实认为文学对敌人是无力的,对革命也是无用的。但竹内好认为鲁迅以反语的方式认同真正的文学的"有力"和"有用",即"真正的文学并不反对政治,但唾弃靠政治来支撑的文学"。[25]真正的文学"把自己的影子破却在政治里",对文学的否定即对文学的肯定,文学对政治的"无力"恰是政治对文学的无力,"无力的文学,作为文学是绝对的,这是因为它的无力"。[26]认识到文学的无力是文学的自觉。无使有成为可能,"无用"使文学成为有用,"文学自觉"就是一种永远的真正革命性。也是文学者鲁迅生成启蒙者鲁迅的唯一契机。

同样在《魏晋风度及文章与药及酒之关系》中也表达了"文学自觉"时代文学的"无力"和"无用",竹内好认为真正的文学都应该揭示自己的"无力",并用"无力的文学应以无力来批判政治"。[27]借用竹内好的逻辑,真正的文学自觉应该是文学者直面文学对现实的无力,却通过文学的无力来反抗现实,从而成就文学的轴心地位,文学者面对文学的无力,面对现实的世界只能报以虚无和绝望,但却因此可以成为一切无限的可能:"不靠天不靠地,不以任何东西来支撑自己,因此也就不得不把一切归于自己一身。于是,文学者鲁迅就在现时性意义上诞生了。致使启蒙者鲁迅得以异彩纷呈地显现出来的那个要素,也因此成为可能。我所称之为他的回心,他的文学的正觉,就像影子产生光那样被产生出来。"[28]

文学者鲁迅无限生成启蒙者鲁迅、思想者鲁迅、革命者鲁迅、政治家鲁迅等多重面影,这一切形成的关键是通过文学的"抵抗","在他,是有着一种除了称作文学者以外无可称呼的根本态度的"。[29]竹内好认为鲁迅通过抵抗的文学进行文学的抵抗,进而"破却了自己的影子,荡涤了自己"而获得文学的自觉,正如靳丛林所说:"竹内好设定鲁迅一生中有一个确立他作为文学家的回心之轴的决定性契机,在这一契机下鲁迅通过挣扎——抵抗获得了他真正的文学的自觉——正觉;一种主体性的文学自觉意识的确立,贯穿在鲁迅的一生之中,那是他变化之中不曾变化了的根本思想的元素。"[30]鲁迅多重面影生成的根源则是植根于"文学鲁迅"之中,让文学以外的其他一切都围绕文学生成和存在。竹内好将鲁迅定义为"非先觉者",这种非先觉者的身份使其成为"自觉的文学者","首先让自己和新时代对阵,以'挣扎'来涤荡自己,涤荡之后,再把自己从里边拉将出来。这种态度,给人留下一个强韧的生活者的印象"。[31]作为强韧的生活者,鲁迅始终以文学确立被对象化的自己的矛盾,并在对象化的矛盾中"破却了自己的影子,荡涤了自己"。竹内好的目的是构建一个以"挣扎和反抗"作为"文学鲁迅"的回心之轴,使一切外在的对象成就鲁迅生成的同时又被鲁迅否定,如同孙歌所说:"竹内好在《鲁迅》之中揭示了一个基本的原则,那就是只有发自内部的否定才是真正的否定……并通过主体的否定性介入而促进新的主体精神的形成……在这意义上,主体只不过通过表层意义上的不断转换而指向其回心之轴而已。"[32]鲁迅一生以文学进行抵抗集中地体现在他自身的痛苦,即竹内好称为"无"的体验中,真正的文学家鲁迅诞生了,文学鲁迅则是由对"绝望之绝望"的抵抗中获得了文学自觉。

结语

竹内好对于原鲁迅的追根溯源,导致了一个以"无"为中心的"鲁迅场"的产生,即"文学者鲁迅永远的生成出启蒙者鲁迅的终极之场"。同时,竹内好因为鲁迅而获得了生的自觉。竹内好认为,"国民生活的动摇,是对文学精神的考验,不仅中国如此,我们现在也正体验着这种考验。教给我们这一点的,不是别人,正是鲁迅"。

竹内好经由鲁迅展开对近代以来的日本社会及其价值观念的批判,成为"二战"后在日本产生较大影响的思想家。竹内好的鲁迅研究的独特性在于它以鲁迅为方法,将难以克服的现实危机,成功地回心为一个文学问题。凭借鲁迅的反思而介入日本的现实,反思日本的历史与文化。竹内好通过鲁迅的文学,站在东亚的近代化过程中,以鲁迅文学的"回心"和"抵抗"为核心建构"竹内鲁迅",将日本社会的真问题带入到论述中。鲁迅作为整个东亚近代知性链条上的一个"索子"和中间物,在"古今"和"东西"这两个维度上有着属于自己的位置,竹内好对"竹内鲁迅"的逻辑建构,突出是以鲁迅为方法和参照解决日本的近代一系列的社会政治和文化问题,就其强烈的现实问题意识和独特的阐释方式而言,对我们当下中国的鲁迅研究和人文研究无疑具有现实的启示和反思意义。

本文为安徽省高校人文社科重点项目:"传统文化、新文学与鲁迅传统关联研究"(SK2018A0317)的阶段性成果。

注释

[1] 丸山昇:《鲁迅·革命·历史——丸山昇现代中国文学论集》,北京大

学出版社 2005 年版,第 339 页。

[2] 子安宣邦著,董炳月译:《何谓"现代的超克"》,生活·读书·新知三联书店 2018 年版,第 18 页。

[3][4][5][6][8][10][11][12][14][15][16][19][20][21][22][23][24][25][26][27][28][29][31]竹内好:《近代的超克》,生活·读书·新知三联书店 2016 年版,第 132 页、第 113 页、第 119—120 页、第 127 页、第 153 页、第 167 页、第 181 页、第 181 页、第 182—183 页、第 173 页、第 173—174 页、第 77 页、第 160 页、第 93 页、第 181 页、第 208 页、第 188 页、第 209 页、第 214 页、第 213 页、第 181 页、第 182 页、第 85 页。

[7] 吴晓东:《竹内好与伊藤虎丸对鲁迅〈狂人日记〉的解读》,《鲁迅研究月刊》2002 年第 2 期。

[9] 韩琛:《"无"鲁迅的"竹内鲁迅"》,《湘潭大学学报(哲学社会科学版)》2015 年第 1 期。

[13] 郜元宝:《鲁迅六讲》,北京大学出版社 2007 年版,第 158 页。

[17] 鲁迅:《希望》,《鲁迅全集》第 2 卷,人民文学出版社 2005 年版(下同),第 181 页。

[18] 鲁迅:《两地书》,《鲁迅全集》第 11 卷,第 21 页。

[30] 靳丛林:《竹内好的鲁迅研究》,北京大学出版社 2012 年版,第 71 页。

[32] 孙歌:《竹内好的悖论》,北京大学出版社 2005 年版,第 38 页。

鲁迅与同时代人研究

陈毅对鲁迅精神的接受与传播

任葆华

陈毅与鲁迅并无直接的交往,但他始终是鲁迅精神热情的传播者。他一生喜欢读鲁迅的著作,不仅在诗文中对鲁迅称颂有加,而且还多次出席有关鲁迅的纪念活动,并发表讲话。陈毅为纪念鲁迅所作的那些文字,与当时其他许多纪念文字一样,是社会集体建构"党的鲁迅"形象的重要组成部分。它们倾向于运用公共象征性话语,赋予了鲁迅某种意识形态化的身份,其背后隐藏着某种社会集体行动的逻辑。因此,有必要对之加以细致地梳理和研究。

青年时期的陈毅是一个革命文艺青年,他不仅积极参加政治活动,而且爱好写作,在报刊上发表了许多诗歌、小说、散文和译文等。1924年冬,经王统照介绍,陈毅加入了文学研究会。文学研究会是1921年初由沈雁冰、郑振铎、叶圣陶、王统照、许地山等12人发起成立的影响巨大的文学团体。其宗旨是提倡为人生的艺术;主张文学反映社会人生、关心人民疾苦,创作上多采用现实主义的方法。基于"为人生"共同的文学见解,鲁迅曾与这个团体保持着比较密切的联系。1925年3月1日,陈毅在《燕风》半月刊第五期上发表论文《我们的生活》,其中在回顾五四白话体文学的成绩时,他特别称道了鲁迅和郭沫若:"中间只有鲁迅的小说和郭沫若的诗,可以称是艺术上的东西。鲁迅的东西还算有几篇对的。郭沫若的诗,我以为他的气宇要比其他的诗翁大一点。虽然他现在还不算伟大,我以为他是有希望的。"[1]与对郭沫若的极力欣赏相比,陈毅对鲁迅的称许则显得有所保留。但在该文中他同时提出了"不是向大众说谎"的文学见解,这与鲁迅当年竭力反对"瞒和骗"的文艺主张是完全一致的。需要指出的是,这一年,陈毅还在《民众文艺周刊》上先后发表了《谁是救国的主力军》与《赤化与帝国主义》等文。而该刊从筹备到创刊,一直得到鲁迅的支持。由此不难看出,早期的陈毅与鲁迅虽无直接的接触,但他们有着比较接近的文学主张和政治价值取向。若不是后来走上政治革命道路,依陈毅的文学素养,一定会在文学创作上有更大的建树,说不定他与鲁迅之间还会留下许多文学佳话的。当然,历史是不能假设的。

1926年3月18日,北京反对"八国通牒"的群众集会在天安门举行,会后举行游行示威。当游行队伍行至国务院门前,遭到了段祺瑞执政府卫队的开枪射击。死伤二百多人,其中就有刘和珍、杨德群、张静淑三名北京女子师范大学的学生。这就是震惊中外的"三一八惨案"。陈毅当时在北京中法大学读书,是北京市学生联合会的负责人之一,许广平则是北京女师大的学生会总干事。他们两人都是这场学生运动的组织者和参与者,是同一条战线上的亲密战友。惨案发生后,鲁迅极为愤怒,一连写下多篇文章对制造血案的北洋政府进行声讨,对陈毅等参与领导的学生运动进行声援,其中最为著名的文章就是大家熟知的《记念刘和珍君》。

1934年10月,红军主力离开中央苏区开始长征。陈毅奉命与项英一起留下坚持领导南方游击战争。其间,他们与中央失去了联系。在白色恐怖的艰苦环境下,陈毅曾几次捎信给鲁迅和茅盾,试图通过他们与中央取得联系。1978年1月23日,茅盾在致姜德明的信中曾谈及此事,并说到陈毅当年信中的大致意思是:"我是史铁儿(瞿秋白同志在上海时期用过的化名,鲁迅熟知此化名)的朋友。史铁儿兄病死之前,我跟他是在一起的。我们都非常关心史铁儿的家属。不知你能不能费神打探一下,告诉我们。"[2]这一点是历史事实,在杨尚奎和黄源等人的回忆文章中也都证实有过此事。只不过陈毅通过鲁迅联系中央的努力最终并未实现。据茅盾在上面的信中回忆,他与鲁迅曾各收到过一两封信,但由于陈毅用的是假名,他们照假名回了信,因而肯定无法送达;他们也曾把陈毅的来信交给中央在上海的联系人,但这位联系人当时也与中央失去了联系。陈毅之前与鲁迅从未接触过,但在极端困难的情况下,他却想到了鲁迅,说明陈毅对鲁迅有着一种同志般的信任。这种信任缘于陈毅之前对鲁迅的了解,特别是因为他与瞿秋白有着密切的关系,而瞿秋白在苏区的时候经常对陈毅大谈鲁迅及其作品,并且说过,今后如果需要写信给鲁迅,可由上海内山书店转交。

1940年秋,东进的新四军与南下的八路军在江苏盐城会师后,成立了新四军华中总司令部。该年冬天,陈毅视察淮北新四军四师,在洪泽湖西岸半城召集搞文艺工作的同志座谈时曾提到了鲁迅,他说:"俄国的革命作家,在革命中写出了《铁流》《毁灭》……我们也要创造自己的战争文学……俄国有高尔基,我们中国有鲁迅,但写战争的作品要靠你们,要靠你们这些从事革命战争的文艺作家。"他还说自己本来是要当作家的,但革命让自己拿起了枪,学会了打仗,将来革命胜利了,他还是要用笔来战斗的。[3]

"皖南事变"后,为培养革命文艺人才,陈毅和刘少奇在盐城创办了鲁迅艺术学院华中分院。为此,陈毅还曾特意写信给身居上海的许广平,邀请她来鲁艺华中分院当校长。虽然后来由于各种原因而未能如愿,但看得出来,陈毅对鲁迅及其遗属的敬重。华中鲁艺分院1941年上半年成立后,陈毅经常去作报告,或与师生进行座谈。1942年,在纪念中共成立21周年的讲演中,陈毅高度评价鲁迅在五四新文化运动中的功绩,并把他与毛泽东、李大钊并列为"从五四时代就开始走上政治文化的舞台"的"最优秀的代表",说他们都是"从马列主义的辩证唯物论的观点,来具体灵活地解决中国革命的实践问题"。[4]据时任华中"鲁艺"教导主任的黄源回忆,抗战时期,陈毅的行李箱中,总是"放着不断收罗来的鲁迅著作"。[5]1949年以后,许广平曾送时任上海市市长的陈毅一套新的精装本《鲁迅全集》,以表她对陈毅身体力行传播鲁迅精神的谢意。陈毅非常喜欢读鲁迅的著作,他不但自己读,还鼓励青年人读。据曾在陈毅身边工作过的陈鼎隆回忆,一天晚上已是下半夜,他看见陈毅的书房还亮着灯,便推门进去,发现陈毅"正全神贯注地翻阅《鲁迅全集》。"读的正是许广平新送他的那部。当陈鼎隆说到自己对鲁迅的杂文读不大懂时,陈毅则对他说:"读鲁迅著作不读杂文咋行呢!我那一部旧的《鲁迅全集》,你拿去,好好学罗。"[6]陈毅是鲁迅著作忠实的读者,也是鲁迅精神思想的传播者。他在许多场合都曾谈到鲁迅,并鼓励人们向鲁迅学习,努力成为一个真正的共产主义者。

1944年11月22日,陈毅在延安《解放日报》上发表了《纪念邹韬奋先生》一文,其中在谈到邹韬奋的道路是"彻底的革命民主主义者与共产主义者最终结合的道路"时,他先是举孙中山为例,说他是"前三十年的一个最伟大的革命民主主义者,其一生实践,晚年达到很正确的承认共产主义是革命民主主义的朋友。"接着又举例说,"比孙中山先生稍后约十年至十五年左右的鲁迅先生,也是一个革命民主主义的启蒙大师,他几乎完全走着相同路线,其晚年不但与共产主义相结合,且成为献身前列的最坚强的舵手和战士。"他认为,继孙、鲁之后的邹韬奋也是如此。他们几近相同生活道路绝非偶然巧合,而是体现了"中国革命的总规律"。[7]王富仁说:"在鲁迅前后期的思想概括中,'革命民主主义'这个更带政治性质的词汇被用于概括鲁迅的前期思想,'从革命民主主义者到共产主义者'的命题把鲁迅的一生都概括在政治革命的概念形式之下,显而易见,他们用自己的观念阐释了鲁迅,也用这种观念改造了鲁迅。"[8]诚哉斯言!

自鲁迅逝世后,一年一度的纪念活动,几乎成为一个惯例,甚至成为一个节日。在一种仪式感很强烈的气氛中,"一个社群被提请注意其支配性话语表现并在其中讲述的认同特征",而这种支配性话语常常是彼时彼地社会环境弥漫开来的时代精神的主旋律。[9]特别是在中华人民共和国成立之后,除了"文革"期间外,来自官方和民间的纪念活动几乎从未中断过。对于鲁迅的纪念,尤其是其中的纪念大会,跟任何纪念活动一样,具有一套严整的程序和仪式。这些"时代精神的主旋律"作为一种权威话语,也参与到了鲁迅形象的建构之中。

陈毅在中华人民共和国成立后,先后多次参加纪念鲁迅的集会和其他活动,并代表官方发表讲话,其中有许多关于鲁迅的评价和认识。这些评价和认识大多是以满足社会时代精神之需的名义参与到鲁迅形象的建构之中的。

1950年10月19日上午,华东军政委员会文化部、上海市文化局、上海市文联在文联礼堂举行鲁迅逝世十四周年纪念大会。这是中华人民共和国成立后陈毅正式参加的第一个大型纪念鲁迅活动。时任上海市长的陈毅与华东军政委员会文化部长陈望道、上海文化局局长夏衍,以及冯雪峰、巴金、许广平等一百余人到会。夏衍、陈望道、冯雪峰、陈毅、许广平等相继讲话。会后,全体与会人员一起前往鲁迅墓地进行扫祭活动。陈毅在纪念大会上讲话时指出:鲁迅先生值得我们敬仰的,不只是他对广大劳动人民的同情,也不只是他参加了战斗和伟大的贡献,而更是由于在长期的战斗中,他把那战斗的经验,提高到了战略和战术。他不只是文学家,也是政治家、思想家。这些战略对我们是重要的。他反对自由主义,反对动摇,反对伪善,反对对敌人宽恕,不断地顽强斗争,这是鲁迅先生的指示,这与斯大林和毛主席的指示一样的可贵,对于中华人民共和国的建设是重要的。[10]作为马克思主义政治家,陈毅基本沿用了毛泽东对鲁迅的评价,称鲁迅为伟大的文学家、政治家和思想家,把鲁迅描绘成了一个冲锋陷阵的战士。鲁迅的伟大似乎主要表现在他的斗争精神上。他强调学习鲁迅的斗争战略和斗争精神,并且认为鲁迅斗争的战略、战术对于建设我们新中国极为重要。当时刚刚成立的中华人民共和国政权立足未稳,面临着国内外敌对势力的围攻与破坏,形势极为严峻。因此,鲁迅的斗争精神被领导者突出地提了出来。这完全是基于巩固新政权的现实之需而提出的。同年10月21日,陈毅为"鲁迅先生逝世十四周年祭"亲笔题词在上海《文汇报》上发表:"要打叭儿落水狗,临死也不宽恕,懂得进退攻守,岂尽文坛闯将;莫作空头文学家,一生最恨帮闲,敢于嬉笑怒骂,不愧思想权威。"[11]短短五十字,高屋建瓴,比较准确地概括了鲁迅的斗争战略和策略,明确了鲁迅在中国思想界和文学史上的历史地位,但就其总体而言,仍是在强调鲁迅的斗争战略和斗争精神,目的依然是在建构一个"战士"鲁迅的形象。

1951年10月19日,鲁迅逝世十五周年纪念大会在北京隆重举行。陈毅与周恩来、郭沫若、茅盾、李立三、胡乔木、周扬、冯雪峰、丁玲、许广平、周建人等千余人出席。郭沫若任大会主席并致开幕词。陈毅在大会上发表的讲话中指出:"鲁迅的战斗精神,不论对我们任何一个角度工作都可以作为宝贵的教训。军事工作方面也如此……鲁迅的思想、精神,和今天的毛泽东思想是一致的,我们更要以这种精神来建设我们的新中国。"[12]与前一年纪念大会上的讲话类似,陈毅把鲁迅的思想精神与毛泽东思想相提并论,认为两者是一致的。他不无夸大地描述了马列主义对鲁迅思想的影响,特别强调鲁迅学习马列主义的思想进步过程对于知识分子思想改造的意义。此时的鲁迅已然成为新中国之初知识分子思想改造过程中学习的榜样。这又是在建构一个"学习榜样"

的鲁迅形象了。到了后来"文革"时期,"学习榜样"的鲁迅形象被一些人进一步演化成为毛泽东的忠实的学生形象了。其实,无论是"战士"形象,还是"学习榜样"形象,抑或是毛泽东的忠实学生形象,其实质都是"党的鲁迅"形象。

1952年5月13日前后,陈毅因身体不适到浙江杭州休养。5月16日,他赴绍兴,游东湖、禹陵,并访鲁迅故居。1955年2月4日,陈毅还参观了上海虹口的鲁迅故居,并留下题诗:"并世不识面,文藻实我师;遗宅频来访,凭吊更依依。"下款是"陈毅留言"。[13]该手迹一直珍藏于上海鲁迅纪念馆内。陈毅三年之内先后参观绍兴和上海两地的鲁迅故居,并在上海故居留下墨宝,从中不难看出他对鲁迅的景仰之情,而且在文学上他一直是尊鲁迅为师的。

1956年10月19日上午,鲁迅逝世二十周年纪念大会在上海举行,与会各界代表近两千人。大会由宋庆龄、陈毅、巴金、靳以、许杰、唐弢等15人组成主席团,陈毅代表中国共产党和人民政府讲话。他说:鲁迅是一个从旧民主主义革命到新民主主义革命再到社会主义革命的高级知识分子的典型。他在概述了各个革命时期的先进文化艺术和学术思想的特征以后说,处在目前的伟大的革命时期的知识分子要学习鲁迅先生解剖自己,抛弃不正确的思想认识,不断吸收新事物的精神;要学习鲁迅的思想方法,学习他的独立思考、刻苦钻研和服从真理的精神;抛弃旧的不正确东西,有选择地吸收、消化正确的、对社会主义建设有利的东西。在对待民族文化遗产的问题上,陈毅批判了民族虚无主义和复古主义两种错误倾向;在吸收西洋文化的问题上,他指出:从鲁迅的作品可以知道,不能排外,但也不能全盘西化,必须有自己的创造。[14]虽然同此前一样,纪念鲁迅是为了学习鲁迅,而学习鲁迅则是为了服务于新中国建设的现实之需,但不容否认,陈毅主张学习鲁迅的思想方法,正确对待民族文化遗产和西洋文化的讲话精神,直到今天,仍具强烈现实指导意义。

1957年3月,陈毅写下一首长诗,题目为《读时下杂文,因忆鲁迅,为长歌志感》。全诗为五言,总共380字。其中这样写道:"我爱读杂文,鲁迅作者最。打击方向准,是非严分类。甘为孺子牛,敢于千夫对。一生无媚骨,又加文辞美,讽刺有深味。"在该诗后半部分他还针对当时杂文写作中出现的问题进行了分析批评,特别指出了鲁迅与王实味的讽刺的不同。强调我们应该学习鲁迅"对敌不客气,目的在粉碎;对我作教育,似开批判会"[15],而不能像王实味延安时期写的杂文《野百合花》那样"敌我不分"的讽刺。陈毅此时重提延安时期王实味的杂文,自有其现实针对性。

1959年10月,文物出版社编辑出版了《鲁迅诗稿》,陈毅为该书题签。

1961年9月25日,纪念鲁迅诞辰八十周年纪念大会在北京隆重举行。陈毅和首都各界人士共1400多人一起出席了大会。1966年10月31日,北京和来自全国各地的群众七万多人在京举行盛大集会纪念鲁迅。陈毅再次出席了大会。这两次纪念大会,陈毅都未被安排发言。需要特别指出的是,1966年的这次纪念大会是由中央文革小组主持。姚文元作了题为"纪念鲁迅,革命到底"的主旨报告。"文革"当权者脱离鲁迅时代的历史语境,大造舆论,鲁迅作为"文化革命的先驱"被扭曲为无产阶级革命的"马前卒"和"小兵","坚定地跟着毛主席走,勇敢地捍卫以毛主席为代表的正确路线"。[16]从此,鲁迅彻底沦为政治斗争的工具而被反复利用,中国开始进入了没有鲁迅纪念活动的十年。直至去世,陈毅再也没留下有关鲁迅的纪念文字及活动记录了。

综观陈毅有关鲁迅的纪念文字和讲话,大多都比较抽象,评价多于分析,赞颂多于论述,多是基于一个马克思主义政治家的立场来观鲁迅的,更多表达的往往是时代话语中的政治诉求。"跟所有的纪念活动一样,鲁迅纪念中,鲁迅并非目的,而只是载体;鲁迅纪念往往'别有目的',而这目的也就是当时社会中被弘扬的主流意识形态。"[17]陈毅在纪念大会上有关鲁迅的讲话,体现了当时社会中被弘扬的主流意识形态,是社会集体建构"党的鲁迅"形象的一个重要组成部分。就宣传鲁迅学习鲁迅而言,其历史作用还是不能抹杀的。

注释

[1] 陈毅:《我们的生活》,《燕风》(半月刊)1925年第5期。

[2] 姜德明:《相思一片》,人民文学出版社1987年版,第10—11页。

[3] 孙文光:《陈毅文学系年》,《中国现代文艺资料丛刊》第六辑,上海文艺出版社1981年版,第137—138页。

[4] 冯锡刚:《陈毅与鲁迅》,《人文杂志》1981年第5期。

[5] 黄源:《鲁迅精神体现在新四军的二三事》,《黄源文集》第一卷,上海文艺出版社2005年版。

[6] 陈鼎隆:《在陈毅同志身边七年》,《秘书工作》2005年第9期。

[7] 陈毅:《纪念邹韬奋先生》,《解放日报》1944年11月22日。

[8] 王富仁:《中国鲁迅研究的历史与现状》,浙江人民出版社1999年版,第132页。

[9][17] 程振兴:《鲁迅纪念研究1936—1949》,中国社会科学出版社2011年版,第3—4页、第154页。

[10] 孙文光:《陈毅文学系年》,《中国现代文艺资料丛刊》第六辑,上海文艺出版社1981年版,第148页。

[11] 陈毅:《鲁迅先生逝世十四周年祭》,《文汇报》1950年10月21日。

[12] 转引自张杰:《人民的纪念——1949年至1966年国内的鲁迅纪念活动》,《天津师院学报》1981年第4期。

[13][15] 陈毅著、陈昊苏编:《陈毅诗词全集》,华夏出版社1993年版,第265页、第310—312页。

[14]《陈毅同志在纪念鲁迅逝世二十周年大会上的讲话(摘要)》,《解放日报》1956年10月20日。

[16]《红旗》杂志社社论:《纪念我们的文化革命先驱鲁迅》,《红旗》1966年第14期。

从师生到文艺上的知己
——谈鲁迅与曹靖华的交往历程

李海苣

鲁迅和曹靖华之间友情一直为文界所关注,他们之间深切的情谊在《鲁迅日记》中可以得到印证。1925年他们以书信的方式开始了长达十二年的交往。经统计,在这十二年间《鲁迅日记》中提到曹靖华的次数就高达285次,鲁迅致曹靖华的信有130封(现存从1930年以后的八十五封半),记载收到曹靖华的信也有132封。关于他们二人的会面,在笔者能找到的资料中记载仅有三次,其余大部分时间是靠着书信文字来交往的。然而就是这种"文字之交"却促成了他们深厚的情谊。本文试图以时间为线索,从他们交往的四个阶段来对他们之间的关系做更全面更深入的探究,给读者一个更清晰的印象。

相遇:因《阿Q正传》而结缘的师生情

鲁迅与曹靖华的初见准确地说可以追溯到1923年。曹靖华在1923年回国后,到北大做旁听生,"旁听俄语及鲁迅的中国小说史,并到宫门口三条鲁迅寓所聆教"。[1]但曹靖华此时只是受教于鲁迅,二人真正有来往是在1925年。这一年"曹靖华"三个字第一次出现在鲁迅的日记中,而《阿Q正传》是他们两人之间交往开始的桥梁。就是这样一个初出茅庐的青年得到了鲁迅生命最后十多年的青睐。

曹靖华在《望断南来雁》"无限沧桑怀遗简"一篇中回忆:1925年他在开封的苏联军事顾问团做翻译,在顾问团中有一个同样为翻译的苏联青年瓦西里耶夫(中文名字为王希礼),因王希礼曾经在苏联跟随一位研究《聊斋》的汉学家学习中文,所以对于中国文学非常感兴趣,在一次与曹靖华的交流中,希望曹靖华为其讲一下中国现代文学,曹靖华便把自己手边的《呐喊》借其阅读。几日后王希礼深深被鲁迅的作品所吸引,因而便与曹靖华商议《阿Q正传》的俄文翻译,这是鲁迅的作品第一次被翻译成俄文传入苏联。在翻译中他们二人遇到了很多因文化背景习俗不同而产生的问题,曹靖华便将这些问题一一记下,最后他们二人商议把这些问题写成书信发给了鲁迅,希望能得到鲁迅的指导。关于这件事情,《鲁迅日记》中记载:他于5月8日收到了曹靖华和王希礼的信,在9日的时候便回复了他们,这足可见鲁迅对此事的重视。

"王希礼在开封译《阿Q正传》时,据《鲁迅日记》载,他(鲁迅)曾往开封给我发了四封信。记得信中不但详细解答了翻译中的疑难,而且还附上他亲笔绘的绍兴民间赌博图,标明'天门''角回'的位置等等,以便在译文中准确了解和表达"[2],这使曹王二人的翻译更加贴切且便于理解。鲁迅把他们要求的和没想到的都写了出来,可见鲁迅对此次翻译的重视,以及对后辈的提携和帮助。鲁迅是以师长的方式爱护着那些有着热血和理想的青年人。

曹靖华还说道:"我向鲁迅先生求教的第一封信,他是1925年5月8日收到的,第二天即复信给我和王希礼,鲁迅日记中有记载,我也记得分外清楚,因为这是我和鲁迅先生通信的开始。"[3]这些日期即使是几十年后曹靖华仍能记得如此清晰。1980年,曹靖华回忆:"至今我还记得我和王希礼拆开信时的急切心情和看到鲁迅先生详尽解答所有疑难的高兴神情"。[4]两个初出茅庐没有任何背景与社会地位的青年人大着胆子向当时的文界领袖写信希望得到他的帮助,当他们得到对方这么恳切认真严肃的回复时,那种激动的心情,即使在几十年后依然记得一清二楚。从这里我们不仅能看到鲁迅对后辈的悉心提携,也深深体会到了曹靖华对于鲁迅的敬重。

他对鲁迅的崇拜和敬重在他的《望断南来雁》中更是袒露得真真切切。他在《望断南来雁》中的第一篇里这样讲到:"我是鲁迅的学生,是身受其惠的学生,他全面关切我指引我从政治到生活都倍加关切。"[5]在曹靖华的眼里鲁迅就是他最为尊敬和崇拜的师长。

相交:文艺道路上的引路人

虽然两人在1925年已经相识,但是那一次的相识只是通过书信文字的方式,曹靖华与鲁迅二人真正相交是在1926年。这年春,因国民第二军撤退,曹靖华又回到北平,借机与其余几位未名社成员一同前去拜访鲁迅。《鲁迅日记》中1926年3月21日记:"曹靖华、韦丛芜、韦素园、台静农、李霁野来"[6]记录的便是此事。"未名社"是在1925年8月由鲁迅发起并领导的,以译介外国文学,尤其是译介苏联文学为主的团体,曹靖华也是其中一员。未名社成为了曹靖华与鲁迅交往间的又一桥梁。

关于1927年和1928年没有很直接的资料能证明两人有过联系。不过这两年确实是多事之秋,不仅是对于国家,对他们二人来说亦是如此。

1926年初"国民革命军弃守开封,为避战祸,(曹靖华)与韦素园于三一八惨案次日抵达北京"。[7]同年5月4日曹靖华被李大钊派往广州国民革命军总部给总顾问布留赫尔元帅当翻译随军北伐。此间他参加了多次战役。"7月28日,苏联顾问团政治总顾问鲍罗廷军事总顾问加伦等百余人,被武汉国民政府解职回国,并于8月携妻自武汉前往莫斯科。"[8]这次他在苏联停留了长达五年之久,直到1933年回国。而同时期的鲁迅在1926年因抗议三一八惨案而遭到了北洋政府的打击,为避祸不得已南下到厦门大学任教授。1927年又前往中山大学任教,同年10月又往上海,目的是为了利用上海那个较为特殊的环境,既可以使写作相对自由,又免遭敌对分子的迫害。这一时期,两人各自忙碌着应对当时动荡的时局,联系便相对较少了。

曹靖华在《鲁迅书简致曹靖华》中说道:"据《鲁迅日记》载,共给我发了一百三十多封信。但实际写的信要超过此数,因为发了信而未计入《鲁迅日记》的,确有其事。"[9]况且,鲁迅也在《马上日记》中说:"我的日记……一行满了,然而还有事,因为纸张也颇可惜,便将后来的事写入前一天的空白中。总而言之:是不很可靠的。"[10]因此,关于鲁迅和曹靖华1927年和1928年的交往情况,我们还需要进一步的找寻可靠资料来验证。

在1926年到1928年期间,曹靖华虽未能与鲁迅有过多联系,但却同鲁迅的另一位挚友——积极投身于无产阶级革命的瞿秋白,联系十分密切。1927年大革命失败后曹靖华与瞿秋白先后到达了莫斯科,在《罗汉岭前吊秋白》一文中曹靖华这样写道:"最后你谈到中国急需要苏联的文艺作品与文艺理论的介绍,你教我专心在这方面工作。你说应当把介绍苏联文艺作品与文艺理论工作,当做庄严的革命的政治任务来完成,因为这是革命的需要,是政治的远见,而不是偏爱。"[11]瞿秋白鼓励曹靖华把翻译苏联文学作为终身的革命工作。曹靖华也是认真践行着这个嘱托。这个革命工作也是鲁迅后来常常跟曹靖华提到的,所以瞿秋白在很大程度上也联络起了鲁迅和曹靖华之间友谊。

1928年,"曹靖华受鲁迅委托,搜购大量的精美插画、文学名著以及名贵画册等寄往国内,均存北京鲁迅博物馆。"[12]这便有了1929年7月鲁迅在日记中记录的:"又新俄画片一帖二十枚而去,皆靖华由列京寄来者。"[13]

在20世纪20年代的中国,不便的交通,不便的通讯,不便的邮寄阻碍了人们的沟通,可人们之间的情感却是纯粹的。就如鲁迅和曹靖华,虽然只匆匆地见了一面,但鲁迅却引导了他,"未名社"又给了他这个契机。这些都使他更加坚定了译介苏联文学的道路。"鲁迅对于未名社有着特殊的感情,因为未名社是'一个实地劳作,不尚叫嚣的小团体',而靖华也是'一声不响,不断地翻译着。"[14]"不尚广告,至今无煊赫之名且受排挤,两处受封锁之害。"[15]如此看来,曹靖华和鲁迅成立的"未名社"同样都是默默耕耘着,这也是支撑起他们友谊很重要的一部分。

相知:无话不谈的挚友

在 1929 年到 1933 这五年,鲁迅在日记中提到曹靖华足足有 133 次。在 1929 年 7 月 3 日前,鲁迅在日记中提及曹靖华皆书其原名,自这日之后,每提及曹靖华皆书其名字的后两字。由此可见鲁迅与曹靖华的关系较之前更近了一步。

据《鲁迅日记》记载,1929 年他们之间的联系共有三次,第一次是 7 月鲁迅收到了曹靖华寄来的新俄画片一贴 20 枚,第二次是 11 月,鲁迅收到了曹靖华所寄的《契诃夫死后 20 年纪念册》一本,第三次是寄给李霁野信并附曹靖华笺。由此可见,从 1929 年开始鲁迅与曹靖华的关系开始日益的亲密。

这一时期沟通起他们之间友情桥梁的是《铁流》的翻译和出版,而曹靖华则是鲁迅与苏联美术界交往的桥梁。据曹靖华在《望断南来雁》中所言:"鲁迅先生约译《铁流》,是在一九二九年。"[16]那封寄给霁野的信附给曹靖华信中说的便是此事。自此,曹靖华开始了《铁流》的翻译,直到 1931 年 5 月 1 日译稿完成。据曹靖华在《望断南来雁》中回忆道:鲁迅先生负责《铁流》在国内的印刷出版,又因印刷出版《铁流》需要该书的木刻插画,曹靖华就利用在苏联之便帮助鲁迅搜集原版手拓木刻,并尽力购得名贵画册插画赠与鲁迅。而鲁迅作为酬谢,便赠与苏联木刻家所殷切希望的白宣纸。这便解释了为何在鲁迅日记中,多次提到收到木刻、寄出白宣纸。也就是在这一来二去的交流邮寄中两人的友情更加的深厚。

从 1930 年起,鲁迅和曹靖华二人的联系更加密切了,单是 1930 年这一年,鲁迅在日记中提到曹靖华的次数就已经比之前五年所提到的还要多,但是很遗憾,现在关于 1930 年他们书信的记录唯有《鲁迅书简 致曹靖华》中曹靖华收录的半篇,但是仅仅从这半篇我们就能看出,他们之间友情已经不仅局限于文学活动而是渗透到生活中了。

在信中鲁迅毫不掩饰地诉说着译书的霍乱症,但同时又安慰他,这种状况已经好了一点,还是可以继续下去的。紧接着他就谈到了曹靖华女儿的病情,言语之中尽是关切,对于曹靖华女儿的耳聋,他也是满心的无奈:"不过另外此刻也没有法子,所以今天买了一打药片,两斤海参,托他施公司去寄。"[17] 而后他又写道:"这里冷起来了,我也老下去了……我唯希望就是在文艺界,也有许多新的青年起来。"[18] 这是对中国新青年的期望,也是对曹靖华的期望。此刻的鲁迅对于曹靖华来说既是朋友又是长辈,为他解难,同时又对他满怀着期望。

相通:心心相印的知己

鲁迅曾经这样说过:"人类最好是不隔膜,相关心。然而最平正的道路,却只有用文艺来沟通。可惜走这条道路的人又少得很。"[19] 曹靖华便是与鲁迅走同样道路的人。

1934 年至 1936 年是鲁迅人生中的最后三年,也是他们关系最为密切的三年。这三年鲁迅在日记中提到曹靖华多达 145 次,比这十多年的总次数的一半还多。这足见他们之间关系的进一步亲密。1933 年秋曹靖华自苏联回国,1935 年在北平参与了中国共产党领导的"一二·九"运动。此时的中国,正处于内忧外患时期，鲁迅和曹靖华都面临着相同的困境。在由曹靖华整理出的《鲁迅书简　致曹靖华》中我们能发现：从 1933 年 10 月 21 日开始，鲁迅在信中开始用"亚丹""联亚""汝珍"等称呼。这点曹靖华在《望断南来雁》中的"无限沧桑怀遗简"这一篇中解释道："因为当时反动派检查极严，为免意外，故这封信开头称联亚兄，接着就说亚丹兄……"[20]。曹靖华还不止一次地提到当时那些信保留之难，130 多封的信最后只留下了从 1930 年后的八十五封半，其余的都在白色恐怖下被寄存处的友人考虑到安全全部烧毁了，每每想到这儿，他都会痛心不已。同时，其余在国外时收到的信也不能直接携带或邮寄，只能把它们藏到书的夹缝中，作为书籍，转由西欧邮寄。保留信件的不易不仅反映了当时社会的黑暗，更体现了曹靖华对鲁迅来信的珍视。

　　鲁迅在写给曹靖华的信中也不止一次地提到当时出版书籍之困难。如在鲁迅写于 1933 年 11 月 8 日给曹靖华的信中所说："看近日情形，对于新文艺，不就当有一种有组织的压迫和摧残，这事情好像连几个书店也秘密与谋。"[21]局势之紧张，发表之不易，在这封信里都表现得清清楚楚。又如 25 日的信中所说："风暴正不知何时过去，现在是有加无已，那目的在封锁一切刊物，给我们没有投稿的地方，我尤为众矢之的。"[22]鲁迅以一名横眉冷对千夫指的战士面目示人，却不知战士也有他的无奈和不易，他把坚强展露给世人，而其中的无奈和心酸却只能与最信任的人倾诉。在鲁迅心中，曹靖华便是这个可以真诚倾诉的人。同样曹靖华在北平面临的也是这样的局势，早在北伐战争时期，曹靖华便拒绝了北伐军的高薪高位诱惑，坚定地选择北伐大军的阵营，后来北伐战争失败后在苏联停留长达五年之久，但回国后又再次投入到了中国共产党领导的"一二·九"抗日救亡运动中。正如瞿秋白在《毁灭》出版时写给鲁迅的信中说的："翻译世界无产阶级革命的名著，并且有系统的介绍给中国读者……这是中国普洛文学者的重要任务之一。虽然现在做这件事的差不多完全只有你和Z同志的努力。"[23]这里的"你"指的是鲁迅而"Z"指的正是曹靖华。他们时时刻刻地走在人民群众的行列中,敢于为人民发声。更重要的是他们选择了共同的无产阶级革命道路,并源源不断地为革命奉献进步思想的火种。正因如此,他们终究是会相遇的,也终究会成为同路人。

1934年他们的再次相聚,据《鲁迅日记》1934年2月记载:"七日……晚亚丹来并赠果脯、小米"[24],"十四日,旧历壬戌元旦。晴。晨亚丹返燕,赠以火腿一只"[25],这一次两人有了长达一周时间的朝夕相处。鲁迅将他安排到了瞿秋白曾经避难住过的那间屋子,离别时鲁迅还将瞿秋白的书赠与曹靖华。他们因苏联文学而结缘,并都希望窃取苏联革命文学的火种来照亮黑暗中的中国,都渴望像苏联那样,在中国建立起一个民主、共和的国家,能使百姓不再受到压迫,国家不再飘摇。

在1934年到1936年这一时期,局势动荡不安,国民党对与其不同阵营的思想都进行残酷镇压,所以人心也更加难测。与此同时,鲁迅的朋友也都一个一个地离他而去。他的知己兼挚友瞿秋白于1935年被国民党反动派杀害,而他与另一好友林语堂也因两人文艺思想上的差异而分道扬镳:"这里的朋友的行为,我真不知道是什么意思,出过一种刊物,将去年为止的我们的事情,听说批评的一文不值,但又秘密起来,不给我看,而且不给看的还不止我一个。"[26]又如1936年4月23日的:"这里在弄作家协会,先前的友和敌都站在同一阵营里了,内幕如何不得而知。我鉴于往日只给我的伤,你不加入,但必将又成一大罪状,听之而已。"[27]这是鲁迅当时的处境,他身边友和敌都站到了一起,身边可信任的,可交心的也一个个远去,此时的曹靖华对他来说也是一种慰藉,他们如同两位老友,倾心相见,毫不避讳地促膝长谈。

"感人至深的是鲁迅在身染重病,不断发烧的情况下,也就是他逝世的前三天,抱病为曹靖华的《苏联作家七人集》写序"[28]。在序中鲁迅对曹靖华的翻译工作给予了高度的赞扬:"曹靖华就是一声不响,不断的翻译者的一个。"[29] 1936年10月17日,鲁迅给曹靖华写了最后一封信,这也是他生命中寄出的最后一封信。鲁迅在信中写道:"此病虽纠缠,但在我之年龄,已不危险,终当有痊愈之一日,请勿念为要。"[30]然而当曹靖华收到这封信时已是鲁迅去世之后了。曹靖华悲痛地说:"这在写信人当时是万万料不到的,但收信人读到这里,悲痛之情如万箭钻心,任何笔墨所不能表达的。"[31]直到曹靖华晚年回忆起来,仍然后悔当初未能与鲁迅多见几面,甚至没能留他一幅字画,当时以为来日方长,却不知,分别即永别。

鲁迅和曹靖华虽然只有短短十二年的交往,一生只见过对方三面,却在彼此的世界中占据着不能忽视的地位。"在他们交往的十余年间,正是中国社会最黑暗、最寒冷的时期,鲁迅腹背受敌,众叛亲离,所亲者寡;曹靖华也因到过苏联,译过革命文学,回国后落个是非之身。"[32]滋养他们情谊之花长久开放,历久弥香的是他们在革命斗争中的相互支持,相互帮助。他们之间从最初相遇时因作品翻译而结缘的师生情,到文艺道路上的相互扶持和帮助,再到无话不谈的挚友,最后成为同心同路的知己。这种情谊令人动容,也值得我们更加深入地探究。我们在今天缅怀这两位文坛先辈之间的情谊,不单单是体会他们珍贵的友谊,更是体味他们情谊背后那段峥嵘的岁月。

注释

[1][7][8][12] 曹苏玲,施晓燕:《曹靖华生平年表》,中国福利会出版社2007年版,第435页、第436页、第436页、第437页。

[2][9][17][18][21][22][26][27][30][31] 曹靖华:《鲁迅书简 致曹靖华》,上海人民出版社1976年版,第5页、第2页、第12页、

第 13 页、第 58 页、第 61 页、第 112 页、第 175 页、第 202 页、第 203 页。

[3][4]彭龄、章谊、石耘：《〈阿Q正传〉俄译者王希礼与鲁迅、曹靖华》，《文史精华》2010 年第 10 期。

[5][16][20]曹靖华：《望断南来雁》，黄河文艺出版社 1988 年版，第 3 页、第 178 页、第 216 页。

[6]鲁迅：《日记》，《鲁迅全集》第 15 卷，人民文学出版社 2005 年版（下同），第 613 页。

[13][24][25]鲁迅：《日记》，《鲁迅全集》第 16 卷，第 142 页、第 433 页、第 434 页。

[10]鲁迅：《马上日记》，《鲁迅全集》第 3 卷，第 325 页。

[11][23]孙荪：《曹靖华散文选集》，百花文艺出版社 2009 年版，第 16 页、第 20 页。

[14]葛飞：《鲁迅书简的披露过程》，《鲁迅研究月刊》2016 年第 4 期。

[15]鲁迅：《曹靖华译〈苏联作家七人集〉序》，《鲁迅全集》第 6 卷，第 572—573 页。

[19]鲁迅：《写于深夜里》，《鲁迅全集》第 6 卷，第 524 页。

[28]潘德延：《曹靖华与鲁迅》，《鲁迅研究动态》1987 年第 11 期。

[29]曹靖华：《苏联作家七人集》，生活书店 1947 年版，第 1 页。

[32]侯朝英：《试论鲁迅与曹靖华的友谊》，《学习论坛》1996 年第 11 期。

记念

怀念纪维周老先生

徐昭武

纪维周老先生于2019年7月10日静静地离开了我们,享年九十七岁。他是我国鲁研界最耐得寂寞的老人,他始终默默耕耘,在鲁迅研究的道路上,竭尽心力,奉献不止,十分令人敬佩和怀念。

纪维周老先生,1922年出生,河北宛平人。1949年前就任职于中央图书馆(今南京图书馆)。他是江苏省图书馆学会会员、中国鲁迅研究学会会员、江苏鲁迅研究学会理事,曾主编《全国报刊书评资料索引》(月刊),为图书事业贡献了一辈子,是一个值得尊敬的长者。

我最早认识他是在20世纪80年代初,当时南京师大附中正筹备鲁迅纪念室,去龙蟠里南京图书馆的陶风楼参观拍照,我们先在附近的南京图书馆职工宿舍拜见纪维周先生,他正坐在过道的小板凳上看书,见我们来了,热情地接待了我们,并带领我们去参观建于1909年的陶风楼,这座两层楼房高屋飞檐、窗棂雕花、青砖小瓦,加上楼前的两株高大的银杏,更显古朴典雅,这就是鲁迅在临时政府教育部工作期间阅读抄录古籍的地方,纪先生如数家珍、滔滔不绝地跟我们谈起陶风楼的故事,使人难以忘怀。

以后,我或去图书馆,或参加省鲁研会,都曾多次见到纪先生,每向他请教问题,他都尽其所能详细回答,他平时话不多,待人十分谦和厚道,是一位用心力、干实事的老人。

他留给我们的最重要的鲁迅研究成果,是编辑鲁迅研究专著书目《鲁迅研究书录》,这是一项耐得寂寞、恒心专注的大工程,是一部鲁迅研究专著目录的集大成之作,收入了自 1922 年到 1983 年的近六十年间,一千四百二十六种有关鲁迅研究的书刊及工具书,并且分类精确详实,便于检索,每部书刊前都有简短提要文字。更可敬的是书出版后,收集整理鲁迅研究书目的工作一直没有间断,我们每年都可以见到 1983 年成书以后,每一年鲁迅研究专著的编目在《鲁迅研究动态》《鲁迅研究月刊》等刊物上刊出。纪维周先生所做的事往往并不被人重视,也不以为是研究成果,可以说有点吃力不讨好,但纪先生乐而为之,并用了一生的心血,确实难能可贵!给人们提供了检索之便。

20 世纪 80 年代,纪维周老先生还卷入了鲁迅死因之谜的论战,每当谈及此事他一脸无奈,内心有许多委屈和不平,但不愿多说。事情是这样的:

1984 年 2 月 22 日,上海九家医院二十三位专家、教授组成的"鲁迅先生胸部 X 光读片会",一致认为鲁迅先生死于"左侧自发性气胸"。1984 年 5 月 5 日南京《周末》报发表纪维周先生的文章《揭开鲁迅先生死因之谜》一文。根据上海读片会的结论和鲁迅的弟弟周建人在 1949 年 10 月 19 日《人民日报》公开刊发《鲁迅的病疑被须藤医生所耽误》的看法,纪维周把鲁迅的死因问题指向日本医生须藤。这篇文章发表后,日本的《朝日新闻》于 6 月 4 日、16 日相继发表泉彪之助教授和学者竹内实的两篇文章,对纪维周的文章提出不同看法。本来,这不过是在鲁迅死因问题上的争议,无须大惊小怪。可是,有些人将日本报纸上的文章译成"内参"向上报告,某些人就像鲁迅文章《"友邦惊诧"论》中的那些人一样也惊诧了起来,指出纪文"有碍中日友好",

"必须设法消除不良影响,以正视听"。此后,鲁迅死因问题竟成禁区。纪维周挨批,编发纪文的编辑张震麟被调离《周末》报。"中国境内所有报刊关于鲁迅死因的探讨文字连一个字都不让露头"。在此情况下,南京的民间学者周正章,以他多年从事内科医生的职业修养,撰写了《鲁迅先生死于须藤误诊误治真相》三万多字的长文,揭露须藤提供给鲁迅治丧委员会的《鲁迅病历》是"一份须藤伪造过的病历","须藤当时在自发性气胸的病理、病因、诊断、治疗上具备挽救鲁迅生命的客观条件;然而他在主观诊断上出了偏差,这可从他的处理、治疗、预后几个方面求得论证;至于他在《病历》中添加的气胸病名,那是须藤作伪无疑。须藤不过是作了一回为挽回已经丢尽面子的事后诸葛亮而已"。周正章的这篇文章,由于他专业知识的精深、考证的严谨、逻辑的严密、论点与论据的统一、最后结论的科学和实事求是,文章发表后,原来批判纪维周的鲁迅研究某权威虽然也写了《关于须藤医生及其它——致〈鲁迅世界〉主编的公开信》为自己作辩护,但在周正章再写了《关于鲁迅死因问题中的"假传圣旨"》一文后,也从此闭口无言了。至于那些把纪维周的文章定性为"有碍中日友好"、以"政治问题"论处的,也默不做声。周正章的文章竟成了鲁迅死因问题的终结,并以此声名大震。为此纪维周先生也写了《"鲁迅死因"引起的一场风波》,为自己正名。

令人难忘的是,南京师范大学附属中学从20世纪80年代初建设鲁迅纪念室,到筹建南京鲁迅纪念馆,纪老先生始终关心着,2006年4月27日,他还不顾八十四岁的高龄,特地到南京师大附中参加南京鲁迅纪念馆开馆仪式,并留下珍贵的合影,成为永久的记忆。

学习鲁迅,走进鲁迅,就要耐得寂寞,认真读书,注重积累,从搜集资料入手,集腋成裘、集思广益,总会有所得益。这就是纪维周老先生留给我们的启迪!

　　安息吧,纪维周老先生!

2020 年 3 月 22 日

百草园文艺

我在春天里来到日本仙台

王吉鹏

我在春天里来到日本仙台,我寻访着青年鲁迅的踪迹。
我走进仙台医专阶梯教室,我朝拜我心中的伟大丰碑。
翻阅周树人君解剖学笔记,红笔批改承载学术和友谊。
讲台上晃动着藤野严九郎,不修边幅专注事业的身影。
我在第三排中间静静坐下,认真体验周君听课的专心。
异国青年正沉浸青春梦幻,救治同胞并促进祖国维新。
忽然间我见到了幻灯银幕,砍头的凶残和看客的呆痴。
耳边响起一阵狂热的欢呼,我毛骨悚然又感浑身颤栗。
我仿佛见到周君眼噙泪水,牙咬直响那拳头握得紧紧。
我又谛听到周君心底剧痛,独自悲愤离去的脚步声音。
祖父的下狱和父亲的重病,家道中落人们势利的眼睛。
民众麻木和国家危在旦夕,一下涌进了周君年青的心。
青年的周君从医之梦幻灭,人国理想和立人道路显现。
现代文化巨人从这里迈步,文学的新时代在这里拓展。
新青年莽原出现在我眼前,朝华北斗和语丝无所顾忌。
我看到一幅幅力之美版画,战争死亡母亲的珂勒惠支。
我读到了呐喊彷徨和野草,热风坟华盖还有而已而已。
先生身边簇拥着文学青年,柔石殷夫还有雪峰和丁玲。
我听到狂人救救孩子呼声,还有祥林嫂我真傻的絮叨。
我看到子君无墓碑的新坟,连殳在狼嚎宴之敖在咒诅。

大地上雷鸣电闪刀光剑影,飘动的篝火和冲锋的红缨。
扬子江奔腾和黄河在怒吼,民族挺立起浴火重生魂灵。
我站在藤野和鲁迅的像前,深深三鞠躬致以我的敬奠。
这里是仙台医专阶梯教室,这里是中国文学海外圣殿。

2016年春夏之交于日本浜松

心里有个奔跑的女人

邵琪雯

波波诺娃是一个穿大长裙子，飞着头发的女人。

她在大风里边跑，被风凌乱的发丝软软地斜挂在耳边，旁边的地面上，还有朵小小的红玫瑰。这个美丽的她存在于一幅木刻画中，一幅鲁迅先生去世前不断看着的，反反复复地看的画。这张画，鲁迅先生未生病时，曾与许多画一道，是被拿给大家看过的。这幅画很小，小得和纸烟包里抽出来的那种画片，差不多。

我听说，鲁迅先生最爱德国女画家珂勒惠支的画，极度推崇并推广，几乎到了不遗余力的地步。先生觉得，那面目的清苦，能读出心灵的广大，不仅是不安的愤怒，更有慈母般的祥和。他对每幅版画都细细地玩味，放近前看，然后又放远看，有时脸上浮起一阵满意的笑容；有时又会凝神静思，长久地默不做声。显然，珂勒惠支的画中的"牺牲的人民的沉默的声音"，应是与鲁迅先生革命的主题更是吻合，您如此喜爱珂勒惠支的画，可在临终前为什么不把她的画放在手边呢？您的一生都以书为伴，在病重的时候，为何不看书，不看报，单就着这幅画反复端详？

是因为那穿大长裙子，飞着头发，在风中奔跑的女人，是个美丽的天使吗？抑或她或变成了您生命中，那些曾经出现过的女人，来到您身边，与您的灵魂相携而行，您不愿离她而去。在您的心目中，这幅画中的女人，应该早就超越了画中的意境，而成为一种象征了吧，这该是一种生命向往的美的象征，一种永不泯灭的象征，即使您始终不相信灵魂的不灭。

先生，您是想起了妻子吗？您的妻子，爱，但不附着；在一起，但不消耗，感情上能进退怡然。她明知前路泥泞，也依然愿意和您携手同行；她明知您放在自己身上的担子沉重，却从不报以任何怨言。她的主动选择，不抱怨，亦不后悔。这种人格的独立是不是感动了您？使您不信神不信鬼，却相信女性的美好。

先生，你抑或是想起了青年？风中奔跑，飞着长发，是自由的象征，这幅画是不是让你感觉到了那种青年人身上独有的自由与奔放？您最爱青年，并寄未来的希望于他们，临终前，不舍之余，你是不是想亲口嘱咐他们，让他们不要忘记扛起中国伟大复兴的重任？如果是这样，那您的青年们已完成您的梦想，您看到了吗？

可我又想啊，您那么喜欢"波波诺娃"是否是因为她恰是您本人的真实写照呢？您的一生弃医从文，化笔为戈，为了中华民族的荣辱与自由，为了中华这头沉睡雄狮的觉醒而奋斗。那位在大风中奔跑，追求自由与爱的刚烈而多情的女子代表着你的希望，一直生活在您的灵魂深处，当她突然出现在您面前时，便理所当然地抓住了您的眼。

在生命的最后时刻，不同于珂勒惠支画面上的那种"阴郁"，那种目睹民众在痛苦中苟延残喘而表现出的民众主义的同情态度，"波波诺娃"在狂风中抗争，追求自由与爱，任自己飘零的鲜血化作"地面上小小的红玫瑰"的那种情感想必在您心中是更胜一筹的罢！她美着，爱着，自由着，战斗着，我想这健全而活泼的生命啊，是先生您灵魂深处的一道光吧，永恒而无所不在。

鲁迅：一个爱夜的人

杨钧舒

我爱夜，在夜间作《夜颂》。

鲁迅很少在文章中披沥心迹，却毫不吝惜地将热烈的爱赠与了夜。漫游于秋夜的马路，漫笔于昏黄的灯下……他属于黑夜，所建构的文字世界也烙上了夜的印记：夜的空间里，华老栓完成了买药的交易，陈士成看到了白光的闪现，祥林嫂默默地死去，涓生体会到了爱情的幸福……夜包容着人世间许许多多的骄奢与苦难，而形形色色的生命体又让夜跳离了静与止的表征。当人们在其中沉沉睡去，夜象征着时间的流逝，依旧无情地流动着，越过每个人的面孔，叫人看不清喜悲。

我愿意把读这夜的意象时的感觉比作回归了母胎，在生命的原生所里静观血肉的组合和精神的原貌，鲁迅笔下的夜不仅是为了展现一个时间概念，更蕴含着他对人们的重新审视。相比之下，白日里映入瞳孔的光怪陆离，在他看来，反而背叛了是非黑白的原则。有光的地方不一定就是明净的，繁华和热闹掩盖下的深闺、客室、黑狱、秘密机关里就藏着更大的黑暗。于是，鲁迅写下了这样的文字："现在的光天化日，熙来攘往，就是这黑暗的装饰，是人肉酱缸上的金盖，是鬼脸上的雪花膏"——所谓有生气的时间，不过骗局而已，"只有夜还算是诚实的"。

模糊成一团的夜有如混沌，同时也负载起开天辟地的可能。

它窥视着扯下了面具和装束的赤条条的人们，做着关于这些人的真相的原始记录。真相一词之所以会存在，是因为有"金盖""雪花膏"这些装饰营造的假象，它们让本来清晰的事物变得面目模糊可疑。悲哀的是，大多数人在混混沌沌中放逐了自己，迷失于这假象的迷潭。其实，又有谁不是止步在这黑夜里，还不敢睁开眼诚实地面对世界和自己。

仔细想来，很多人是更喜欢在白天忙忙碌碌。白昼的活动更能产生功业和奇迹，从而汇成一部历史，因为伟大、辉煌需要见证，然后才能流传，黑夜于是在历史之外流离失所。鲁迅却不是一个急功近利的人，就算诺奖摆在眼前，他也会平静地吸一支烟，仔细地自我考量并最终谦逊地推开。他"不愿住"，他要做的是继续前进，在夜深人静时回望那曾经横在他面前的路，以夜行者的身份介入历史——《狂人日记》里的"我"在半夜里翻开没有年代标注的历史一查，"歪歪斜斜的每叶上都写着'仁义道德'几个字"。自然而然地，他瞧见了超越了常人认知的东西——在字缝间看出了满本的"吃人"二字。沉郁的个性和深沉的思想支撑着鲁迅穿越这无垠的黑暗，以创作的姿态孤独地守护着黑夜和真相。

夜间读史的鲁迅是历史的旁观者，"旁观者"云云，确乎可以窥破事件的真相，可是总免不了处于边缘，一旦他们带着所见进入"聪明人"堆里，就往往会被视作狂人，何其讽刺呢。那黑夜又如梦魇般成为千百年不变的片刻，像先生自己写的："试将记五代、南宋、明末的事情的，和现今的状况一比较，就当惊心动魄于何其相似之甚，仿佛时间的流驶，独与我们中国无关。"到头来，黑夜里的真相仍自岿然不动，谁都没有改变什么，明末的月亮、南宋的风，这才是真正的可怖。

然而可怖本身少有以为自己可怖的，自尊心强烈的我们多愿意认定每一天的自己都是向好生长。其实，这种想法何其卑微，就像草履虫天生排斥盐分，仅一点逆境便威胁到个体生存，这是它们趋利避害的天性的体现,也是很多人的标签,只是他们自己不会说破。鲁迅不过在做些还原真相的工作——他意欲在夜中重新看到如夜一样诚实的生命,然而这些真实往往是恶的。所以他静守着这夜,看着那些被他公布于世的浊气,一直看向很高很远的地方。他在等待光明来洗刷恶处,很少人懂得他忍受着怎样的煎熬。

据萧红回忆,鲁迅常在下半夜开始工作,工作前会燃起一支烟,等到全楼都寂静下去,便站起来,"坐到书桌边,在那绿色的台灯下开始写文章了"。这是一个人的夜,万籁俱静时,自己也仿佛变成了一黑色的物体,融于夜色。这是有一束光掺杂着的夜,凡夜间创作需要一定量的照明,于是,十二点以后的楼以此为焦点,仿佛是黑到至浓的物极必反。

卡夫卡曾对雅诺施说:"光亮也许把人从内心的黑暗中引开。如果光征服了人,那很好。如果没有这些可怕的不眠之夜,我根本不会写作。而在夜里,我总是清楚地意识到我单独监禁的处境。"鲁迅这个思想的英雄何尝不是在黑夜里做着自己的罪人?他冷眼旁观社会的张张假面,也不留情面地展示自己的阴暗面。可是,向人们证实黑暗里的问题,再把光明引进来是极难的,他暂且只能无奈地看着在夜里沉沉睡去的人们,自己担忧着"梦醒了无路可以走",这无疑是种痛苦。故而鲁迅说:"绝望之为虚妄,正与希望相同。"我曾想既然希望之光"本无所谓有无所谓无",他何必还要执着地在黎明之前做孤独的战士?考量其内涵,我才发现,对现实有着哲人的清醒的鲁迅,对凡事常怀彻底的怀疑精神,所以总担心被光明蒙住了眼睛。他把持着对待希望的火候,就是无所谓有无,不过这并不代表他不渴望走出这黑暗,如卡夫卡说的被光亮"征服"。只是当光亮尚未获得征服人的资格的时候,还暂时不能将这种光亮与真正的光明苟同。我想到了《眉间尺》中的黑色人,他的身上无疑有鲁迅的影子:"我的魂灵上是有这么多的,人我所加的伤。"如果外界没有对鲁迅造成身心的伤害,他也不必自我监禁,叹息着:"那世界全属于我自己。"面对这些伤,黑色人毅然踏上了复仇的征途,鲁迅则提起笔走进黑夜的战场……

自己活成一束光亮,是不是要比向外探索实在一点?我不确定。不过,索尔仁尼琴说过:"个人不应作为集体的一员出现,当行动与个人有关时,个人便应成为'主角'。"这或许可以支持个人捡起那为追随群体而丢弃的信念和胆量,直面或许并不可怕的黑夜。与此同时,当鲁迅自认为是捣乱的恶魔的时候,我们是不是还该想起他那句"无穷的远方,无数的人们,都与我有关",从而看向自己和整个社会?可能恶魔的影子就在每个人身边。黑夜里那盏绿色的台灯下的光中,一些博大而深沉的思想正为真正的异类做着注解:多数并不等于正确。鲁迅的呐喊,是他以"恶魔形象"站立在这条"灵魂全面死灭的地平线"(摩罗语)上的精神爆发。这对无数后起之辈而言,也像极了黑暗里的光亮。

既谈到希望之有无,我就想到鲁迅文字里的黑夜中的虚无了——他决绝地说:"我将用无所为和沉默求乞……我至少将得到虚无。"他常觉得"惟黑暗与虚无乃是实有。"我总不希望有人据此说先生是虚无主义。如孙郁所说,鲁迅在内心深处欣赏阿尔志跋绥夫厌世的、主我的作品,但他们都只是"如实描出","虽然不免主观,却并非主张和煽动"。而王晓明说黑夜里的鲁迅常产生一种"虚无感",或许更准确。黑暗不提供任何依靠物,所以和漫长黑夜展开拉力战时,人会渐渐失去方向,摸不到目的地,什么都没有,故而虚无。《在酒楼上》中的吕纬甫可不就是这样"敷敷衍衍""模模胡胡"地无聊下去了吗?只是当黑夜反而用低哑的回音支持一切的怀疑的时候,鲁迅仿佛把它看作了救赎。从忧天的杞人到问天的屈原,直至鲁迅通过祥林嫂之口问出灵魂的有无,问题问了千百年,能真正做出回答的,还是只有我们自己。就怕"杞人忧天"成为了彻底的贬义,所有的问题也就只能像暗夜的幽魂,在回来追索被抹杀的缘由时成为直露的讽刺了。

　　说到底,虚无也是黑夜里活动的人的一重境界,就好比白日里庄子的逍遥,看似云淡风轻,但毕竟不是终极。我以为,虚无的价值意义就在这里:周围真的空无一物了吗?前方真的没有终点了吗?黑夜以外真的没有其他意义了吗?……不断地质疑,暗示着继续。就算不作自杀式的冲锋,不以牺牲为代价活着,也要对抗自我沦为白昼中浓妆艳抹的庸俗之辈,抵住就此止步、不再前行的危机。不带血的、精神的抗争是一直在进行着的,像那个"过客"不停止思考,不断地逼近黑夜里的真相,也是以鲁迅先生为旗帜的一场不可见的厮杀。因为能上这条战壕的人实在太少,战斗的人便依旧只能在黑夜里挣扎。

　　现在的青年人似乎不缺乏有精气神儿的夜晚,也总爱和鲁迅先生选差不多的时间"奋战",有的甚至熬夜成了习惯。然而,我们中有多少人想勇敢地接续那条战壕上的队伍?鲁迅先生是独特的,他既情愿活在黑夜里,也或许有些游离于历史之外的盘算,这可以呼应他说希望自己的文章"速朽"的话。只是愿望总没圆满达成,又一个个夜间读史与夜间创作的鲁迅总没在今天复现。我们还是只能一年又一年地呼唤鲁迅,似懂非懂地亲验着那一句"竟至于并且没有真的暗夜"。索尔仁尼琴说:"个人的命运体现在千百万人中间,千百万人的命运集中在个人身上。"既同在黑夜里,不如问问?抽掉自己身上的谎言,向黑夜摊牌,像夜一样诚实,由此感悟那历久不变的黑。浓重的夜气里,已有的和亟待解锁的人类的真相,在等待一个回音。

　　本文为江苏省大学生创新创业训练计划省级重点项目"鲁迅与当代大学生'学以成人'"编号:201910304002z.研究成果。

三味杂谈

鲁迅思想观照下的"杠精"大学生

靳新来　杨钧舒

近年来,"杠精"一词走红网络,曾于2018年入选《咬文嚼字》年度"十大流行语"。杠精,指"抬杠成精"的人。这种人往往不问真相,不求是非,为反对而反对,为争论而争论。他们执着于申明自己的立场,往往带上"难道只有我一个人觉得""为什么总有人认为是这样"此类的口头禅,形成了总有对抗性表达冲动的独特一族。而"杠精"一旦发觉自己观点站不住脚,处于辩驳的弱势地位时,就会搬出万能箭牌:"人家谁谁谁都是这么认为的嘛。""我年龄比你小,你必须让着我!""我说说而已,你那么较真干嘛?"由于这种近乎无理取闹的态度招人嫌,所以被称为"精",强调的是他们精灵古怪、固执己见、难以相处。这种贬斥的态度为大众所共持。

从流行的标志性言论,不难辨识出"杠精"一族的身份。一是年轻的"键盘侠",善于运用网络,借助互联网平台和传媒效力,轻而易举获取大量可"杠"的材料。在微博、贴吧、朋友圈等平台上,只要有人发言,有人围观,他们就闻风而动,从四面八方围拢过来,淋漓尽致地"杠"一场,过把瘾就溜之大吉。二是善于利用年龄优势耍赖,柔时撒娇,刚时撒泼,刚柔相济,不屈不挠,在理屈词穷之际总是以"年纪小""逗你玩儿"等借口化解尴尬,金蝉脱壳。巧不巧,这两点恰恰押中生长在网络时代的90后大学生们,常常有人把他们唤作"网生代",并归结出他们身上"以自我为中心"

"玩世不恭"等缺点,也正和"杠精"的特征相匹配。

"杠精"与"网生代"多有重合,与互联网密不可分,但是如果据此认为是网络时代独有,实乃大谬不然。这种人至少在一百年前就出现了,鲁迅五四时期就曾经作《论辩的魂灵》一文,列举了许多为辩而辩的奇谈怪论:"洋奴会说洋话。你主张读洋书,就是洋奴,人格破产了!""你说中国不好。你是外国人么?为什么不到外国去?可惜外国人看你不起……""你自以为是'人',我却以为非也。我是畜类,现在我就叫你爹爹。你既然是畜类的爹爹,当然也就是畜类了。"[1]诸如此类,与当今的泛滥于网络的"杠精"语录何其相似。这些言论本来漏洞百出,不值一驳,所以理屈词穷是必然的,这时论辩者就祭起年龄的大旗为自己讨回颜面,使自己立于不败之地。这种撒娇耍赖的特点,鲁迅在与友人的信中进行了揭露:"十余年来,我所遇见的文学青年真也不少了,而希奇古怪的居多。最大的通病,是以为因为自己是青年,所以最可贵,最不错的,待到被人驳得无话可说的时候,他就说是因为青年,当然不免有错误,该当原谅的了。"[2]与前一篇文章联系起来看,简直就是为当今"杠精"青年专门所作的画像。鲁迅以"希奇古怪"对他们加以评论,不也正是对"杠精"一族最好的特征概括么?鲁迅在小说中还刻画过一位"杠精"形象,《狂人日记》里那位与狂人交谈的看客,"年纪不过二十左右",面对狂人关于"吃人"的追问,先是强烈否定,后来就闪烁其辞,在狂人不依不饶地追问下,他终于面目狰狞,蛮不讲理起来:"总之你不该说,你说便是你错!""杠精"之"杠"气十足,盛气凌人。当时并非网络时代,"杠精"却并不鲜见,可见"杠精"并不一定需要网络这一高科技"催化剂",而是基于人性的缺陷。每每在社会转型时期、文化多元时代,年轻人思想上无所适从,精神上无所依傍,在迷惘和焦虑之下,往往就会无理取闹,逞强卖乖,为"杠"而"杠"。当下青年大学生概莫能外。

青年正是在模仿与学习过程中掌握技能并跃跃欲试的群体,他们中的大多数有考虑不周全、做事不计后果的冲动和干劲,故往往会片面坚信老师传授或父母教导的一套理论,也可能拘囿于自己的感觉判断而不服输于其他说法。"杠精"是在两个以上的人构成的群体内的对抗中产生的相对概念,所以,个人不融入集体,也不会成为"杠精"。鲁迅曾在《论辩的魂灵》中提出老中青三代的"诡辩指南",说明当时社会上有可辩之事,有意见不合的人群,那些滔滔不绝又漏洞百出的"诡辩家"会自然而然地产生。由此,"杠精"的逞强隐约间促成了用一部分人的主观看法框定这个世界所有规律的"专制"。英国哲学家穆勒在《论自由》中指出:人不可能是真理的化身。从人类内心而言,片面性是永恒的规律,多面性才是意外,被压制的声音有可能才是正确的;而即使是错误的,也不排除它包含部分真理的可能。也就是说,人与人之间的交流沟通应当是"碰撞"的、双向的,像"杠精"这样享受着"站在更高层次的单项表达所带来的快感和优越感"[3],已经独立于交流模式之外了。大学生正值青春期,难免孤独、寂寞,但又一时找不到症结,反而固执地认为别人独立于他之外,反过来要去破坏别人的言论自由。以自己为标准,是很多青年大学生所厌恶的,但他们又很可能在不经意间成为同类,成为真正的自由"背叛者",在固步自封的小世界中慢慢缩小自己的责任,甚至于为所欲为又不自知,于是游荡于网络伺机抬杠,宣泄情绪,刷存在感。所以,我们现在所见的"杠精"虽只是一种热门文化现象,但是听之任之,任其在青年大学生中蔓延开去,可能会渐渐拉扯着整个社会分离、倒退。正如美国诗人惠特曼所指出的:"认为自由的概念便是逃避一切法律,解脱一切约束"的,将被判决为"浅薄",回归文明尚未开化的荒蛮境地。现在,常有网友声称:"我用鲁迅的金句,怼赢了90%的杠精和键盘侠。"可见鲁迅思维的光芒在今天仍未曾衰朽。能够具有跨越世纪的价值,离不开对"人"的深切观照,鲁迅的思想也正是因为落实在人性层面,而有了某些永恒的意味,甚至可以浇灭当代"杠精"的气焰。

上述那篇《论辩的魂灵》,通篇列举的是一段段论辩厥词,看似理直气壮,实则逻辑不通,荒唐可笑,鲁迅的贬斥态度隐含其中。而文章题为《论辩的魂灵》,与内容构成强烈反讽,实际暗示文中的所有论辩都缺少魂灵,同时也点明了作者在文本中隐含的观点态度:呼唤论辩的魂灵。可以说,真正的论辩是以理性为基础和底蕴的,既发自内心而态度真诚,又诉诸理性而以理服人,此之谓论辩的"魂灵"。否则,所谓的论辩就会沦为无理取闹的耍嘴皮子,喷唾沫星子,也就是当下那些"杠精"所擅长的"杠",实际是一种"魂灵"缺失的语言暴力。

青年人思想敏锐,血气方刚,敢于发声,这是常态,也是鲁迅所赞赏和提倡的,他曾经呼吁青年人"能做事的做事,能发声的发声"[4]。关键是"发声"发出的须是心声,也就是要发自内心而富有魂灵的分量。而"杠精"大学生"杠"来"杠"去,却不见魂灵的踪影。鲁迅素以"好斗"闻名,"好立异唱高,故意的与别人拗一调"[5],说起来也有几分"杠"的味道,但是却与"杠精"有着本质区别,那就是他越是这样"杠",越是注意讲道理,以理服人,按他本人的话说就是"据其所信,力抗其俗,示主观倾向之极致"[6]。无论是与别人"立异""拗一调",还是"力抗其俗",哪怕是走向主观"极致",关键是"据其所信",是以自己所信奉的思想理念为依据的,这其实就是论辩的"魂灵"之所在,而这恰恰是"杠精"大学生所欠缺的。

当代大学生有的是言论平台,想发声、该发声的时候就应当当仁不让。不过,对现状与他人言论持否定意见时,要注意理性,要以正确的人生观、价值观作内在和深层的制导,单是不平至于愤恨,感情用事,于己于人,却几乎全无用处。"杠精"大学生也不是全无语言逻辑,关键是出发点错了,人生观歪曲了,所以与人交流不是正道直行,而是乐于上纲上线,动辄判断对方"人格破产""外国人看你不起""畜类"等,什么"不成人"的帽子都可以扣。因此"杠精"大学生要改变,关键在于树立起正确的人生观,别以"杠精"的架势恶意地进行人身攻击。毕竟"愤激固然给人勇气和激情,却也容易败坏人的幽默感,使人丧失体味人生的整体感和深邃感。"[7]散淡有趣的灵魂的产值看来更大。"杠精"们之所以乐于挑别人的刺,找别人的茬,攻讦与自己不同的声音,在于他们在成长的过程中还有许多的未完成、不如意,为了能放心自己有条件步入社会,认同的声音对于他们来说太重要了。这便透露出青年人渴望社会认同的情感目的,希冀在以成年人为中流砥柱的圈子里博得一席之地。可一旦在对话中寄托了对"共情"的期待,便不大容易客观地讨论一个话题。以至于当这种期待被打破时,许多词眼自然地带上了强烈的主观色彩甚至是攻击意味。比如,现在青年人常常会对"哦""呵呵"这样的词感到毛骨悚然,然而它们本身是再正常不过的回应。一旦见者有心,简单的语气词也会被联想为大段的潜台词和复杂的表情,证明这些当代大学生内心常常隐藏着巨大的自卑阴影,本来也不够坚信自己的理念,不自觉地会认同年轻的无知者是应该被照顾的,真在被驳倒之际,难免摆出身份的底牌。但如果能确认自己发表了遵循科学理性的观点,并且态度足够真诚,就应当给自己一份合理的信任,否则,他们何时能在直面黑暗,并未等来"炬火"的情况下学会自己"发光发热"?

处于精神成长阶段的大学生自然免不了幼稚,对此莘莘学子应该正视。幼稚并不可怕,因其有更多生长的空间、挣脱束缚和羁绊的自觉,鲁迅说:"幼稚是会生长,会成熟的,只不要衰老,腐败,就好。"[8]怕只怕不肯直视幼稚,精心包装一番,便上阵与人"抬杠",那么终会败下阵来;怕只怕以幼稚当作资本,倚小卖小,将年轻当作自己犯错耍赖的挡箭牌,其种种表现则难逃鲁迅所批评的"希奇古怪"。大学生应该回归本位,认清求知问道、学以成人才是现代大学之道。著名学者徐复观指出："就人的一生来说，大学生活，应该是相当于启蒙运动的阶段。启蒙运动的最大特色，便是理性代替权威来为每个人作主。"[9]对此大学生应该有充分的自觉。既然年纪轻轻，阅历不足，理性薄弱，就应当正视这种状态，承认自己还没有足够的理性去"抬杠"。在大学这一精神成长的黄金时期，积极投身图书馆、实验室，利用"网生代"青年擅长的网络技能，学习一些真正有用的知识，寻得可以联合起来的朋友，化言论的硝烟为思想的盛宴，牵引着内心的不平和破坏式的抬杠进入自信心和说服力的熔炉，打造出一身理性的铠甲，为来日走向社会成为现代公民做好充分准备。正如徐复观所说的那样："在大学生时代能作一个强有力的理性之人，将来出到社会才能作一个强有力的行动之人。"[10]"杠精"大学生的人生也许不属于璀璨的英雄主义，他们的力量还很单薄，更适合做群舞的黑色精灵。尽管自认平凡渺小，但在黑暗中蓄力与沉潜，涵育理性，践行社会，在扯出了光明后，也未必不会有震撼人心的表现。

　　众所周知，鲁迅一直对青年人寄予厚望。当年他曾将祖国称之为"无声的中国"[11]，这看似平平的称谓中包含着他几多的忧患和愤懑啊，他殷切地盼望万马齐喑的中国能够焕然一新，重振雄风，为此他瞩目于青年一代："青年们先可以将中国变成一个有声的中国。"[12]那么，具体怎样去做呢？鲁迅明确指出："大胆地说话，勇敢地进行，忘掉了一切利害，推开了古人，将自己的真心的话发表出来……只有真的声音，才能感动中国的人和世界的人；必须有了真的声音，才能和世界的人同在世界上生活。"[13]改变中国的方略和方法千千万万，首要的是青年们"大胆地说话""将自己真心的话发表出来"。毫无疑问，鲁迅所呼唤的"真的声音"绝不是当今"杠精"们无所顾忌的吐槽、抬杠，而是从内心发出来的一种富有人性温度、心灵深度、理性高度的声音。斗转星移，百年以降，鲁迅的肺腑之言仍然如晨钟暮鼓，声声在耳，催人奋进，青年大学生代表民族的希望和未来,应该记取鲁迅的金玉良言,充分意识到肩负的使命和责任,当仁不让,争当先锋,"大胆地说话",但是要以"感动中国的人和世界的人"为旨归,投入生命,注入理性,自然就会由此与"魂灵"缺失的"杠精"们拉开距离。

本文为江苏省大学生创新创业训练计划省级重点项目"鲁迅与当代大学生'学以成人'"编号:201910304002z.阶段性成果。

注释

[1] 鲁迅:《华盖集·论辩的魂灵》,《鲁迅全集》第3卷,人民文学出版社1981年版(下同),第29—30页。

[2] 鲁迅:《书信·330618 致曹聚仁》,《鲁迅全集》第12卷,第184—185页。

[3] 项威:《微博对抗性表达现象分析——以"杠精"为例》,《传播力研究》2018年第14期。

[4] 鲁迅:《热风·随感录四十一》,《鲁迅全集》第1卷,第325页。

[5] 周作人:《知堂书信》,华夏出版社1994年版,第413页。

[6] 鲁迅:《坟·文化偏至论》,《鲁迅全集》第1卷,第54页。

[7] 王晓明:《无法直面的人生:鲁迅传·再版自序》,上海文艺出版社2001年版,第1页。

[8][11][12][13] 鲁迅:《三闲集·无声的中国》,《鲁迅全集》第4卷,第15页、第15页、第15页、第15页。

[9][10] 徐复观:《怎样当一个大学生?》,《徐复观文集一卷·文化与人生》,湖北人民出版社2009年版,第167页、第168页。

鲁迅对《金瓶梅》的评论

魏兴海

1932 年底,河北书商张修德,在山西介休发现一部明万历丁巳刻本《新刻金瓶梅词话》,后转北京琉璃厂文有堂(胡适误记为索古堂)求售。1933 年 3 月,经胡适、徐森玉、孙楷第等中介,以 950 银元代北平图书馆收购,孔德学校图书馆马隅卿与胡适、徐森玉、赵万里、郑振铎、孙楷第、长泽规矩也(日)等 20 人集资,以"古佚小说刊行会名义"影印 104 部,补图 100 幅,原书现藏台北"故宫博物院"。《胡适之先生晚年谈话录》里,1961 年 6 月 12 日有记,称其为"大淫书"[1]。《新刻金瓶梅词话》的发现和出版,在当时引起轰动,并很快出现了盗版。其实胡适等国内影印的也算半盗版,不知北图出了多少钱,拿到了几部影印本。鲁迅在 1933 年 5 月 31 日的日记中载有"《金瓶梅词话》一部二十本,又绘图一本,豫约价三十元,去年付讫"。

鲁迅对明朝的评论确实稀见,和对清朝的大量攻击相比,简直令人奇怪。在《病后杂谈》一文中考据了历史上"剥皮"的酷刑,一是永乐杀建文帝的忠臣,一是张献忠祸蜀,再推及清朝的文字狱;在《病后杂谈之余》又言及:"我常说明朝永乐皇帝的凶残,远在张献忠之上",是受了某本古书的影响。鲁迅引用了陆心源"明人好刻古书而古书亡"的语意,"因为他们妄行校改";"清人纂修《四库全书》而古书亡",因为他们变乱旧式、删改原文;"今人标点古书而古书亡",因为他们乱点一通,佛头着粪:"这是古书的水火兵虫以外的三大厄。"1933年6月18日致曹聚仁信:"古人告诉我们唐如何盛,明如何佳,其实唐室大有胡气,明则无赖儿郎,此种物件,都需褫其华衮,示人本相。"

又,1936年9月19日至20日,《女吊》:"明社垂绝,越人起义而死者不少,至清被称为叛贼,我们就这样的一同招待他们的英灵。"明朝是鲁迅心中的隐痛。

鲁迅在文章和书信中论及《金瓶梅》的次数也不多,凡八见,但比较集中。1920年开始在北大讲"中国小说史"的课,1923年出版《中国小说史略》,1924年暑期在西安讲《中国小说的历史的变迁》,后附录在1931年改订版的《中国小说史略》里(第十九篇没有改动)。1933年5月31日得一本万历本《金瓶梅词话》,此前用的是崇祯本《新刻绣像批评金瓶梅》。1935年作"《中国小说史略》日本译本序",再次对《金瓶梅》作者问题提出自己的观点。所以主要观点集中在《中国小说史略》里。

口讲不算,见于文章的是1922年11月作《热风·反对"含泪的"批评家》,有一句:"便科以和《金瓶梅》一样的罪:这是锻炼周纳的。"鲁迅为汪静之的《蕙的风》辩护,犹有诱导《金瓶梅》进入公共话语(场域)的意思。1923年出版的《中国小说史略》,第十九篇的要点摘录如下[2]:

1. 赋名

当神魔小说盛行时,记人事者亦突起,其取材犹宋市人小说之"银字儿",大率为离合悲欢及发迹变态之事,间杂因果报应,而不甚言灵怪,又缘描摹世态,见其炎凉,故或亦谓之"世情书"也。

诸"世情书"中,《金瓶梅》最有名。

2. 版本作者各三说

初惟钞本流传,袁宏道见数卷,即以配《水浒传》为"外典"(《觞政》),故声誉顿盛,万历庚戌(一六一〇年),吴中始有刻本,计一百回,其五十三至五十七回原阙,刻时所补也(见《野获编》二十五)。作者不知何人,沈德符云是嘉靖间大名士(亦见《野获编》),世因以拟太仓王世贞,或云其门人(康熙乙亥谢颐序云)。或云唐顺之者,故清康熙中彭城张竹坡评刻本,遂有《苦孝说》冠其首。

3. 故事要点

《金瓶梅》全书假《水浒传》之西门庆为线索,谓庆号四泉,清河人,"不甚读书,终日闲游浪荡",有一妻三妾,……

而西门庆故无恙,于是日益放恣……

"又得两三场横财,家道营盛"。

……庆则因赂蔡京得金吾卫副千户,乃愈肆,求药纵欲受贿枉法无不为。

……潘则力媚西门庆,庆一夕饮药逾量,亦暴死。

……金莲春梅复通于庆婿陈敬济,……春梅则卖为周守备妾,有宠,又生子,竟册为夫人。……又称敬济为弟,罗致府中,仍与通。

已而守备征宋江有功,擢济南兵马制置,敬济亦列名军门,升为参谋。

……后金人入寇,守备阵亡,……比金兵将至清河,庆妻携其遗腹子孝哥欲奔济南,途遇普净和尚,引至永福寺,以因果现梦化之,孝哥遂出家,法名明悟。(一个字:乱,求药纵欲受贿枉法无不为,"梦""出""明""悟")

4. 作家论

作者之于世情,盖诚极洞达,凡所形容,或条畅,或曲折,或刻露而尽相,或幽伏而含讥,或一时并写两面,使之相形,变幻之情,随在显见,同时说部,无以上之(故世以为非王世贞不能作)。

5. 作品论

至谓此书之作,专以写市井间淫夫荡妇,则与本文殊不符,缘西门庆故称世家,为搢绅,不惟交通权贵,即士类亦与周旋,著此一家,即骂尽诸色,盖非独描摹下流言行,加以笔伐而已。

6. 故事选录

　　a.潘金莲起妒骂鞋……(第二十八回);b.蔡御史进翡翠轩,端溪砚墨题赠诗……(第四十九回)。(笔者品题,并非回目)

7. 索隐和思想评论

明小说之宣扬秽德者,人物每有所指,盖借文字以报夙仇,而其是非,则殊难揣测。

沈德符谓《金瓶梅》亦斥时事,"蔡京父子则指分宜……"则主要如西门庆,自当别有主名……即开篇(第一回)者是矣。

结末稍进,用释家言,……孝哥"翻过身来,却是西门庆,项带沉枷,腰系铁索。复用禅杖只一点,依旧还是孝哥儿睡在床上。……原来孝哥儿即是西门庆托生"(第一百回)。

此之事状,固若玮奇,然亦第谓种业留遗,累世如一,出

305

离之道,惟在"明悟"而已。

若云孝子衔酷,用此复仇,虽奇谋至行,足为此书生色,而证佐盖阙,不能信也。(若用索隐法"影射说",西门庆自当别有主名;释家"轮回说","种业遗留",惟在"明悟";否"苦孝说")

8. 论时代(世风和士风)

故就文辞与意象以观《金瓶梅》,则不外描写世情,尽其情伪,又缘衰世,万事不纲,爱发苦言,每极峻急,然亦时涉隐曲,猥黩者多。后或略其他文,专注此点,因予恶谥,谓之"淫书";而在当时,实亦时尚。成化时,方士李孜僧继晓已以献房中术骤贵;例2.至嘉靖间而陶仲文以进红铅得幸于世宗,官至特进光禄大夫柱国少师少傅少保礼部尚书恭诚伯。于是颓风渐及士流;例3.都御史盛端明、布政使参议顾可学皆以进士起家,而俱借"秋石方"致大位。

瞬息显荣,世俗所企羡,侥幸者多竭智力以求奇方,世间乃渐不以纵谈闺帏方药之事为耻。

风气既变,并及文林,故自方士进用以来,方药盛,妖心兴,而小说亦多神魔之谈,且每叙床第之事也。

9. 总评

然《金瓶梅》作者能文,故虽间杂猥词,而其他佳处自在,至于末流,……如有狂疾,惟《肉蒲团》意想颇似李渔,较为出类而已。其尤下者则意欲媟语,而未能文,乃作小书,刊布于世,中经禁断,今多不传。

1924年夏,鲁迅在西安讲《中国小说的历史的变迁》比较通俗,并无新的发挥:"《金瓶梅》的文章做得尚好,而王世贞在当时最有文名,所以世人就把作者之名嫁给他了"。"苦孝说"冠其首,"也无非是想减轻社会上的攻击的手段,并不是确有什么王世贞所作的凭据"。

1935年6月作《〈中国小说史略〉日本译本序》,对1931年发现的万历本说了一句话:"为通行至今的同书的祖本,文章虽比现行本粗率,对话却全用山东的方言所写,确切的证明了这决非江苏人王世贞所作的书。"

在该文中鲁迅感叹,《中国小说史略》,"这一本书,不消说,是一本有着寂寞的运命的书。"所以,他也感谢"将这寂寞的书带到书斋里去的读者诸君",因为他感慨"近来连一妻一子,也将为累",所以没有进一步研究的工夫。而在五年前的《〈中国小说史略〉题记》中也有言:"大器晚成,瓦釜以久,虽延年命,亦悲荒凉,校讫黯然,诚望杰构于来哲也。"

鲁迅对《金瓶梅》的评价,总体低调,"和《金瓶梅》一样的罪"和"社会上的攻击",这把"达摩克利斯之剑"是一直存在的,这是第一。第二,为《金瓶梅》这一类小说赋名,"世情书"——后世或称"批判现实主义"类似。第三,对作家和作品评价颇高:"作者之于世情,盖诚极洞达""同时说部,无以上之""著此一家,即骂尽诸色""佳处自在"。第四,对于世风,"描写世情,尽其情伪,又缘衰世,万事不纲","而在当时,实亦时尚""颓风渐及士流""方药盛,妖心兴"。鲁迅举的三例四人,一在成化三在嘉靖,士风大坏也在王阳明"心学"盛后。第五,否定"苦孝说",否定"王世贞说"。"影射说"两可,如成立,西门庆"自当别有主名"。第六,鲁迅说万历本"对话却全用山东的方言所写",判的不一定精准,但从反面看,作为操吴语系太湖片母语的江浙作家,又在北京久居,确定不是吴语太湖片的作者这一点,是应该承认的。

最后,鲁迅感叹"小说史"难做,寂寞、辛苦,"大器晚成,瓦釜以久,虽延年命,亦悲荒凉,校讫黯然,诚望杰构于来哲也"。

注释

［1］胡颂平编:《胡适之先生晚年谈话录》,新星出版社 2006 年版,第 175 页。
［2］鲁迅:《第十九篇　明之人情小说(上)》,《中国小说史略》,北京大学出版社 2009 年版,第 126 页—第 137 页。

鲁迅为何甚爱"朔方的雪"?

欧淑艳

《雪》是鲁迅散文集《野草》中最为明朗的一篇,文章的景物描写细致生动,用词准确。文中描写了江南的雪和朔方的雪,作者的思想感情是通过对北方的雪的赞颂表现出来的。像江南的雪那种平和恬静的美固然让人欢喜,但更崇高的美应该像朔方的雪那样,敢于直面惨淡的人生,在悲壮的战斗中得到升华。这也是鲁迅更爱"朔方的雪"的原因之一。那么,鲁迅为何甚爱"朔方的雪"呢?

一、人生经历

1924年岁暮,北方降雪。12月31日鲁迅在日记中写道:"雨雪。……下午霁,夜复雪。"翌日,天放晴而有风,《鲁迅日记》又载:"大风吹雪盈空际。"此时已萌发创作的动机。17天后,题为《雪》的散文诗便诞生了。显然,现实中的自然景象给予作者创作的灵感。但《雪》又不是自然景观的简单再现,而是作者丰富想象的展开,从眼前的飞雪联想到江南的雪,思绪在回忆与现实中翻腾,最后将满腹的情感化作绝妙的南、北雪景图。

《雪》写于1925年,此时正处于北伐前夜,国共两党结成统一战线,南方的革命力量蓬勃发展,可谓正是春暖花开。然而,鲁迅当时生活的北平仍在北洋军阀的黑暗统治下,反动势力猖獗,斗争极其激烈。面对黑暗的现实与冷酷的季节,鲁迅以彻底的革命民主主义战士的精神,去寻求"革命的破坏者",去争取理想的春天。[1]

江南是鲁迅的故乡,是鲁迅童年生活的地方,对故乡有许许多多的回忆,也多次在他的作品中提到。尽管儿时的生活在父亲去世后就发生了巨大的变化,但童年的那些记忆都是温暖的、美好的,都藏在作者的心中。正如江南的雪,让人回味和留念。故乡永远是鲁迅温暖的家,美好的理想是鲁迅永远的向往和追求。

如果说江南的雪是鲁迅少年的象征,那么朔方的雪便是鲁迅成年后投身于社会的象征。文末写道:"是的,那是孤独的雪,是死掉的雨,是雨的精魂。"[2]雨水在严寒的天气下,不得不变成冰冷的雪。"在晴天之下,旋风忽来,便蓬勃奋飞,在日光中灿灿地生光",朔方的雪完全是在恶劣的环境下逼迫而成的,如果没有特别的能力,是很难生存下去的。正如鲁迅自己,在黑暗和残酷的社会现实中,不得不成长起来,成为一个坚强的斗士,褪去稚气,放下个人得失,以更纯粹的精神力量来不断抗击现实的黑暗和不公,这便是"雨的精魂"。从江南的小少爷,到自立的少年,再到以笔为枪不懈战斗的思想革命者。鲁迅认为人的一生也应像朔方的雪一样,拥有坚韧、顽强的精神,所以,鲁迅更爱"朔方的雪"。

二、字字珠玑

鲁迅在文章一开始,写了"暖国的雨,向来没有变过冰冷的坚硬的灿烂的雪花。博识的人们觉得他单调,他自己也以为不幸否耶?"而有着丰富多彩之美的是江南的雪,一开始"滋润美艳"四字准确地概括江南的雪的特质,接着以"隐约着的青春的消息","极壮健的处子的皮肤"两个比喻,都是最富有生命力的状态,正是"青春的""壮健的"江南雪,引来了孩子们的热闹。"洁白""明艳""闪闪生光"这些形象的词语融进了作者对南方冬天的美好回忆,透露出盎然的生机,孕育着生命。可它也有一个特点:粘连、易变。"晴天又来消释他的皮肤,寒夜又使他结一层冰,化作不透明的水晶模样;连续的晴天又使他成为不知道算什么,而嘴上的胭脂也褪尽了。"时间让美消褪了。

鲁迅的语言风格非常独特,文中用了一个峻急的"但是",转入对"朔方的雪"的描述,情感的倾向性更加明显了。"朔方的雪在纷飞之后,却永远如粉,如沙,他们决不粘连,撒在屋上,地上,枯草上,就是这样"。而且,"在晴天之下,旋风忽来,便蓬勃地奋飞,在日光中灿灿地生光",它们各自蓬勃奋飞而又向着同一的光明目标,才能"如包藏火焰的大雾,旋转而且升腾。弥漫太空,使太空旋转而且升腾地闪烁"。这壮丽的奇观,就是鲁迅遒劲有力而又饱和着爱慕痴情的诗笔所描绘出的一幅宏伟壮丽的朔雪搏击图。无畏的革命者,他们在革命的风暴来临时,便蓬勃奋飞,希图以自身的力量来改变社会的现状,他们以坚毅的力量克服重重困难,甚至不惜牺牲自己以唤醒更多的人们,再者,作者在结尾深情的喊道:"是的,那是孤独的雪,是死掉的雨,是雨的精魂。"——雨是雪的初始阶段,是沉重的,只有从传统的拖累中彻底地解放出来,才能"蓬勃奋飞"。雪是雨的升华,它是已经挣脱了旧的意识,人情牵制等沉重的拖累而获得了自由的无所阻碍的"斗士"。"文本中写北雪的笔墨虽然不多,却是鲁迅表意的重点,即表现其在寒冬冷风中积极奋飞与勇猛抗争的一面,暗示了鲁迅与论敌之间、与黑暗社会之间坚决进行到底的战斗精神。"[3]所以,鲁迅在文中对"朔方的雪"描写,可谓匠心用词,字字珠玑,可见他更爱"朔方的雪"。

三、对比衬托

鲁迅在文中对"暖国的雨""江南的雪"的描写,都是为了衬托"朔方的雪"的精神,都以饱蘸感情的笔触,予以形象的描绘,借雪景来抒发自己内心的感情,托形象来寄寓自己深刻的思想。"《野草》代表了鲁迅的人生哲学,其中体现了鲁迅式的正面人格特质。鲁迅一方面通过《希望》《雪》《风筝》《好的故事》《腊叶》《一觉》等表达了乐观向上的情绪,另一方面也通过《秋夜》《死火》《死后》等勾勒了夜、梦、死等场景,从中透露反抗绝望、向死而生的主题。"[4]

从江南的雪由于自身的"滋润""粘连""依恋"的特质,使它不能像朔雪那样"蓬勃地奋飞",而被堆塑、被冰结、被消释、被遗忘和被冷落,"终于独自坐着",终于被自然陶汰的不幸结局来看,诗人对江南的雪景描写,并不仅仅是要赞美它,也不仅仅是要表现所谓对故乡风物和童年生活的眷恋之情,恰恰相反,他是要以柔软缠绵的江南雪和朔雪相比较:江南的雪,是一种瞬间就可能消逝的美丽,它不能给人斗志,给人力量,给人勇气和胆量。她像一个柔弱的处子,虽滋润美艳,但是毕竟没有力量,没有硬度,经不起考验,经不起折磨,经不起摔打,骨子里就没有那种刚性和雄性。而朔方的雪,狂野、蓬勃昂扬、敢于献身。她有韧性、有信心、有勇气,有一股特别的雄性之美:"蓬勃地奋飞""不停地旋转""向上的升腾"。通过对比手法的运用,使两种雪的特征都给人们以深刻鲜明的印象,更具有令人折服的思辩力量,更能表达作者对"朔方的雪"的喜爱之情。鲁迅就是这样一个斗士,他不自卑,不畏惧,不退缩,敢于斗争。他眼中朔方的雪,就是一种不屈服的斗士的形象。

总之,《雪》不仅是一幅美妙的画卷,更是一首激昂的战歌。表达了鲁迅对"朔方的雪"的喜爱之情,寄托了他对美好生活的憧憬,更加体现了他敢于直面惨淡人生,不屈不挠的战斗精神。

本文为广东省普通高校特色创新类项目"改革开放四十年《野草》研究史"[项目编号:2018WTSCX149]的阶段性成果

注释

[1] 课程教材研究所中学语文课程教材研究开发中心:《教师用书》,人民教育出版社 2016 年版,第 62—68 页。

[2] 鲁迅:《野草·雪》,《鲁迅全集》第 2 卷,人民文学出版社 2005 年版,第 186 页。

[3] 崔绍怀:《多维视野中的〈野草〉研究概论》,人民文学出版社 2005 年版,第 186 页。

[4] 崔绍怀:《〈野草〉的人格符号初探》,《齐鲁学刊》2017 年第 4 期,第 139 页。

名士乡里话鲁迅
——《鲁迅与浙江文学研究》研究生讨论课

卓光平主持

卓光平(绍兴文理学院副教授):绍兴有着二千五百余年的建城史,是全国首批历史文化名城之一。"鉴湖越台名士乡",自古以来,绍兴人杰地灵,名人辈出,先后涌现了句践、范蠡、王羲之、陆游、王阳明、蔡元培和鲁迅等文化名士,是名副其实的名士之乡。作为绍兴历史上最负盛名的作家,鲁迅生于斯长于斯,其精神人格的形成和文学风格的生成,与他所受越地文化的滋养和越地名士的影响是分不开的。今天我们就借此机会一起来探讨一下鲁迅与越地名士的关系,鲁迅对越地名士文化精神的继承以及他对20世纪越地作家的影响。

一、鲁迅对越地名士的关注

卓光平:大家都知道,作家鲁迅的诞生与他所置身的地域文化与时代精神是分不开的。早在日本留学期间,鲁迅面对中外文化的大碰撞、大交流,提出了"外之不后于世界之思潮,内之弗失固有之血脉,取今复古,别立新宗"的文化继承和文化选择的主张。他一方面非常注重对世界先进文化思想的融合,另一方面又非常注重吸收以越文化为代表的优秀传统文化。绍兴是鲁迅的出生地,也是其精神的故乡,他常以出生于"名士之乡"而自豪,他既整理过《会稽郡故书杂集》等有关绍兴名士的著作文献,还在文章中多次提到绍兴的名士乡贤,足见他对越地名士是非常关注的。

王银华(绍兴文理学院人文学院研究生):鲁迅非常关注古越时期的越地先贤大禹和句践。他在《中国人失掉自信力了吗》一文中曾谈到,在中国历史上,那些埋头苦干、拼命硬干、为民请命、舍身求法的人都是中国的脊梁,而越人的先祖大禹正是这样一位"脊梁式"的人物。鲁迅一直对大禹有着由衷的敬仰之情,他少年时便到过禹陵,后来又多次前往揽胜。1911年,鲁迅曾写过《会稽山采植物记》,记载他去禹陵采集标本的经历。此外,他还在《〈越铎〉出世辞》和《〈会稽郡故书杂集〉序》中赞扬过大禹的卓苦勤劳之风。可以说,鲁迅对大禹的精神意志,有一种自觉的认同与向往。此外,他还专门写过《会稽禹庙窆石考》,足见鲁迅内心的大禹情结。在鲁迅心中,越王句践和大禹有着同等重要的地位。鲁迅在整理《会稽郡故书杂集》的过程中,深切感受到越王句践慷慨之志的一面。"十年生聚、十年教训",句践卧薪尝胆,报仇雪耻。鲁迅从句践身上,继承了这种复仇精神。同时,句践身上体现的"硬"和"韧",正是越文化的一种传统,也深深地融贯到鲁迅的人格精神与文学创作之中。

苏冉(绍兴文理学院人文学院研究生):除了大禹、句践,先祖是越人的魏晋名士嵇康也让鲁迅非常景仰,并对鲁迅产生了很深的影响。嵇康其祖先本姓奚,住在会稽上虞(今浙江省绍兴市上虞区),其曾祖父后为躲避仇家,迁徙到谯国的铚县(今安徽省濉溪县临涣镇),并改姓为嵇。鲁迅在《魏晋风度及文章与药及酒之关系》等文章中多次提及嵇康,并称赞他嫉恶如仇、叛逆不羁的性格与"坏脾气"。自1913年至1935年的二十三年间,鲁迅校勘《嵇康集》十余遍,并撰写了《〈嵇康集〉著录考》《〈嵇康集〉序》《〈嵇康集〉逸文考》以及《〈嵇康集〉跋》等文章。在鲁迅辑录整理的古籍中,《嵇康集》无疑是他花费精力最多的一部,其挚友许寿裳就曾说:"自民二以后,我常常见鲁迅伏案校书,单是一部《嵇康集》,不知校过多少遍,参照诸本,不厌精深,所以成为校勘最善之书。"

赵越飞(绍兴文理学院人文学院研究生)：如前面两位同学所言,从远古到魏晋以来的越地先贤身上所具有的名士气在绍兴这片土地上一直流传着,从未断绝。特别是到了明朝,绍兴名士徐文长作为幕僚随胡宗宪抗击倭寇,护卫家国,明朝遗民陈洪绶宁可锒铛入狱也不愿为清兵作画,绍兴城破后王思任"社稷留还我,头颅掷与君",至死不屈,明代遗民朱舜水思念旧朝,为保全气节毅然远渡重洋,告别故土……身为越人,鲁迅对于这些先贤极为关注。留学日本时,他曾特去朱舜水墓地凭吊,并在《杂忆》中还曾谈到过《朱舜水集》。定居北京时,鲁迅常去绍兴会馆面见友人,绍兴会馆的名字"仰蕺堂"就是来源于绍兴明末爱国大儒刘蕺山。除了实地的拜访之外,鲁迅还多次在书信中提及这几位名士。1934年至1935年间,鲁迅在给郑振铎的信中就编印木刻版画册的问题展开了多次探讨,尤其执着要把陈洪绶的作品找出全本编印收入,将其作为"中国的新木刻的羽翼"而完整展示出来。此外,鲁迅对于张岱的关注也不少,张岱为保民族气节而在明亡以后隐居山中著书,著有《陶庵梦忆》《石匮书》《西湖梦寻》等书,而鲁迅在1913年时特地将四册《陶庵梦忆》寄与二弟周作人共读,之后在《朝花夕拾》中还曾提及这部书。这些越地先贤身上所流露出的宁折不弯的家国情怀,正是对于越地名士传统的一种继承与沿袭,也深深地影响了鲁迅。

二、越地名士与鲁迅精神人格的形成

卓光平：对鲁迅而言,他非常注重汲取古今中外一切优秀的思想文化资源,进而成就了自身的博大与精深。鲁迅不仅在绍兴度过了他人生三分之一的时间,而且无论从精神之源和心魂所归来说,其一生都不曾远离过故乡绍兴的文化场域,故乡绍兴对他的人生之路产生了难以估量的影响。1902年,鲁迅刚进入弘文学院不久,就有同学感叹其身上的越人遗风,"斯诚越人也,有卧薪尝胆之遗风"。可以说,越地名士身上流淌的"剑文化"精神一方面激发了鲁迅独立反叛的独异精神,同时也养成了他坚韧硬气的文化性格。

王银华:鲁迅一直追随着大禹、句践的足迹,他在《〈越铎〉出世辞》和《〈会稽郡故书杂集〉序》等文章中提到大禹、句践等先贤对越人的影响,他说:"于越故称无敌于天下,海岳精液,善生俊异,后先络绎,展其殊才;其民复存大禹卓苦勤劳之风,同句践坚确慷慨之志,力作治生,绰然足以自理。"越地先贤"刚硬坚韧"的人格,使鲁迅从小就养成了倔强刚毅的品性。在他"俯首甘为孺子牛"的精神中,传承着大禹的勤劳卓苦之风以及爱国爱民的思想。正是这种思想,把鲁迅与大禹这两颗伟大的心紧紧联系在一起,青年时代的鲁迅喊出"我以我血荐轩辕"的伟大志向,救国救民成了他一生的行为准则。在鲁迅的血液里,流淌着越王句践的"胆剑精神"。越地的"剑文化"精神使青年鲁迅养成了坚毅果敢、抗争到底的战士品质,从越地"剑文化"衍生出来的反抗复仇精神,又使青年鲁迅形成刚烈个性和尚武复仇的情结。句践复国的精神,其精髓就在于一个"韧"字,鲁迅很好地继承并践行了"韧"的毅力。他在《娜拉走后怎样》一文中曾向革命者呼吁:"无需震骇一时的牺牲,不如深沉的韧性的战斗。"鲁迅敬仰"倔强的魂灵",而他也一直身体力行,他的一生都是在黑暗、虚无的绝望中坚持反抗和独立的精神。鲁迅是中国新文化运动的旗手,他热忱的爱国主义精神,他的毫不妥协的"硬骨头"精神,这些都是"坚韧"的体现。

苏冉:鲁迅性格中有"坚韧"的一面,嵇康"刚肠嫉恶"的个性传统就成为了鲁迅精神人格中的重要组成部分。作为一个清醒的社会批判者,鲁迅总是"横眉冷对千夫指",不留情面地奋起反击,即使对方是自己的好友,也在所不计。鲁迅与林语堂的关系便是如此，虽然二人都曾是语丝社的成员，但因鲁迅不认同林语堂所主张的"费厄泼赖"，便写了《论"费厄泼赖"应该缓行》一文予以批评。之后两人的关系虽然有所缓和，但最终鲁迅还是难以忍受二人间越来越大的思想分歧而毅然与林语堂绝交。这不禁让人想起与山涛绝交的嵇康及那篇著名的《与山巨源绝交书》，来自魏晋先贤的名士传统似乎在鲁迅的精神人格中铭刻下了深深的烙印。正如杨义先生所指出的，"鲁迅没有选择王羲之谈玄的名士派的传统，也没有选择谢灵运的山水诗派的传统，而是选择了嵇康和阮籍，他的器识、气质、时代感受和精神选择在这里起了很重要的作用。"对于嵇康的追慕成为了影响鲁迅精神结构的重要因素，对魏晋士人抗争礼教行为的褒扬实则也饱含着鲁迅自我精神结构的重铸。

赵越飞：鲁迅对于越地先贤身体力行的关注和崇拜，让流动于越地的名士气质自然地注入他的精神人格中。鲁迅曾多次提及明人王思任说过的"夫越乃报仇雪耻之国，非藏污纳垢之地"，并且赞颂了民间戏曲形象中"女吊"敢于复仇的勇气与执着，同时也歌颂了明代先贤宁愿战死也不屈服的民族气节，这一份嫉恶如仇的正义气质正是绍兴名士风度在鲁迅身上的外显。除此以外，绍兴明清以来的幕僚文化对于鲁迅也有一定的影响，如在其日记中曾多次提及《徐文长故事》一书，足见鲁迅生活中"绍兴师爷徐文长"是常见的。虽然鲁迅本人十分厌恶绍兴师爷断案时趋利避害、随意"出重出轻"的方式，然而也在与陈西滢笔战时将刑名师爷称作"察见渊鱼者"，足以见得他对于一种敏锐观察世情能力的赞赏。流传多年的幕僚文化也在绍兴人的血脉中刻下了冷静待物、做事周密、逻辑清晰等优秀印记，这在鲁迅行事作风与作品之中也多有体现。鲁迅的好友曹聚仁更曾直言不讳："鲁迅的骂人，有着他们祖父风格，也可说是有着绍兴师爷的学风，这是不必为讳的。"可知鲁迅辛辣讽刺的文字是继承了"师爷笔法"中一针见血、缜密苛刻的优点。

三、越地名士与鲁迅的文学创作

卓光平：鲁迅以身为越人而自豪,他常引用王思任"夫越乃报仇雪耻之国,非藏垢纳污之地"的名言,并不断发出"身为越人,未忘斯义"的感兴。在去世前一个月,鲁迅还写下了《女吊》这篇杂文来极力赞扬越地"女吊"这个"带复仇性的,比别的一切鬼魂更美,更强的鬼魂"。可以说,与故乡文化血脉相融合让鲁迅最终"魂归故土",他的身上不仅源源不断地流淌着越地文化的精神血液,他还将越地名士先贤坚韧的精神品质融入自己的文学创作之中。

王银华：大禹是中华民族的脊梁和精神之魂,自古以来就是中国文学创作的重要原型。鲁迅自幼受到大禹文化的影响,承传着大禹的精神品质,在创作上也就不自觉地受到了大禹文化原型的影响,这集中体现在1935年写的《理水》中。鲁迅在《理水》中塑造了一个既勤劳朴实又英明坚强、既有远见卓识又与民同甘共苦的大禹的形象。鲁迅从历史取材,以大禹治水来影射现实的荒诞,歌颂英雄的大禹,积极探索国家和民族如何革除现实弊端和摆脱生存危机,具有重要的历史意义和深刻的现实意义。鲁迅的"句践情结"反映在他的另一篇小说《铸剑》中。鲁迅晚年在答日本友人增田涉的信中提到他的小说《铸剑》的出处,"因为是取材于幼时读过的书,我想也许是在《吴越春秋》或《越地书》里面"。《铸剑》写的是一个性情优柔的小民对惨无人道的暴君以血还血、以头换头的复仇故事,彰显了一种决不妥协、韧性战斗的精神。《铸剑》中,眉间尺面对邪恶势力时不惜勇敢牺牲的复仇精神,明显带有句践复仇时"坚确慷慨之志"的深刻烙印。鲁迅的复仇,更多地表现为一种精神的存在。这种精神是对世人的鼓舞,也是鲁迅战胜绝望、走出困境的动力。可以说,《铸剑》是鲁迅复仇书写的典范之作。

苏冉：以嵇康为代表的魏晋时期的名士传统不仅影响鲁迅本人，也影响了他笔下的人物。《狂人日记》中的狂人、《长明灯》中的疯子、《孤独者》中的魏连殳等，都是具有自己独立的个性，尖锐地与世俗对立的人。面对书本上密密麻麻的"吃人"二字，狂人率先喊出："从来如此，便对吗？"的惊世之语，其矛头直指数千年来压在人们身上的封建礼教。《长明灯》中的疯子要吹灭所谓"梁武帝点燃"的长明灯，要放火，不也正是用自己的方式对世俗社会进行激烈的反叛！还有《孤独者》中的魏连殳，虽然答应了族人丧礼照旧的要求，却不改其反叛性格，绝不在人前虚伪的落泪，待大家走散了，才"像一匹受伤的狼，当深夜在旷野中嗥叫，惨伤里夹杂着愤怒和悲哀"。这些行为与"非汤武而薄周孔"的嵇康何其相似！鲁迅对嵇康宁死也不与统治者合作，不愿受礼法束缚的思想与反叛个性十分服膺并将其诉诸于笔下的人物。

赵越飞：鲁迅对于明末越地名士王思任、朱舜水、陈洪绶、张岱等人都是极为关注的，这些先贤的民族气节、家国情怀对于鲁迅也有着极大的影响。鲁迅的作品中多有反抗黑暗、反抗压迫的战斗意识，鲁迅本人身上更有一位战士的精神品格。早在1903年，22岁的鲁迅就在《中国地质略论》中说："中国者，中国人之中国。可容外族之研究，不容外族之探险；可容外族之赞叹，不容外族之觊觎者也。"表现了捍卫民族自主权的决心。而这种战斗精神在鲁迅的杂文作品当中又有更深化的体现。在《这样的战士》中，他写道："他走进无物之阵，所遇见的都对他一式点头。他知道这点头就是敌人的武器，是杀人不见血的武器，许多战士都在此灭亡，正如炮弹一般，使猛士无所用其力。……但他举起了投枪。"作品笔法犀利、语言铿锵有力，充满了一往无前的勇气。除了这类直抒胸臆的具体文本之外，鲁迅作品中无论是嬉笑怒骂地批判国民性还是以沉痛的笔触揭露黑暗现实，都不无透露出鲁迅对于国家兴亡的关切与"国家兴亡匹夫有责"的呼唤。鲁迅作品中所流露出的这一种宁折不弯的家国情怀,正与绍兴名士的"坚韧"精神、嫉恶如仇的态度还有豪侠正义之气相呼应。

四、名士鲁迅在越地的影响

卓光平:鲁迅深受越文化的孕育和滋养,他是越地名士精神的一位现代传承者。从鲁迅战斗的人生中,从鲁迅的文章里,我们可以清楚地看到他身上所流淌着的越文化精神传统。同时,鲁迅也是诞生在越地并具有民族精神源泉性的文化巨人,留下了浩如烟海的文化遗产,他深深影响了中国现当代许许多多的作家、学者乃至普通民众。仅就越地的作家而言,他不仅影响过与自己过从甚密的弟弟以及绍兴籍的学生,同时还对许多越地青年同乡产生过深深的影响。

赵越飞:从前面所谈内容来看,鲁迅无疑是继承和发展了绍兴先贤一脉相承的名士风度的,作用于他身上的名士风度同时也由他传递给身边的人。除了同样身处文坛、为推动新文学运动而奋进的周作人之外,鲁迅的三弟周建人也受他影响颇深。五四新文化运动时期,鲁迅敢为人先、先声夺人,于《新青年》上宣扬新道德、提倡新思想;周建人亦不落后,他从人的本能——性作为立足点,反对传统的节烈贞操观念,支持社会能够建立一种新的性道德,并于1925年出版了译著作品《性与人生》,旨在"把两性间的自然关系毫不隐瞒地告诉他们,使他们能够照着自然而健康的法则去做",这种敢走前人不敢走之路、开辟教育国民的新方向透露出的是与他兄长相同的一种别出心裁的创新意识、"敢说敢做"的豪侠气度,同时也兼具了强烈渴望改善国民精神的希冀与忧国忧民的心理,无不流露着周氏兄弟一脉相承的家国情怀。

王银华:鲁迅的名士风度,对他的学生许钦文、孙伏园、孙福熙和孙席珍等也产生了深远的影响。1934年,许钦文在他的《钦文自传》中谈及其小说创作时提到,从他的《故乡》到《一坛酒》,都受到鲁迅的影响。特别是他的《鼻涕阿二》,以其深刻的批判性揭示了乡村的陋习和人们的愚昧自私,这与鲁迅批判国民性是一脉相承的。许钦文回忆其六十年的创作生涯时曾说过:"生我者父母,教我者鲁迅先生也",可见鲁迅对其影响之深。《晨报副刊》主编孙伏园也从鲁迅那里得到教益,甚至是人格力量的影响。在他成为"副刊之父"的过程中,离不开鲁迅的帮助和支持。孙伏园的胞弟孙福熙与鲁迅的文字之交始于他的《山野掇拾》。他还写过不少散文、杂文和小说,都相继得到过鲁迅的指点。尤其是他的杂文,含蓄深刻,明显带有鲁迅的写作风格,同时也继承了鲁迅的批判精神。孙席珍在北大读书时,学习鲁迅的中国小说史课程,在这个时期,他学会了怎样写作,怎样做人,以及怎样辨别是非、善恶、美丑。他还写过《鲁迅先生怎样教导我们的》等回忆文章,由此表达了鲁迅对他创作的直接影响。

苏冉: 众所周知,鲁迅一直关注爱护进步青年,对青年的创作产生了重要影响,这其中就包括一些来自越地的同乡,徐懋庸就是其中的代表。徐懋庸十分喜爱阅读鲁迅的著译,并从中学习写作的风格:他从鲁迅的杂文中学会了"对于虚伪的敏感"和"不留情面的说话",也学会了从现实生活中提取材料,为现实生活而斗争。受鲁迅杂文的影响,他也因此成为了一个敢于讲真话,敢于为人民说话,见人之所见,言人之所未言的人。徐懋庸的杂文一出场就带有浓厚的"鲁迅味",具有相当的深度,很快就在上海文坛崭露头角,林语堂还曾经错将徐懋庸这个名字当作是鲁迅新的笔名而闹出过笑话。在徐懋庸的杂文中,我们可以清楚地看到鲁迅对徐懋庸的影响,看到徐懋庸与鲁迅在思想与创作风格上的联系。

黑白留痕惊俗世
——赵延年先生逝世五周年追思会侧记

杨晔城

2019年10月23日是我国著名版画家赵延年逝世五周年。当天下午,"深深的思念——赵延年先生逝世五周年追思座谈会"在绍兴鲁迅纪念馆临展厅举行。来自杭州、湖州和绍兴等地美术界的专家学者、赵延年生前好友、湖州市博物馆和绍兴鲁迅纪念馆代表、新闻界朋友以及赵延年家属等近五十人参加了追思会。

一

这一天,展厅现场正在举办由湖州市博物馆和绍兴鲁迅纪念馆联合推出的"经典的解读——赵延年《阿Q正传》木刻插图展",除湖州市博物馆提供的六十幅赵延年黑白木刻版画作品《阿Q正传》外,还有赵延年家属提供的20世纪70年代初赵老创作《阿Q正传》来绍写生时一些珍贵的实物手稿。

赵老之子赵真首先简要回顾了其父亲的艺术人生。在他眼里,父亲是一个正直普通的人,既不善于交际,也不钻营政治,更不为名利烦恼,凭传统道德和良心直觉做人,视木刻为生命,鲁迅是父亲的精神导师,晚年所刻的木刻版画《我的太阳》更像是在无比虔诚地追求着光明的理想。赵真现场展示了赵老生前的一些珍贵影像资料,有赵老在上海解放前夕中国福利基金会给生病和贫困艺术家送救济物质的收条,有赵老坐在小板凳上用一张方凳当桌子聚精会神创作木刻的照片,伟大的作品就在这么平凡的一张小板凳上产生,让人感动和动容,很多老照片难得一见。

记忆犹新的是,2006年,"激扬黑白,薪火相传——赵延年先生版画创作漫谈会"也在此举行。当时展厅正在举办"赵延年先生捐赠鲁迅先生文学作品插图展",参会的有赵老、省市高等院校学者、版画界艺术家、美院学生、鲁迅故里昱玥少儿美术工作室的版画爱好者等,可说是一次五代版画人的共聚和谈心。

二

1961年《东海》杂志上发表的阿Q形象是赵延年的"处女作",多年来,赵延年的学生、中国美术学院教授朱维明一直将这件作品珍藏在身边,在他看来,这个"用木锤来陈述一些痕迹,然后印出来"的阿Q,打破了版画用刀表现的传统艺术手法,是赵老的创造发明。而赵老把自己在文化大革命的经历,整个社会的经历,最终集中在他的《阿Q正传》上,把鲁迅的思想,加上自己的体会,用连环画的形式表达出来,意义更加深远。朱维明认为,一个艺术家的自然生命可能并不长,判断一个艺术家的生命应该是他作品的影响力,赵老的作品都在人们心里,启人深思。

同为赵延年学生的中国美术学院教授邬继德抱病前来与会。绍兴鲁迅纪念馆是邬继德的"老娘家",他曾在馆内工作过近十年。邬继德深情地回忆起自己早年参与接待赵老的片段,那时赵老经历"文革"之后刚刚解放出来,第一站就到鲁迅纪念馆。自己眼中的赵老"深入生活,对后辈不吝褒扬"。谈到赵老在版画领域的贡献,邬继德认为,主要体现在木刻写生、以刀代笔、正刻正印以及木刻领域用平刀和斜刀刻的灰调子,很多技法属首创。像木刻写生,研究生考试一直沿用至今。作品思想的深刻性和技巧的娴熟性,可谓前无古人后无来者,获得国家颁发的"文化事业突出贡献奖"实至名归。

原绍兴鲁迅纪念馆馆长裘士雄与赵延年交往超过三十年,至今保存着赵延年的二十四封信札。在他的印象中,赵延年是同绍兴鲁迅纪念馆交往最多、关系最为密切、对绍兴鲁迅纪念馆帮助最大的艺术家之一,如鼓励绍兴鲁迅纪念馆兴办画廊、支持出版鲁迅作品插图系列明信片、捐赠鲁迅文学作品插图黑白木刻版画等,而在"鲁迅生平事迹基本陈列"中又以赵延年提供的艺术品为最多。只要鲁迅纪念馆需要,愿意无偿提供捐赠,这是赵老难能可贵之处。裘士雄向大家分享赵老最后一封来信:"给您馆的作品,如定要意思意思,则随意致酬即可。"在市场经济主导的当下,充分反映出赵老的高风亮节。

湖州《拍案惊奇》雕版中心创始人沈健和大家分享了一个细节。那是2012年沈健计划把自己收藏的一些赵老创作于五六十年代的作品汇编成书,事先征求赵老意见,把赵老的代表作放在一起。编了大概一年多时间,一天突然接到赵老来电:"沈健,代表作不要这样写,按照时间顺序来编排,代表作是让别人来说,不是我自己来说的。"别人求之不得"被代表",赵老竟然主动推翻"木已成舟"的代表作,沈健当时感触很深。

三

原绍兴市文物管理局局长、资深文博研究专家高军是促成举办本次追思会的"红娘"。高军评价赵延年是一位真正意义上的德艺双馨的人民艺术家,他回忆十多年前,第一次和赵老接触时,出于对鲁迅的热爱,对绍兴的厚爱,对绍兴鲁迅纪念馆的关爱,赵老把他精心创作的五十多件作品无偿捐赠给绍兴鲁迅纪念馆。当时有关部门提出开设赵延年美术陈列馆,被赵老谢绝了,执意不要任何名,也不要任何利,在大多数人看来这是不可思议的,但恰恰印证了赵老淡泊名利。结合当前"不忘初心、牢记使命"的主题教育,高军认为文物博物馆人的初心和使命就是把文物遗产保护好、利用好、传承好。学习赵老宽阔的胸怀,一心为民的情怀,怀抱感恩之情,主动担当作为,践行文博人的初心和使命。

绍兴市文化旅游集团党委副书记、副总经理仲丽华认为用艺术的形态把绍兴优质的文化旅游资源呈献给广大游客,是一个很大的课题,赵老无疑做出了一个精彩的表述,不仅让游客获得了精神上的力量,而且产生了心灵上的共鸣,赵老虽然已经远去,但他的作品是不朽的,是永恒的,始终给人们以前行的动力。

现年82岁的中国美术学院教授甘正伦,七十年前在上海读中学时就是赵老的学生,后又考进中央美术学院华东分院与赵延年再续师生缘。"我的一生最幸福、最幸运的就是遇到了赵延年老师,他是对我影响最大的一个老师。从怎么画画,怎么刻木刻,怎么样做人,各方面来说赵老师都是我终身的榜样。"他特别提到了赵老爱党爱国的人生经历:解放前很小就去参加抗日,又迎接解放,解放后搞了那么多好东西,还撰写了很多反映新旧社会对比的文章。甘正伦认为,如果评选共和国功勋画家,赵老是比较合格的。

中国美术学院绘画艺术学院副院长孔国桥教授表示,理解一件作品主要是作者"想表达什么"和"怎样去表达"。赵延年版画作品所传递的语言和表达的主题,不仅在中国的现代美术史上,放在更大范围的、国际范畴的一类艺术里面都是非常有价值的,甚至可以说是独一无二的,赵老是当之无愧的世界级大师。

改革开放以来中国现代美术史的一些转变,尤其是经历"85美术浪潮"的洗礼以后,孔国桥认为赵延年作品里体现出来的艺术精神,通过作品语言传达的现实主义的人文内涵,带给人们深刻的启迪,而把鲁迅的精神、鲁迅的文化通过绘画、版画传达出来,更是一个经典,对当下的创作和生活都有非常重要的启发意义。

原湖州市书法家协会副主席、湖州市文学研究会副会长、湖

州市诗词楹联协会副会长高宝平是赵老弟子,为追思会特意赋诗一首敬献恩师:

七绝·缅怀先生
高宝平
一生求索在真理,
爱恨分明正气开。
黑白留痕惊俗世,
百年风雨大师来。

"作为他的弟子,甚幸受先生教诲多年,在阅读他的一生的许多作品后,更加感知并懂得了人生的意义与艺术的本质。"诗末附注的文字恰如其分地点明了赵老作品的社会价值所在。

四

赵老祖籍湖州,向以"是湖州人"的身份为荣,曾多次到家乡进行创作、交流和活动,尤其关注家乡文化事业的发展。2012年3月,时年89岁高龄的赵老将个人作品1 000余件整体捐献给家乡湖州,作品全部入藏湖州市博物馆。本次追思会,湖州市博物馆藏品保管部的金嫒嫒,受潘林荣馆长和周颖书记的委托前来与会。

在"读图时代"讲好中国故事、传播中国声音对社会公众尤其是年轻一代具有积极的现实意义。作为我国版画界公认的钻研鲁迅作品最为深刻,实践鲁迅木刻教言最为勤奋,获得艺术成就也最为突出的艺术家。赵老的作品无疑是"颜值即正义"的首选。

2019年,浙江人民美术出版社副总编洪奔策划出版了《赵延年插图鲁迅经典六种》系列丛书,把《彷徨》《野草》《呐喊》《故事新编》《阿Q正传》《狂人日记》六种鲁迅著作和赵延年版画,以图文并茂的形式呈献给广大读者,洪奔表示,出版这套丛书也是对赵老的纪念。

绍兴版画家黄安华认为祭祀乃立国之本、纪念是立人之本，关键是让人民团结起来，这是绍兴鲁迅纪念馆组织召开本次追思会的意义所在，也是绍兴这座历史文化名城继往开来、与时俱进的精神源泉。"有情有义"是黄安华对版画界前辈无私提携自己的深刻印象，他表示，鲁迅、赵延年是新兴木刻的倡导者、实践者，自己作为后辈的后辈，愿意做一个特别好的继承者。

主持人沈刚是赵老的忘年交。他对黄安华说的有情有义特别认同。他回忆每次去赵先生家的时候："赵老总要穿上最新的衣服，记得其中一件衣服是驼灰色的灯芯绒，赵老总是很干净的坐在那儿等我们，非常准时的坐在那儿……""每每让人感觉到他是一个非常严肃的先生，给他拍照的时候，他放声大笑，仰头大笑的时候，又觉得他是一个像小孩一样天真的人，所以他是一个非常深情又非常复杂的人，他有严肃的一面，同时又有天性的一面。我觉得他是一个立体的人，是一个血肉非常丰满的人，只有这样丰满的一种人格才能创造出这样优秀的作品来。"刻下去的每一刀都要有情有义，赵老是这样说的，也是这样做的。

五

与传统个人作品展多数展出"成品"不同，"经典的解读——赵延年《阿Q正传》木刻插图展"还展出了很多早期实物展品，包括赵老手稿、绍兴水乡速写、《阿Q正传》构图草稿以及赵老创作照片等，为观众解读作品背后的故事提供了丰富的素材。如作于1977年11月28日的阿Q头像系列写生草图，经作者艺术加工后的阿Q头像定型图，最终木刻成稿三者对比，作者的创作过程一目了然。还有戴毡帽的小青年、绍兴都泗门头、安桥头鲁迅外婆家旧居等绍兴水乡速写草图，也都非常珍贵。而赵老在小板凳上刻版画、手握刻刀传授孩子木刻教言的一些老照片已成经典绝版。

中国美术学院绘画艺术学院党总支书记兼副院长方利民教授在会前仔细观摩了展览。他表示，鲁迅文学作品和赵延年木刻都是在那个时代产生的伟大的作品，都是非常宝贵的文化遗产，黑白木刻作为版画的精髓，在我们这个时代还是很需要的。伟大的作品其实都在一个非常简陋的空间里面做出来，赵老为我们树立了一个很好的榜样。

中国美术学院教授徐方表示，深沉的爱国情怀是赵老作品的"硬核"，同赵老经历的年代、人生的际遇和期盼中华民族伟大复兴密切相关，这是赵老带给后人最大的财富，也是版画人的荣光。

这种深沉的爱国情怀转化为改革开放初期，赵老在推动版画教学实践中所做出的不懈努力，集中体现在倡导黑白木刻写生上。据中国美术学院绘画艺术学院版画系主任、浙江版画家协会秘书长于洪介绍，赵老是美院版画系"现实主义道路"和"民族民间传统"的代表人物之一，在黑白木刻写生的理论和实践方面做出了卓越的贡献，正是在他不遗余力的倡导和实践下，黑白木刻写生成为美院一门非常重要的课程。

绘画艺术学院版画实验室主任、浙江版画家协会副秘书长鲁利锋认为赵老是一个把意象转化为形象的大师，《阿Q正传》插图把鲁迅社会批判这种行文式的精神转化成形象，非常好地传达了鲁迅的批判性，民族性、审美性、自然性都非常高，值得学界做更深刻的研究。关注中国社会现实、中国当代的发展，和中国的发展、中国的命运相结合是赵老作品的生命力所在，也是学习贯彻习近平总书记在文艺工作座谈会上讲话提出的"坚持以人民为中心的创作导向"相吻合。

我馆杨晔城撰写的文集《先生是我引路人》是由赵老作的序，这也是赵老首次给美术界以外的朋友撰序。杨晔城回忆赵老过世前一个月，去杭州探望的情景。那时候赵老身体已很虚弱，听说纪念馆同事来了，从病榻上撑起来和大家聊普及鲁迅文化的重要性,还关心地问杨晔城《先生是我引路人》是否已经出版,特别叮嘱做好自己的工作,不管遇到任何困难都要坚持走下去,当时赵老插着鼻吸,说话极不方便,很多地方需要家人"翻译"。让杨晔城印象深刻的是,辞行之际,赵老握着小杨的手一字一顿再次强调"坚持":"那两个字,老人说的异常的肯定响亮,回忆起来这些语重心长的话语可以视为赵老对我的临别赠言。至今我能够感受到赵老那双温暖的大手传递过来的力量。"

六

原绍兴鲁迅纪念馆馆长钱小良从2001年起就和赵老相识,他表示,一个人的生命里面能够找到自己最喜欢的事是幸福的,能做一辈子是大幸福,而这一辈子能以他的作品来影响我们的社会那就是更大的幸福,赵老就是这样一个享受幸福的人,而幸福的背后是赵老付出的勤奋,这种勤奋的精神是我们所有的人最需要学习的东西。

《湖州日报》高级记者汤建驰表示,赵老一生追求真善美,很小的时候就崇拜鲁迅,鲁迅可以说是他思想的初恋。如果说鲁迅是用文字来表达对社会和人生的思考,那么赵延年先生是用版画这种艺术的形式来表达对人生和社会的思考。不仅在中国艺术史上具有标杆的价值,在中国思想史上也有伟大的价值。

绘画艺术学院版画系博士陈家煊是美院第四代学生,他表示,如果把新兴木刻作为一面旗帜的话,赵老师的作品就一定是新兴木刻后面的一个里程碑的存在。

一个艺术家能否找到他艺术生命表达的载体是走向成功的关键,赵延年找到了,这个载体就是鲁迅。因此,赵延年永远与鲁迅站在了一起,成为中国新兴版画艺术精神的星火传递者。一个不被时空所左右的坚韧不拔的人,一辈子在鲁迅那里坚守着对鲁迅深刻的理解,通过他深厚的功力将其表达出来。他的版画艺术和鲁迅及鲁迅的作品同在,并且能够长久地活在鲁迅的事业当中。

在原绍兴鲁迅纪念馆副馆长、资深鲁研专家徐东波眼里,赵老给人的感觉更像是一位亲切、和蔼、谦逊的长者,跟他交谈有一种如沐春风的感觉,就像孩子一般,很天真,很诚信,给人印象非常深刻。从他身上可以感受到怎样去做人、怎样去做事。

追思会最后,赵巧代表赵老家属向绍兴鲁迅纪念馆捐赠大象出版社最新出版的由赵老插图的《鲁迅少儿读本》。播撒鲁迅精神的种子,帮助孩子们加深对当时的历史场景的回顾和理解,赵老的作品在鲁迅先生的文章中不断地延续着、生存着,直到永远……

编后记

信息爆炸时代,大量信息的狂轰滥炸,容易导致个体很难安静地阅读、思考问题,尤其是青年学子们。这导致人们看问题一知半解,不够全面,而这也是《独特的文体与悲郁的情怀》一文作者整理写作这篇鲁迅小说阅读教学札记的初衷。作者长期在大学课堂上向学生们讲授现代文学,有自己独特的认识和理念,特别是对鲁迅小说教学有着自己独特的思考和体会,囿于篇幅的缘故,首先刊登"文本、文体与文化"以及"思想、情感和精神"两部分,以飨读者。

《"青年必读书"事件与鲁迅青年观的重塑》一文的作者,将目光聚焦于 1925 年《京报副刊》发起"青年必读书"征求活动,从这一事件出发,首先梳理了鲁迅青年观的形成与发展,接着以鲁迅在征求活动中并未列出书目,并"以为要少——或者竟不——看中国书"的答卷,从中剖析出鲁迅认为"行"与"言"不再只是社会层面上的个人选择,而上升到个体的人生态度与介入和改造社会现实的方式上,青年的"行"应该和社会现实发展同步,显示出鲁迅不同于早期的青年观认识。

作家米兰·昆德拉喜欢用音乐来形容小说结构,认为小说有上半时和下半时。《〈故事新编〉属于小说的下半时》一文,认为《故事新编》无论从场面描写,还是角色塑造、叙述重心来看,都应该是属于小说的下半时。

《鲁迅〈药〉之细读》《孔乙己典型论》两文分别对《药》和《孔乙己》这两篇鲁迅的经典文本进行了细致解读,作者对其中一些平常所忽略的文字进行了独有而合理地品评。《"历史的小说"与现代的复仇》和《论鲁迅的"强盗"叙述》两文则是以鲁迅《故事新编》中的《铸剑》《采薇》为立足点,阐述了鲁迅的复仇观,以及他作品中"强盗"叙述的深层内涵。

《鲁迅学笔记(七题)》以七个小事入手,每一章节篇幅都不长,作者并无刻意铺展的打算,其对资料的信手拈来和把控,显示着深厚的学术功底,读来令人深受启发。

由于历史原因,我们现在只能从周作人的日记中,一窥鲁迅早期行迹。《鲁迅1902年致周作人残简说略》一文,从鲁迅留日时期,寄给在南京读书的周作人的一帧照片上的文字着手,娓娓道来,细细分析,既写出了这一时期的周作人一直跟随着鲁迅的脚步,从绍兴来到南京求学,接着紧跟兄长赴日留学,又写出了两人感情深厚,相互扶持的兄弟怡怡之情。

《全家福照片背后的故事》虽然只有短短近千字,但所含信息量巨大。这其中有一个家庭近百年前相互扶持的岁月;有鲁迅以科学道理,打消了乡人对陋习的误解,从而化解了一个家庭的矛盾;有朱安不顾体弱,敲落枣子以招待来家小客人的热情。更可感受到作者在叙述这些珍藏于心中的照片背后的故事时,对逝去亲人的浓浓思念。

近年来,优秀的鲁迅研究著作层出不穷,这些著作中,既有对鲁迅作品的解读,也有关于鲁迅史料的梳理,还有在鲁迅研究工作时发生的点点滴滴。其中《鲁迅遗泽谈屑》这篇书评,既可以说是对《鲁迅面面观》这本著作的评述,也可以说是对这本著作中所言及的一些文物征集的补充,而给人的最深感受,无论是鲁迅研究工作,还是资料的整理、文物的征集,都不是一蹴而就的,需要一个人多年的坚持,甚至是几代人的传承,才能有所得益和收获。

2019年7月,接到纪维周先生家属来信,得知纪先生已于7月10日仙逝,享年九十七岁。纪先生长期以来一直关心着拙刊的发展,每每有大作寄来,一笔一画,极其认真,令人感佩。《怀念纪维周老先生》是原南京鲁迅纪念馆馆长徐昭武先生应本刊所约所写的纪念文章,以缅怀这位为鲁迅研究事业做出贡献的鲁迅研究者。

  本刊欢迎鲁迅研究界同仁及其他对鲁迅研究感兴趣的人士赐稿。本刊整体版权属《绍兴鲁迅研究》所有,未经许可,不得以任何方式复制、选编。经许可需在其他出版物上发表或转载的,须注明"本文首发于《绍兴鲁迅研究》"字样。

  为扩大本刊及作者知识信息交流渠道,本刊已加入"中国知网"(光盘版)电子期刊出版系统,作者的著作权使用费与本刊稿费将一次性给付,如作者不同意编入该数据库,请于提交论文时向本刊说明。凡在投稿时未作特别声明的,本刊视同作者已认可其论文入编有关电子出版物。

编者
2020 年 5 月

主　　编：龚　凌　周玉儿
编　　委：(按姓氏笔画排序)：
　　　　　王　建　汤晓风　沈　泓　李秋叶
　　　　　杨晔城　周玉儿　徐东波　顾红亚
　　　　　夏劲风　诸宏艳　龚　凌　谢依娜
责任编委：顾红亚
封面设计：陈建明　赵国华

图书在版编目(CIP)数据

绍兴鲁迅研究. 2020 / 绍兴鲁迅纪念馆，绍兴市鲁迅研究中心编 . — 上海：上海社会科学院出版社，2020
ISBN 978 - 7 - 5520 - 3091 - 4

Ⅰ.①绍… Ⅱ.①绍…②绍… Ⅲ.①鲁迅（1881—1936）—人物研究—文集②鲁迅著作研究—文集　Ⅳ.①K825.6 - 53②I210.97 - 53

中国版本图书馆 CIP 数据核字（2020）第 122890 号

绍兴鲁迅研究 2020

绍兴鲁迅纪念馆、绍兴市鲁迅研究中心　编
责任编辑：章斯睿
封面设计：陈建明、赵国华
出版发行：上海社会科学院出版社
　　　　　上海顺昌路 622 号　邮编 200025
　　　　　电话总机 021 - 63315947　销售热线 021 - 53063735
　　　　　http：//www.sassp.cn　E-mail：sassp@sassp.cn
照　　排：南京前锦排版服务有限公司
印　　刷：上海颛辉印刷厂
开　　本：890 毫米×1240 毫米　1/32
印　　张：10.75
插　　页：2
字　　数：267 千字
版　　次：2020 年 9 月第 1 版　2020 年 9 月第 1 次印刷

ISBN 978 - 7 - 5520 - 3091 - 4/K·567　　定价：68.00 元

版权所有　翻印必究